Werner Hartung
Heilen mit den Kräften der Geistigen Welt

AF289021

Werner Hartung

Heilen

mit den Kräften
der Geistigen Welt

Universelle Lebensenergie und
die Strahlen der Erzengel

Bücher haben feste Preise.
2. Auflage 2017

Werner Hartung
Heilen mit den Kräften der Geistigen Welt

© Neue Erde GmbH 2014
Alle Rechte vorbehalten.

Titelseite:
Gestaltung: Dragon Design, GB

Satz und Gestaltung:
Dragon Design, GB
Gesetzt aus der Berkeley Oldstyle

Gesamtherstellung: Books on Demand GmbH, Norderstedt
Printed in Germany

ISBN 978-3-89060-738-2

Neue Erde GmbH
Cecilienstr. 29 · 66111 Saarbrücken · Deutschland · Planet Erde
www.neue-erde.de

Inhalt

Zur Einführung

Dieses Buch habe ich für Menschen verfasst, die wissen möchten, was sich hinter Begriffen wie »geistiges Heilen«, »Geistheilung« oder »spirituelles Heilen« verbirgt – unabhängig davon, wovon ihr Interesse geleitet ist. Auch diejenigen, die selbst heilerisch tätig sind, mögen Erkenntnisse für ihr Wirken daraus ziehen.

Eine Beschäftigung mit Grundlagen und Formen geistigen Heilens setzt die grundsätzliche Akzeptanz voraus, dass es einen Gott gibt, einen Ursprung, eine Zentralsonne – wie auch immer diese Schöpferkraft von den Leserinnen und Lesern bezeichnet oder begriffen wird. Weiterhin, dass es eine »geistige Welt« gibt, ein »Jenseits«, in dem sich unterschiedliche Wesenheiten oder Energien finden, die der Schöpfung dienen. Energien haben ein Bewusstsein, eine Intelligenz.

Intelligenzen können untereinander kommunizieren. Über die verschiedenen Ebenen hinweg nennt man dies »channeln«. Aufgrund dessen ist dieses Buch ein Gemeinschaftswerk, an dem Wesenheiten mitgewirkt haben, die mich und meine Kolleginnen und Kollegen in der Heilung und bei anderen Aufgaben begleiten und unterstützen.

Im Herbst 2006 wurde ich aus der Geistigen Welt gebeten, über den bis dahin bescheidenen Rahmen hinaus Channelings und eigene Texte in Büchern zusammenzustellen. Ziel war und bleibt es, aufgeschlossenen Menschen bedeutende Teile jenes Wissens wieder verfügbar zu machen, über das die Menschheit in früheren Zeitabschnitten einmal wie selbstverständlich verfügte. In dem Umfang, in dem bislang als verschollen geltendes Wissen mit Zustimmung der Geistigen Welt offenbart werden kann, soll versucht werden, die Zerrbilder zu korrigieren, die durch die miteinander verknüpften Religions- und Machtsysteme seit Jahrtausenden unser spirituelles Grundwissen zerstört haben und wesentlich mitverantwortlich dafür sind, dass noch immer Hass und Gewalt in einem unglaublichen Maße das Geschehen auf unserem Planeten bestimmen.

Dieser Band fasst die 2008 und 2009 erstmals im Verlag der Atlantis Heilerpraxis erschienenen Bücher »Reiki in der geistigen Heilung«

und »Geistiges Heilen« neu in überarbeiteter und aktualisierter Gestalt zusammen. Für die Integration und Straffung des Reiki-Themas sprach, dass dieses Einweihungssystem sich seit einigen Jahren zunehmend wandelt und seine unterstützende Funktion zur Restrukturierung des menschlichen Energiekörpers in den Vordergrund rückt. Am Beispiel dieses verbreiteten Systems können das Wesen der Magie und die Bedeutung der Energien der 12 Erzengel veranschaulicht werden, ebenso zentrale Themen der Heilarbeit.

Wer über das Heilen nachdenkt, sollte eine Vorstellung davon haben, was Gesundheit und Krankheit bedeuten. Was aber steht hinter den drei Schlüsselbegriffen »Gesundheit«, »Krankheit« und »Heilen«? Was verbindet sie und wie sollten wir sie definieren, wenn wir vom »geistigen Heilen« sprechen?

Es gibt so viele Arten, Verfahren und Philosophien der Heilung, dass es vermessen wäre, alle in eine allgemein gültige Definition zu zwingen. Schon deshalb ist es nicht meine Absicht, anderen etwas vorschreiben zu wollen. Vorschreiben (im Sinne von Vorschrift) grenzt immer ein und folglich aus. Ebenso wenig hilft Beliebigkeit weiter. Wer sich mit anderen über die Wirklichkeiten austauschen will, wie wir sie aus unserem jeweiligen Lebenszusammenhang und unserer Heiltätigkeit heraus empfinden, hat nur eine Möglichkeit: seine eigene Wirklichkeitserfahrung zu beschreiben und festzustellen, ob er sie mit anderen teilt.

Kein medialer Mensch nimmt so wahr wie ein anderes Medium; keine Heilerin, kein Heiler heilt wie andere. Und dennoch: Trotz aller staunenswerten Vielfalt haben begabte Heilerinnen und Heiler keine Probleme, sich über die Substanz dessen zu verständigen, was sie an Patientinnen und Patienten wahrnehmen. Bei aller subjektiven Erfahrung der Wirklichkeit gibt es gemeinsam erfahrbare und beschreibbare Erscheinungen, die sich keineswegs nur auf die Ebene dessen beschränken, was wir gesellschaftlich in breiter, wenngleich bröckelnder Übereinstimmung als »Realität« hinstellen.

Geistiges Heilen ist – trotz unterschiedlicher Wahrnehmung dessen, was wir als »Wirklichkeit« empfinden – kein beliebiger Begriff.

Wer »geistig« oder »spirituell« heilt, erhebt den Anspruch auf Zusammenarbeit mit der Geistigen Welt und/oder dem Naturreich. Ein solches Bekenntnis setzt die Anerkennung von Wirklichkeitsebenen und Kräften voraus, deren Existenz noch immer weitgehend bezweifelt und geleugnet wird. Es setzt Offenheit gegenüber energetischen Quellen voraus, die nicht aus uns selbst kommen. Denn geistige Heilung ist mehr als die energetische Heilung mit Hilfe der uns durchfließenden Lebenskraft (auch der durch Reiki-Einweihungen oder andere »Techniken« gestärkten). Sie ist mehr als die gewöhnliche Wahrnehmung von Realitätsebenen, denn sie erfolgt mit unseren normalen – wenngleich besonders geschärften – Sinnen, einschließlich dem »Dritten Auge«. Mediale Wahrnehmung ist nicht »außersinnlich« oder »übersinnlich«.

Die Befähigung zum geistigen Heilen ist nur in Grenzen erlernbar und folglich im engeren Sinne auch nicht lehrbar. Heilerinnen und Heiler können einander helfen, die Geschenke zu entdecken und auszupacken, die ihnen gegeben und als Potential verfügbar sind. Es ist ihre Entscheidung, diese Keime sprießen und erblühen zu lassen. Niemand kann erzwingen, dass ihm selbst oder anderen bestimmte Befähigungen gegeben werden. Gott stellt man keine Bedingungen.

Unterschiedliche Begabungen begründen keine wertende Hierarchie. Niemand kann Grenzen sprengen, die ihm aus karmischen Gründen oder durch die Geistige Welt gesetzt sind. Gram, Eifersucht und Ehrgeiz passen nicht zum geistigen Heilen, ebenso wenig wie die Vermessenheit, anderen Menschen nach eigenen Rezepten und Methoden das Heilen lehren zu wollen oder Schutz- und Patentrechte zu beanspruchen für Energien, die uns nicht einmal gehören, sondern »nur« geliehen sind. Aus diesen Gründen ist dies kein »Lehr«-Buch eines von mir oder anderen erfundenen »Systems« bzw. einer Methode. Es ist unwahrhaftig, Gaben zu schützen, die uns geliehen sind. Sie sind weder unser Eigentum noch dazu geschenkt, Guru-Herrschaft über andere Menschen auszuüben.

Verständnis für die eigenen Grenzen und Spielräume und das Annehmen des eigenen Weges haben viel mit den Themen zu tun, die ich hier berühre: mit den selbst gewählten Aufgaben in diesem Leben ebenso wie mit dem Verständnis der Schöpfung und unserer Rolle in ihr. Krankheit und geistiges Heilen stelle ich deshalb in dem Zusammenhang dar, in den sie unablösbar gehören.

Trotz aller Vielfalt der Schöpfung, die sich auch in der Heilung niederschlägt, steht hinter allem eine klare Botschaft: Liebe. So unkompliziert wie diese Botschaft ist auch das System, das auf der göttlichen Schöpfung beruht. Auch wenn wir uns kein Bildnis von dem Einen machen können und sollten, so sind dennoch das Wesen dieser Schöpfung, der Ort des Menschen in ihr und die Funktion von Krankheit und Heilung erklärbar.

Was ich hier schreibe, entspringt nicht allein meiner Erfahrung. Ich danke meinen Kolleginnen und Kollegen in den Atlantis Heilerpraxen und kooperierenden Praxen, dass wir unsere Wege aus freien Stücken miteinander gehen. So gibt es gemeinsame Erlebnisse, Austausch und Lernen in einer Gruppe. Wir alle wissen, dass wir einzeln viel vermögen. Gemeinsam aber vermögen wir mehr. Das gilt für das Verständnis der wundervollen Geschenke der Geistigen Welt und des Naturreichs, gleichermaßen für die Hilfe, die wir denjenigen Menschen zukommen lassen können, die uns aufsuchen.

Allen, die mich unterstützt haben, gleich auf welchen Ebenen, bin ich von Herzen dankbar, im besonderen aber drei Menschen: Barbara für die Unterstützung während der Entstehung der beiden früheren Teilbände, Stefan für das Channeling zu den Reiki-Symbolen und ihre Zuordnung zu den Wirkungsfeldern der Erzengel, Anne für die Ermutigung, die Neuordnung des Stoffes in Angriff zu nehmen. Und schließlich dem Verlag Neue Erde, in dem ich einen anregenden und kompetenten Partner gefunden habe.

Hannover, im Januar 2014
Werner Hartung

Teil I

Grundlagen und Formen geistigen Heilens

1. Zum Verständnis von Krankheit und Heilung

Die Weltgesundheitsorganisation (WHO) definiert Gesundheit als »Zustand vollständigen körperlichen, seelischen, geistigen und sozialen Wohlbefindens«. Das ist eine sehr umfassende Beschreibung all dessen, was einen Zustand ausmacht, den Menschen anstreben. Die Vorbildfunktion solcher Definitionen schwindet im Alltag unseres sogenannten Gesundheitswesens schnell dahin. Für den AOK-Bundesverband beispielsweise ist die Gesundheitsdefinition der WHO »kein hinreichender Bezugspunkt für die Definition eines Krankheitsbegriffs«.* Denn, so das AOK-Lexikon, Krankheit werde in der Medizin als Abweichung von Gesundheit und Wohlbefinden verstanden. Eine klare Abgrenzung des Kranken vom Gesunden stoße jedoch aufgrund der »Schwankungsbreiten einer Skala von leichten bis schweren Störungen« an Grenzen. Ergänzend wird auf die Rechtssprechung der Sozialgerichte verwiesen. Dort begreife man Krankheit im Sinne der gesetzlichen Krankenversicherung als »regelwidrigen Körper- und Geisteszustand, der Behandlungsbedürftigkeit bzw. Arbeitsunfähigkeit« zur Folge habe.

Hieraus wird deutlich, dass die politische Übereinkunft darüber, was Gesundheit und Krankheit ausmacht, durch Ab- und Ausgrenzung geprägt ist, motiviert vom Bestreben, finanzielle Leistungen im Krankheitsfall zu begrenzen. Wer den Krankheitsbegriff unter Kostengesichtspunkten des Versicherungswesens auf wie auch immer messbare Regelwidrigkeiten beschränkt, grenzt zwangsläufig nicht nur Formen der Krankheit aus, sondern auch Formen der Heilung. »Geistiges Heilen« hat bis heute keinen Raum in einem System der Krankheitsverwaltung, das sich schon damit schwertut, Kosten »alternativer« Therapien wie Homöopathie oder Akupunktur zu erstatten.

Gesundheit ist Abwesenheit von Krankheit, Heilung der Weg, der dahin führt. Eine einfache, scheinbar unproblematische Definition.

---

* AOK-Bundesverband, Lexikon, K-Krankheit. www.aok-bv.de, letzter Zugriff vom 22.08.2013.

Doch was Heilung bedeutet, daran scheiden sich schnell die Geister. Eine Übereinkunft darüber, was Heilen sei, fällt schwer angesichts der Zerrissenheit des heutigen Heilbetriebes, der von einer chemisch geprägten Arzneimittelindustrie sowie einem zunehmend an technologisch-instrumentellem Fortschritt orientierten Krankenhausbetrieb dominiert wird. Meist begegnen wir eher einem Krankheitssystem, das den Namen »Gesundheitswesen« kaum verdient. Schon etwas ehrlicher sprechen wir von Krankenkassen und Krankenhäusern, vielleicht deshalb, weil sie nun einmal für Kranke sorgen bzw. sie beherbergen. Immerhin gibt es auch Gesundheitszentren und -häuser. Letztlich helfen diese Sprachspiele wenig, ebenso wie der umstrittene Spruch: »Wer heilt hat Recht.« In dieser mechanistisch geprägten Welt bleibt, von »psycho-somatischen« Aspekten abgesehen, wenig Platz für menschliches Seelenleben und existenzielle Fragen, von denen Gesundheit abhängt.

Der Mensch in der Schöpfung

Gesundheit hat mit unserer Existenz zu tun, mit unserem Sein in dieser Welt schlechthin. Sind wir in unserer »Mitte«, »mitten im Leben«? Oder stehen wir neben uns und hadern mit unserem Schicksal, unserem Hier-Sein? Sind wir »geerdet«, oder wünschen wir uns sehnsüchtig, unsere Seele möge an einem anderen Ort sein?

Oft ist die Rede davon, der Mensch sehne sich nach Gott, zurück in die Einheit, nach Geborgenheit in Liebe. Richtig ist: Wir kommen von Gott, aus Gott, aus dem Einen und wir kehren am Ende dorthin zurück. Warum aber wollen wir der Schöpfung entkommen, während wir mitten darin stehen oder stehen sollten? Hinter vielen dieser Sehnsüchte steht der Impuls zur Flucht vor uns selbst und der Welt, deren Wirklichkeiten wir erfahren. Fluchtverhalten verzerrt unser Weltbild und nährt Illusionen über den Weg der Seele. Das beginnt mit esoterischer Weltflucht in Gruppierungen und deren Lehren, die schnelle Schritte des Bewusstseins und des Körpers in die Paradiese der Geistigen Welt verheißen. Diese Sehnsucht gipfelt in Schwüren und Abhängigkeiten, ebenso in der verblendeten Gewissheit »heiliger« Krieger, für ihre Untaten gegen die Menschlichkeit im Augenblick ihres Todes die Klinke des Paradieses drücken zu dürfen.

Worin besteht die Aufgabe des Menschen in dieser Schöpfung und somit in dieser Welt? Und woher rührt dieser Hang zur Flucht aus der Materie?

Aufgabe des in materiellen Dimensionen inkarnierten Menschen ist es, aus der Liebe zu schöpfen und sein Leben in Liebe zu manifestieren. Wir sind nach dem Bilde Gottes geschaffen, heißt es, mitschöpfende Wesen also. Viele religiöse Lehren und Schriften haben den Blick für die Schlichtheit dieser Schöpfung getrübt, die doch nur dem Gesetz der Liebe gehorcht. Denn sie ist aus der Liebe des Schöpfers entstanden. Darüber hinaus gibt es kein Gesetz oder Gebot, dem die Schöpfung unterworfen ist, weder göttliche noch menschliche. Die Gemeinschaft der Essener, der auch Jesus angehörte, sprach daher mit Recht von dem »Einen Gesetz«.*

Die Ausgestaltung unseres Lebens und unseres Wirkens auf dieser Ebene steht somit unter der Zielsetzung, Liebe zur obersten Richtschnur aller Entscheidungen und Handlungen zu machen. Da es ein anderes Gesetz zur Entfaltung der Schöpfung nicht gibt, ist ein Abweichen vom Weg der Liebe folgerichtig ein Verstoß gegen dieses »Eine Gesetz«, gegen das Göttliche in uns und um uns herum. Handeln wir nicht mehr liebevoll gegen uns selbst und andere Menschen, führt diese Abweichung ebenso zwingend zum Verlust unserer Mitte und in die Krankheit.

Gegen diese Erklärung des »Einen Gesetzes« mag man rebellieren, doch ist jeglicher Widerstand gegen die Schöpfung, deren Teil wir sind, zwecklos. Darin liegt die Bedeutung des Satzes: »Dein Wille geschehe.« Es geht nicht um bedingungslose Unterwerfung unter den Willen Gottes in allem, was unser Leben beinhaltet, sondern um

---

* Siehe dazu die Veröffentlichungen von Edmond Bordeau Székely: *Die Lehren der Essener«*, Saarbrücken, Neue Erde 2002 und *Das Friedens-Evangelium der Essener*, ebd. 2002.

diesen zentralen Punkt: Einwilligen in das ewige und eine Gesetz der Liebe. Denn dies ist das Wesen des Einen, dessen Ursprung und Ziel alles ist.

Wir sind frei, unser Sein und unser Umfeld, diese Welt in Liebe zu gestalten. Aber auch – und dies ist wesentlich für unser Thema – frei, den Weg der Liebe zu verlassen. Denn wir können das Wesen der Liebe nur erfahren, wenn das Abweichen zugelassen ist. In Gott, in dem Einen, ist alles enthalten – folglich auch das »Gegenteil«. Es gibt nichts, was nicht in der Schöpfung wäre, nichts, dessen Ausgestaltung nicht Bestandteil der Schöpfung wäre und bliebe. Aus ihr gibt es kein Entrinnen, auch nicht durch noch so intellektuelle Konstrukte der Logik.

Wer Liebe aus seinem Bewusstsein verdrängt, verändert die Energie von Seele und Körper, öffnet sich für Gefühle der Wut, des Neides, der Eifersucht, des (Selbst-)Hasses. Auch solche Emotionen schwingen und »schöpfen«, freilich das Gegenteil liebevoller Produkte.

Die Folgen eines langen individuellen und kollektiven Prozesses, die Liebe zu verdrängen, sind Krankheit, Selbstzerstörung und Zerstörung anderer. Krankheit umfasst den Weg aus dem Frieden in den Krieg gegen Mensch und Natur, der unser Dasein auf diesem Planeten Erde weithin prägt.

Die Freiheit, mitschöpfend das Wesen der Liebe zu erfahren, enthält also die Möglichkeit, den Weg der Liebe zu verlassen. Freiheit umfasst Selbstverantwortung des Einzelnen für sich selbst und sein Umfeld sowie Selbstverantwortung der Menschheit als Kollektiv. Ein Abweichen vom »Einen Gesetz« der Liebe, das jeder Mensch selbst zu verantworten hat, begründet in der christlichen Terminologie »Schuld« und den Zwang zur »Sühne«. Nicht Gott straft uns, sondern wir uns selbst, wenn wir abweichen. Unsere Seele und unsere Körper sind Teile des Einen in der Dualität dieser Welt. Beide wollen Licht. Geraten sie in Dunkelheit, setzt der Prozess der Krankheit ein.

Die Rebellion vieler Menschen gegen ihr Sein in der Schöpfung entwächst der fehlenden Erkenntnis dieses Umstandes und der mangelnden oder gar nicht bestehenden Bereitschaft, Verantwortung für sich selbst zu übernehmen. Aus der Verantwortungslosigkeit bildet sich ein Verhalten heraus, das Verantwortung für die eigene Gesundung Dritten zuschieben möchte. Wie viele kranke Menschen beten inbrünstig um Heilung zu ihrem Gott oder Ikonen der jeweiligen Religion, ohne zulassen zu wollen, dass sie selbst die Hauptverantwortung für ihre Krankheit tragen und folglich auch für ihre Heilung.

Deutlich zum Ausdruck kommt dieses paradoxe Verhalten in der vorherrschenden religiös und ethisch geprägten Auslegung von Liebe: Während Nächstenliebe hoch im Kurs steht, ist Eigenliebe verpönt und gilt als Selbstsucht.

»Liebe deinen Nächsten wie dich selbst«, bedeutet doch: Gib anderen Menschen, was du dir selbst gibst. Was aber kann ich anderen Menschen geben, wenn ich mich selbst missachte oder verachte? Selbstzerstörung und »Helfersyndrom« sind die häufigen Folgen dieses verkürzten Weltbildes. Dasselbe gilt für die ethischen Forderungen, wie man sich der Gemeinschaft gegenüber zu verhalten habe. Die Formel: »Du bist nichts, dein Volk ist alles«, kennt weltweit viele Varianten. Eine Ethik oder Religiosität, die derartiges Verhalten fördert, missversteht die Schöpfung gründlich. Sie ist die kräftigste Quelle der Krankheit.

Wenn Gott Bedingungen an Heilung stellt, dann eine einzige: Bereitschaft zur Rückkehr auf den Weg der Liebe. Dafür jedoch genügen keine Beteuerungen und Versprechen, sondern einzig und allein Taten, Handeln. Wahres »geistiges Heilen« umfasst immer das Ansehen der Themen, um die es geht, die Anleitung zur Veränderung. Heilerinnen und Heiler gehen den Weg nicht stellvertretend für ihre Patientinnen und Patienten. Lange sind die Zeiten vorbei, zu denen man sich – wie im Mittelalter – einen professionellen Pilger kaufen konnte, der den Bußgang nach Jerusalem oder auf dem Jakobsweg nach Santiago de Compostella stellvertretend für einen »sündigen« Menschen übernahm. Wer als Erkrankter die Verantwortung für sein eigenes Handeln ablehnt und seinen Weg nicht ändert, sucht noch immer nach diesem Muster einen Stellvertreter.

Kein Mensch kann sich in der Liebe und in der »Sühne« für Verfehlungen vertreten lassen. Diese Wahrheit ist es, die geistiges Heilen vielen Menschen unbequem macht. Andere aber begreifen gerade hier, was sie sich antun und antun lassen und kehren um.

Andere gehen Umwege, ob nach Santiago oder anderswo hin. Der Weg zu sich selbst ist oft viel einfacher als ein Pilgerweg, und die Abenteuer auf dem direkten Weg zu sich selbst sind ebenso spannend. Spirituelle Fluchten haben mit spirituellem Heilen nichts zu tun. Es sei denn, der Zufall will es, dass man sich auch dort selbst begegnet und bei sich bleibt.

Der Prozess der »Präzipitation«

Die Frage drängt sich auf, ob wir völlig allein dastehen, ohne Hilfen unseren Weg suchen und freilegen müssen. Die alleinige Verantwortung bleibt uns, doch bekommen wir in der Tat Hilfen. So unterstützt uns die Geistige Welt keineswegs nur dann, wenn wir aus der Krankheit auf den Weg zurückgebracht werden wollen.

Bevor wir abweichen, sind wir Suchende. Suchen ist Teil des Schöpfens, eine Art Training, das uns reifen lässt. Wenn wir uns selbst suchen, dann suchen wir nach dem Sinn unseres Seins in dieser Welt, nach unserer Aufgabe in ihr. Ergebnis dieser Suche ist, wenn nicht Verzweiflung, dann eine Sinngebung für unser Sein. Wir geben uns eine Bestimmung, und bestenfalls ist es diejenige, die wir in uns spüren. Liegen wir damit richtig, dann gibt es ein freudiges Kribbeln, sogenannte Déjà-vu-Erlebnisse und andere Wohlgefühle. Woher das?

Dieses Wieder-Erkennen unserer Aufgabe erklärt sich aus unserem »Lebensplan«. Bevor wir unser Leben hier beginnen, wählen wir zwischen Szenarien, die wir uns wie in einer »Vorverfilmung« des Lebens im Idealverlauf anschauen können. Vor einer jeden Inkarnation in den Ebenen der Materie legen wir gemeinsam mit unseren Helfern in der Geistigen Welt einen solchen Plan fest und vereinbaren, dass wir »von oben« Unterstützung und Mahnung erhalten, wenn wir hier auf der Erde in unserem Leben gelandet sind. Da aber unserer Menschheit das »Vollbewusstsein« (also das Wissen um diesen

Sachverhalt während der Inkarnation) abhanden gekommen ist, tun wir uns schwer, als Kinder oder Heranwachsende unsere Lebensziele wieder zu erkennen, frühzeitig schon zu wissen, wer wir sind und wohin wir wollen.

Lebensplan und Karma

Unser Lebensplan ist abhängig von unseren ureigenen Vorlieben und Wünschen. Im Grundsatz gibt es viel Wahlfreiheit, sowohl am Beginn unserer Inkarnationen als auch für einzelne Wiedergeburten. Allerdings schleppen wir »Altlasten« mit uns herum: schuldhafte Verstöße aus früheren Leben gegen das Gesetz der Liebe und deren Folgen sowie energetische Bindungen und Beeinträchtigungen in den Schichten unserer Aura, die uns andere Wesen früher einmal zugefügt haben. Wir kommen also nicht als »unbeschriebene Blätter«, sondern mit einer »Geschichte«, wenn wir wiedergeboren werden. Diese Prägungen sind es, die der Begriff »Karma« meint. Sind wir karmisch mit solchen Lasten beschwert, können wir nicht aufsteigen oder auferstehen, also nach einer letzten Inkarnation in der Geistigen Welt verbleiben. Ein Zwang zu Wiedergeburten besteht so lange, wie sich Karma noch in unserem Emotionalkörper hält, ohne »im Lichte gelöst zu sein«, wie es in Auflösungsgebeten heißt. Karma lösen wir, indem wir entweder selbst erfahren, was wir anderen angetan haben, oder durch geistiges Heilen eine solche Schuld im Lichte lösen. Dazu müssen wir von Herzen bereit sein, anderen zu vergeben, uns wiederum vergeben zu lassen und uns selbst zu vergeben.

Auf den Begriff des Karmas gehe ich weiter unten noch einmal ausführlicher ein. An dieser Stelle mag der Hinweis genügen, dass Karma Einfluss auf den Lebensplan und auch auf Krankheitssymptome hat, die wir oft schon mit der Geburt in uns tragen, da negative Vorprägungen im feinstofflichen Körper (dem in der Regel für die meisten Menschen unsichtbaren Energiekörper) ihren Abdruck sogleich in den grobstofflichen (physischen) Körper geben, wo sie sich manifestieren. Außerdem sei hier betont, dass der Begriff »Karma« durch die Auffassungen verschiedener Religionen weit überdehnt wird. Nicht jede erschlagene Mücke und jeder durchtrennte Regenwurm begründen unendliche karmische Verstrickungen des Menschen – wobei ich, wohlgemerkt, hier nicht zur Tierquälerei aufrufe. Auch unterlassene Hilfe aus nachvollziehbarer Angst begründet keine karmische Schuld, um noch ein Beispiel anzuführen.

Bewusst machen sollten wir uns, dass wir eben nicht als »unschuldige«, unbelastete Kinder durch den Geburtskanal kommen. Von Beginn ihres Lebens an erkrankte Kinder bringen vielfach eigene karmische Schuld mit sich oder heftige schwarzmagische Belastungen, die ihnen andere Menschen einmal zugefügt haben. Sie tragen im ersten Fall die karmische Verantwortung für diese Last selbst, im anderen Fall besteht eine Verantwortung Dritter. Eine solche Last mag unverständlich und »ungerecht« erscheinen, man mag den Drang verspüren, gegen diese Tatsache mit allen Mitteln und Argumenten von Religion und Wissenschaft zu rebellieren. Nur hilft dies auf dem Weg zur Heilung keinen Schritt weiter. Auch über den Reigen der Inkarnationen hinweg können wir unserer individuellen und kollektiven karmischen Verantwortung nicht entfliehen.

Mitschöpfen aus der Urmaterie

Unter diesen Ausgangsbedingungen beim Eintritt in unser Leben gilt es, den angestrebten Idealweg zu ergründen und ihm weitestgehend zu folgen. Dabei gibt es vor allem karmisch bedingte Pflichtbestandteile, aber auch viel Wahlfreiheit, vom Idealplan abzuweichen. Varianten sind also »statthaft« und in Bezug auf Krankheitsauslösung folgenlos, wenn die grobe Richtung stimmt und unser Verhalten von Liebe geprägt ist.

Die Art, wie wir uns selbst und unseren Weg finden, hat die Geistige Welt in verschiedenen Channelings als »Präzipitation« bezeichnet. In der lateinischen Sprache steht das Verb »praecipio« für voraus- oder vorwegnehmen, sich im Voraus vorstellen. Wir machen uns also ein Bild von dem, was wir tun und sein möchten. Mit der Umsetzung dieser Gedanken schöpfen wir aus der Urmaterie, dem göttlichen

Licht in den Schwingungen, in denen es uns verfügbar ist. »Präzipitation« ist unser eigener Prozess der Selbstverwirklichung und des Mitschöpfens. Nicht nur unsere »Bestellung«, sondern eigene und eigenverantwortliche Gestaltung. Wenn wir bitten, so wird uns gegeben. Jedoch erliegen wir in unserem vorherrschenden Weltbild meist der Illusion, ständig zu beten und bitten und auf ein Geschenk warten zu müssen. Eine befreundete Reikimeisterin bat das Universum fortlaufend darum, heilend tätig werden zu dürfen. Als ich sie besuchte, war das vor einigen Jahren bezogene Haus fertig, nur ihr Behandlungszimmer nicht. Beruflich deckte sie sich dermaßen mit Terminen ein, dass für Behandlungen kaum Zeit blieb. Und wenn sie einmal behandelte, nahm sie kein Geld. Die Geistige Welt bat mich, ihr die Nachricht zu übermitteln, dass die Lieferung aller erbetenen Geschenke längst vor ihrer Tür stehe. Nur müsse man auch öffnen, um den Boten samt Gepäck ins Leben zu lassen. Leider ist dies kein Einzelfall. Solchen Umgang mit den so beliebt gewordenen Bestellungen ans Universum beherrschen viele Menschen besten Willens mit bestaunenswerter Professionalität.

Selbst verantwortetes »Schöpfen aus Urmaterie« ist der Regelfall, die Normalität unseres Lebens. Wie aber nehmen wir wahr, was wir mögen, wollen oder sollten?

Eine Quelle dieser Wahrnehmung liegt in uns selbst. In unserem »spirituellen Herzen«, dem Herz-Chakra, spüren wir, was uns bekommt, gefällt, ob eine Resonanz besteht oder nicht. Wenn das Herz »vor Freude hüpft«, stimmt der Weg, wenn es trauert, krampft und schmerzt, dann stimmt er offenkundig nicht. Das Grundvertrauen in die Gefühlsregungen und Signale unseres Herz-Chakras ist leider weithin verschüttet. Nur wenige Menschen erfreuen sich dieser »Herzensfrische« und geben ihrem Herzen Ausdruck. Unsere vielen Sprachbilder sind klar und deutlich. Sie könnten uns viel lehren, wenn wir uns nur häufiger darauf verließen und uns ein »Herz fassten«.

Die Mehrzahl der Menschen aber ist heute kopf- und bauchgesteuert. Stets hämmern die Gedanken hinter der dackelfaltigen Stirn und unterbinden jede intuitive Wahrnehmung des Dritten Auges. Und im Bauch zwischen Wurzelchakra und Solarplexus zwicken die einstudierten und eingeprägten Vor-Urteile und Selbstverurteilungen (Wer möchte da ernsthaft bei Entscheidungen auf seinen »Bauch« hören?!). Die unheilige Allianz zwischen einem Bauch voller moralischer Steinbrocken und dem Gedankengewirr im Gehirn ist es, die das Phänomen der »Verkopfung« ausmacht. Welche Chance hat das arme Herz gegen diese erdrückende, zermürbende Übermacht?

Leider zieht das Herz oft genug den kürzeren. Dies allein schon erklärt die Macht der Krankheit über uns und ihre Notwendigkeit. Sie ist die noch verbleibende Sprache des Göttlichen in uns, wenn wir die Sprache des Herzens nicht verstehen oder wahrnehmen wollen. Warum kämpfen wir gegen die Krankheit, anstatt ihre Sprache zu erlernen, ihre Botschaft zu »beherzigen«?

Die zweite Quelle der Erkenntnis liegt in den Hilfen jener Wesenheiten und Kräfte, die uns durch unsere Inkarnationen ebenso begleiten wie in den Zwischenzeiten im »Jenseits«.

Während des Erdenlebens passen in der Tat Schutzengel auf uns auf. Das sind Menschen, die nicht wiedergeboren werden müssen und sich in der Geistigen Welt diese Aufgabe gewählt haben. Leider dürfen sie nicht immer aufpassen. Zum Beispiel dann nicht, wenn uns unsere falsche Routenwahl im Lebensweg durch einen Unfall bewusst gemacht werden muss. Außerdem gibt es einen oder mehrere Geistführerinnen und Geistführer. Wir kennen sie zumeist aus früheren Inkarnationen, und sie haben eingewilligt, uns an Themen zu erinnern, die zumeist mit jenen Inkarnationen und ihren eigenen früheren Wirkungsschwerpunkten zusammenhängen. Letztlich aber sind für uns Menschen die zwölf Erzengel »zuständig«. Jeder Mensch entscheidet sich noch vor seiner ersten Inkarnation für einen Erzengel, der ihn hüben und drüben auf seinem Weg begleitet.

Wer oder was aber sind diese Erzengel? Wenn wir uns Gott, den Einen, als eine mächtige Energie und Intelligenz vorstellen mögen, aus der alles hervorgeht, dann verkörpern die zwölf Erzengel zwölf Teilaspekte des Göttlichen im Prozess der Schöpfung. Große Teile der Schöpfung werden aus ihren Energien gespeist und gestaltet. Mit ihren Energien gestalten wir unsere Mitschöpfung, unsere Leben, mit ihren Kräften können wir heilen, sofern wir die Strahlen der Erzengel, ihre »Schwerter«, durch unsere Energiekanäle leiten dürfen.

Entsprechend ihren Aufgaben oder Aspekten begleiten uns alle Erzengel durch den beschriebenen Prozess der Präzipitation. Da Heilung und Präzipitation eng beieinander liegen, verzichte ich an dieser Stelle auf weitere Ausführungen und verweise auf eingehende Darstellung der Erzengel und ihrer Aufgaben im Kapitel »Helfende Kräfte« S. 28 und die dortige Übersichtstabelle. Über die Erzengel, ihre Namen, Anzahl und Funktion gibt es viele problematische Darstellungen. Hier sei nur angemerkt, dass diese Wesenheiten lange vor Entstehen des Christentums in verschiedenen magischen Kulturen bekannt waren, wenngleich unter anderen Namen. Manchem Menschen mit anderer kultureller und religiöser Prägung erschwert die christlich-jüdische Überlieferung den Zugang zum Verständnis des geistigen Heilens. Aber damit müssen wir noch ein wenig leben. Der Umstand, dass das Christentum einige Erzengel nicht kennt oder sie verkennt und andere zeitgenössische Religionen sie überhaupt nicht kennen oder wieder anders bewerten, ändert nichts daran, dass die Schöpfung so ist, wie sie ist, und auch medial wahrnehmbar ist.

Der Kern geistigen Heilens

Heilen im Sinne geistigen Heilens ist Befreiung von Karma und von selbst zugefügten Leiden. Wozu, warum, mit welchem Ziel? Das Ziel besteht im Rückweg des Menschen zum Einen, zu Gott. Dies ist der zentrale Prozess der Schöpfung, selbst dann, wenn wir uns subjektiv keineswegs danach sehnen sollten.

Heilen bedingt die Anerkenntnis des Umstandes, dass wir stets allein sind mit uns selbst und somit die ausschließliche Verantwortung für uns tragen. Wir sind göttlichen Ursprungs, in uns ist der göttliche Funke. So sehr wir uns auch anderen Menschen aufs engste verbunden fühlen, so nahe uns Liebe einander bringen mag – wir sind und bleiben allein mit uns, solange wir in der Dualität leben. Diese Dualität besteht auf jeder Ebene der Schöpfung. Auch im »Jenseits« ist keine Einheit – wenngleich wir sie dort stärker empfinden –, denn auch die Geistige Welt ist außerhalb von Gott. Wir dienen der Schöpfung des Schöpfergottes auf jeder Ebene, in jeder Dimension, in der wir uns im Laufe der Evolution unserer Seele bewegen.

So sehr wir am hiesigen Leben »hängen« mögen, so sehr wir die Erde lieben und andere Wesen: Manche von uns kennen ein Gefühl der Unzulänglichkeit, des Mangels, trotz allen Vertrauens und »Wandelns in Gott«. Dahinter steht die tiefe Erinnerung an das Eins-Sein mit allem und in allem, aus dem wir stammen und zurückkehren werden. Eines Tages werden wir wieder verschmelzen mit dem All-Einen. Wir geben in jenem Moment unser Bewusstsein auf, um wieder Teil des umfassenden Bewusstseins zu werden, in dem alles ist, was ist. Teil dessen, der ist, der er ist. Anders ausgedrückt: Solange es uns gibt, sind wir Teil der Energie, von der jegliche Schöpfung ausgeht und in die sie nach ihrer Entfaltung wieder zurückkehrt.

Ein Bildnis des Einen, von Gott, können wir uns nicht machen. Die Schöpfung hingegen kann beschrieben werden als »Drei-Einigkeit«. Damit ist nicht die unseren religiösen Erklärungsbedürfnissen entspringende Personifizierung in Vater, Sohn und Heiligem Geist gemeint. Drei in Eins und Eins in Drei – fassbares geometrisches Sinnbild für die göttliche Schöpfung ist das Dreieck. Die Schöpfung ist nicht »linear«, das heißt, nicht nur 1, aus der eine 2 entsteht, sondern eben ein Dreischritt, in der die 1 und die 2 aus der 3 entstehen und wieder in sie zurückkehren. Für den Schöpfer selbst, aber auch für uns als mitschöpfende Wesen beinhaltet dieser Dreischritt den Gedanken, das Wort und die Tat, den Vollzug. Somit ist jeder vollständige Schöpfungsakt durch die 3 symbolisiert:

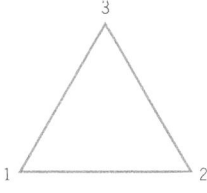

Dreieck und Pyramide
sind die Symbole
der Schöpfung in der
»heiligen Geometrie«.

Dreieck und Pyramide bilden deshalb die Grundformen der Schöpfung und der »heiligen Geometrie«, in der sie ausgestaltet ist und beschrieben werden kann.

Diese Schöpfung kennt nur ein wahrhaftes »Gesetz«: Liebe. Liebe ist der Inbegriff aller Schöpfung, denn Gott ist Liebe und in Liebe gründende Harmonie. Wer sein Handeln von der Liebe löst, bildet Karma. Ungelöstes Karma nötigt die Seele, immer wieder zu inkarnieren. Sie kehrt wieder, um in dieser Ebene am eigenen Leibe zu erfahren, was es bedeutet, Liebe in Hass zu verkehren. Auch Selbsthass gehört hierzu, als Ergebnis verkehrter Eigenliebe.

Eigenliebe ist kein Egoismus, wird aber von vielen Menschen damit gleichgesetzt; deshalb der verbreitete Hang, andere zu lieben, sich für sie zu opfern, sich selbst aber als unwichtig zu bezeichnen und zu vernachlässigen. Das religiöse Ethos beispielsweise des Calvinismus und mancher anderer Religionen verführt zu dieser Opferrolle.

Heilung kann nur erfolgen, wenn jeder Mensch bereit ist, in die Liebe zu sich selbst zurückzufinden, sich selbst zu verzeihen, sich vorbehaltlos anzunehmen, sein Karma anzuschauen und es zu lösen.

Viele Menschen zürnen – wenn sie überhaupt »gläubig« sind – einem angeblich ungerechten, strafenden Gott. Sie verstehen nicht, dass es allein in ihrer Verantwortung – oft über viele Leben hinweg – lag und liegt, Liebe zu manifestieren, in der Liebe zu sein oder diesen Weg zu verlassen. Jede Krankheit, jeder Unfall ist in erster Linie Ergebnis nicht gelebter Liebe zu sich selbst und anderen Wesen.

Freilich hält uns auch das Karma Dritter fest, an dem wir ohne Schuld sind. Das geschieht im Falle schwarzmagischer Bindungen unserer Aura durch Zauber oder Flüche. Für Schwüre hingegen tragen alle Beteiligten eine uneingeschränkte Verantwortung. »Ihr sollt nicht schwören«, heißt es in der Bergpredigt.* Da das (leider) kein

---

* Matthäus-Evangelium 5, Vom Schwören: (…) *Ich aber sage euch, dass ihr überhaupt nicht schwören sollt, weder bei dem Himmel, denn er ist Gottes Thron; nicht bei der Erde, denn sie ist der Schemel seiner Füße; (…). Auch sollst du nicht bei deinem Haupt schwören; denn du vermagst nicht ein einziges Haar weiß oder schwarz zu machen. Eure Rede sei: ja, ja; nein, nein. Was darüber ist, das ist von Übel.*

Gebot ist, missachten Christen dies und schwören sogar bei Gott und auf die Bibel. Auch hier wieder zeigt sich: Religionen, die an Schriften gebunden sind, lassen nahezu jede Interpretation, jedes Verhalten zu. Alle Religionen dieser Welt leben in verschiedenen Graden von Aufzeichnungen, schriftlich festgehaltenen Lehren und Interpretationen, die letztlich als Grundlage der Liebe wie auch des Hasses dienen können.

Das »Wort Gottes« ist einfacher als alles jemals Geschriebene, das dafür gehalten wird. Oder anders gesagt: Liebe erfüllt sich in Taten, im eigenen Handeln, nicht im Zitieren noch so eindrucksvoller Schriften. Im Friedens-Evangelium der Essener heißt es:

Und Jesus antwortete: »Sucht nicht das Gesetz in den Schriften, denn das Gesetz ist Leben, während die Schrift tot ist. (…)

Das Gesetz ist das lebendige Wort des lebendigen Gottes an lebendige Propheten für lebendige Menschen. In allem Lebendigen findet ihr das Gesetz. Ihr findet es im Gras, im Baum, im Fluss, im Berg, in den Vögeln des Himmels, in den Fischen des Meeres; doch sucht es hauptsächlich in euch selbst. (…) Gott schrieb die Gesetze nicht auf Buchseiten, sondern in eure Herzen und euren Geist.«*

Wir sind hier, um Liebe zu geben und anzunehmen, in ihr zu sein. Das begründet Gesundheit, alles andere Krankheit.

---

* Dr. E. Bordeaux Székely (Hg.): *Das Friedens-Evangelium der Essener, Schriften der Essener,* Der Originaltext aus dem Aramäischen übersetzt. Buch 1, Neue Erde, Saarbrücken 2002.

2. Das Wesen geistiger Heilung

Helfende Kräfte:
Vom Ursprung zum »Licht der Welt«

Geistiges Heilen hat seinen Namen daher, dass nicht wir selbst allein mit der Kraft unserer Lebensenergie heilen, sondern – neben den medialen Informationen – die Kräfte anderer Energiewesen dazugeschenkt bekommen. Die zwölf Erzengel beispielsweise reden davon, dass sie uns ihren Strahl, ihr »Schwert«, leihen, wenn sie uns für würdig erachten, in ihrem Namen heilerisch tätig zu sein.

Wenn ich hier ein grobgerastertes Bild davon gebe, welche Wesenheiten uns Menschen in der Heilung unterstützen, dann bestehe ich nicht darauf, dass mir Glauben geschenkt und meine Erfahrung dieser den Sinnen oft verwehrten Wirklichkeit verabsolutiert wird. Erfahrbar ist und bleibt diese Wirklichkeit jenen, die sich vorurteilsfrei mit Herz und durchaus kritischem Verstand öffnen. Gewissheit ist möglich durch den Abgleich des Erfahrenen untereinander und gemeinsame Heilarbeit. Niemand in unserem Heilerkreis würde jedoch anderen vorschreiben, was sie zu glauben und zu erfahren hätten.

Wie also wirken Himmel und Erde zusammen in der geistigen Heilung?

Richtig ist, dass Gott selbst und unmittelbar eingreifen, also auch heilen kann. Das geschieht nicht oft, wenn aber, dann mit enormer Kraft und, was die Wirkung anbetrifft, in kürzester Frist. Zur Zeit nehmen wir die Energie Gottes als grauen Strahl wahr, durchsetzt mit Spuren von Gold und Silber. Diese Farbwahrnehmung wird sich mit dem längeren Prozess des Aufstiegs der Erde in die fünfte Dimension verändern.

Die zwölf Erzengel stehen als Energien und Wesenheiten für die zwölf »Aspekte« Gottes. Farben und die Wirkungsbereiche ihrer Strahlen beschreibe ich unten ausführlich.

Neben den Erzengeln steht Metathron. In seiner Botenfunktion ist er den Erzengeln ebenso übergeordnet wie uns Menschen und der übrigen geistigen Hierarchie. Er ist der Träger oder Herr des Lichts, sogenannt, weil er mit dem von ihm gespeisten türkisfarbenem Strahl über die höchste Schwingung unterhalb des Göttlichen in der Schöpfung verfügt. Ohne die Energie dieses Strahles sind stark verändernde Maßnahmen geistiger Heilung undenkbar, so beispielsweise die energetische und physische Regeneration des Körpers oder die Beseitigung genetischer Defekte. Metathron gebietet darüber hinaus über die Engelsscharen der Cherubim und Seraphim. Diese sind unmittelbar heilend tätig, aber auch mit Hilfe von Menschen, zu denen sie Kontakt haben.

Bei den Seraphim und Cherubim handelt es sich um Seelen, die nicht mehr inkarnieren müssen und sich Aufgaben dieser Engelsgruppierungen gewählt haben. Gleiches gilt für die bei uns so beliebten »Schutzengel«. Sie »heilen«, indem sie uns oft genug vor Unglück bewahren – solange dies irgend zulässig ist, ohne unsere Freiheit zu beeinträchtigen. Sie sind keineswegs unaufmerksam, wie wir oft behaupten, aber oft genug müssen sie wegsehen, wenn wir etwas erleben müssen.

In der Literatur werden vielfach die Elohim hierarchisch über die Erzengel gestellt. Das ist unzutreffend, einmal abgesehen davon, dass es in den geistigen Sphären keinen Hierarchiebegriff im Sinne von Vorherrschaft gibt. Bei den Elohim handelt es sich um Energiewesen und Intelligenzen mit hoher Kraft, die nicht einer einzigen Schöpfungsebene zuzuordnen sind. Sie beraten uns Menschen als Hüterrasse. Das geschieht individuell auf Bitte der Geistigen Welt in denjenigen Eigenschaften und »Sachgebieten«, die sie jeweils repräsentieren. In diesem Zusammenhang sind die Elohim den Erzengelenergien zugeordnet und mit ihnen verbunden. Sie verstärken und transformieren diese Kräfte durch ihre »interdimensionale« Position zwischen Himmel und Erde. Daraus erklärt sich die immense Kraft, die viele Menschen spüren, die Kontakt zu ihnen haben. Darüber hinaus sind die Elohim Hüter bestimmter Teile der irdischen Natur und der Elemente.

Alle Menschen werden von Geistführerinnen und Geistführern begleitet, manche auch von mehreren, zuweilen wechseln sie in bestimmten Lebensphasen. Auch kommen zeitweilig andere Helferinnen und Helfer dazu – gleich ob wir sie bewusst wahrnehmen oder nicht. Auch hierbei handelt es sich um Menschen, die nicht mehr inkarnieren müssen, mit der Besonderheit, dass wir sie aus früheren Leben kennen. Sie haben die Aufgabe, uns an besonders schwierige Themen zu erinnern, die wir in der aktuellen Inkarnation zu lösen haben. Andere weisen uns auf herausragende Begabungen und Ziele hin, die unseren Lebensplan erkennen und vollziehen helfen.

Zur »Geistigen Hierarchie« der Erde gehören neben Metathron und den Erzengeln die Mitglieder der »Weißen Bruderschaft«. Darin aufgenommen werden »aufgestiegene Meisterinnen und Meister«. Bei ihnen handelt es sich um Menschen, die sich während ihrer Inkarnationen wiederholt herausragend für die Schöpfung und die Manifestation der Liebe engagiert haben. »Sprecher« dieser Bruderschaft ist zurzeit Sananda (jener, der einmal als Jesus inkarniert war). Sananda ist sein »kosmischer« Name, so, wie wir alle ab einem bestimmten Zeitpunkt für unsere Seelenenergie einen solchen Namen wählen. In diesem Falle stammt der Name aus den ersten Inkarnationen, die Sananda auf Atlantis erlebte.

Aufgabe der Weißen Bruderschaft ist es, über die Geschicke der Erde und ihrer Wesen mit zu beraten, ihre Entwicklung über lange Zeiträume zu begleiten und uns auch in der Heilung zu unterstützen. Das geschieht, wie in einigen Fällen, durch Lenken der Strahlen der Erzengel oder durch anleitende Channelings.

Am Ende dieser »Kette« stehen jedoch inkarnierte Heilerinnen und Heiler, die jene Heilstrahlen erhalten, besser gesagt, geliehen bekommen, um auf der materiellen Ebene zu wirken. Wir Menschen sind als »Hüterrasse« des Planeten Erde in diesem Sinne die »Lichter der Welt«. Weder auf solche Energien noch auf Anteile am kosmischen Wissen haben wir ein Anrecht, sondern es obliegt der Geistigen Welt, nach entsprechenden Kriterien zu beschließen, wer welche Heilkräfte und Wissen in welchem Maße bekommt und wem sie bei Missachtung des Gesetzes auch wieder genommen werden. Kein inkarnierter Mensch kann aus diesem Grund über andere richten.

Einen kräftigen braunen Heilstrahl kann unsere Erdensseele, Gaia, heilenden Menschen schenken. Wie Sonnen oder Monde und andere Planeten gehört Gaia zu den sogenannten »Erzseelen«.

Die Wesen des Naturreichs verfügen hingegen über einen gemeinsamen hellbraunen Heilstrahl, der uns geliehen werden kann. In ihren eigenen Aufgabenfeldern sind sie umfangreich heilend tätig, vor allem in der Erdheilung. Sie können den Menschen Symbole verleihen und ihnen somit magischen Zugriff auf bestimmte Naturkräfte gewähren. Zurzeit jedoch ist das Naturreich aufgrund schlechter Erfahrungen mit uns Menschen sehr zurückhaltend mit solchen Geschenken. Dasselbe gilt für das umfangreiche Wissen der Naturwesen in der Nutzung und Beherrschung der Naturgewalten. Die spannenden Themen des Naturreiches und der Naturmagie bleiben anderen Veröffentlichungen vorbehalten.

Erzengel Uriel: Was bedeutet geistiges Heilen?
(Channeling durch Werner)

Seid gegrüßt, Ihr Lieben, im Lichte des Einen.

Mir ist es eine große Freude, dass Werner heute mit der Niederschrift eines Channelings beginnt, in dem ich Euch Klarheit verschaffen möchte, was es mit der von Euch so benannten »geistigen Heilung« auf sich hat, wie es um Eure und unsere Rolle dabei bestellt ist.

Wenn ich von »unserer Rolle« spreche, so meine ich all jene, die hier in der Geistigen Welt, dem »Jenseits« oder wie Ihr unsere Ebene bezeichnen mögt, zur Verfügung stehen, Euch zu helfen, die jeweilige Inkarnation und die Euch selbst gewählte Aufgabe zu erspüren und zu bewältigen. Das sind wir zwölf Erzengel, die Aufgestiegenen Meisterinnen und Meister der Weißen Bruderschaft, aber auch zahlreiche andere Wesenheiten, die Euch umgeben. Dazu zählen zuvorderst Eure Schutzengel und Geistführer oder in bestimmten Fällen auch andere Engel. Dabei möchte ich es diesmal belassen.

Nicht nur wir alle sind es, die in der Heilung beistehen. Die Erzseele Eures Planeten, Lady Gaia, verfügt mit ihrem kräftigen braunen Heilstrahl ebenfalls über eine starke Energie, die sie Euch nach Belieben schenken kann. Auch die Gemeinschaft ihrer Naturvölker verleiht einigen Wenigen von Euch, die Ihr heilend tätig seid, ihren schönen hellbraunen Strahl. Hier steht Ihr nun als »Lichter der Welt« im Mittelpunkt. Heilen können aber begrenzt auch andere Wesen. Vielleicht habt Ihr schon einmal das Erlebnis gehabt, das Katzen Euch besorgt ihre Pfötchen auf eine Stelle legen, an der sie energetische Probleme bei Euch oder anderen wahrnehmen? Sie heilen dann mit ihrer Lebenskraft, die Ihr als Reikikraft bezeichnet und die mit dem Reikisystem verstärkt werden kann – auch bei manchen Tieren, wie Ihr wisst.

Verliehene Kräfte

Uns Erzengeln und anderen steht es frei, Euch unsere Strahlen zu Heilzwekken zu verleihen. Dann reden wir davon, dass Ihr unser Schwert führen möget. Dies ist nicht kriegerisch gemeint, denn so sind wir nicht gesinnt. Wir wiegeln nicht auf, treiben Euch nicht in Kriege. Manchmal freilich sprechen wir lobend von »Kriegern des Lichts«, wenn Ihr mutig, voller Vertrauen und konsequent Euren Weg als lichtbringende Wesen geht.

Unsere heilenden Strahlen führt Ihr, damit im Widerstreit zwischen Licht und Finsternis, zwischen Liebe und Hass, die Liebe obsiegt. Auf diesem Weg seid Ihr schon ein gutes Stück vorangeschritten. Vieles ist geschafft, viel aber noch zu tun in der Heilung der Erde und Eurer selbst.

Wer in unserem Namen heilt, das bestimmen wir im Namen des Herrn. Niemand sonst. Und seid gewarnt: Niemand sonst möge sich erdreisten, »Engelstrahlen« oder »Engelsymbole« zu erfinden und energetisch zu aktivieren. Was nicht von uns stammt, geweiht oder verliehen ist, darin sind weder unsere noch andere Lichtkräfte. Wollt Ihr auf diese Weise die Schöpfung kopieren, statt sie zu nutzen, handelt Ihr schwarzmagisch. Gott und die Seinen sind kein Selbstbedienungsladen, der Fertigkeiten feilbietet, die Ihr Euch nach Belieben zusammenzimmern könntet. Es gibt Regeln. Wenige, aber klare. Und es gibt nur ein Gesetz, dem alles folgt, was im Lichte sein möchte. Dieses Gesetz heißt »Liebe«.

Alle zwölf Erzengel heilen. Dabei haben wir gemeinsam mit denjenigen, die unsere Strahlen lenken und führen, jeweils besondere Aufgaben, da wir bestimmte Aspekte des Einen verkörpern.

Ich selbst bin »zuständig« für die geistige Heilung an sich, so wie Raphael, der »Erzengel des Naturreiches«, die Aufgabe der Erdheilung auf unserer Ebene koordiniert. Mir obliegt es, gemeinsam mit dem Erzengel, der Euch durch Eure Inkarnationen geleitet, zu entscheiden, ob und in welchem Umfange Ihr heilen dürft. Wenn Ihr den Anspruch erhebt, »geistig« zu heilen, dann steht weitaus mehr dahinter als Ihr gemeinhin wahrhaben wollt.

Gründe des Erkrankens

Dazu lasst Euch zunächst die Funktion dessen erläutern, was Ihr als »Krankheit« bezeichnet. Im Wortgebrauch Eurer heutigen Heilberufe steht der Begriff Krankheit ganz überwiegend für Symptome, die sich im grobstofflichen Körper manifestiert haben, seltener schon für »seelische« Symptome, wie Ihr von der Norm abweichende Verhaltensweisen bezeichnet. Jedoch suchen schon viele Therapeutinnen und Therapeuten der »alternativen« Medizin oder in der Psychologie nach den Themen, die »hinter« diesen Symptomen stehen. Doch ist es in den meisten Therapien noch immer so, dass die Eigenverantwortung des Erkrankten oder Heilungs-Suchenden für seinen Zustand unzureichend gewichtet wird. Nach Gründen sucht Ihr viel eher im sozialen und gesellschaftlichen Umfeld, in Rollenzwängen, familiären Prägungen oder Vergleichbarem. Damit wächst die Gefahr, dass Ihr Erklärungen heranzieht, die Entschuldigungen gleichen, Gründe also, die ein erkrankter Mensch demnach nicht zu verantworten hat. Auch besteht bei erkrankten Menschen nur zu gern der Drang, nach Gründen im Außen zu forschen und nur ja nicht den Blick auf sich selbst zu richten, sich mit sich selbst auseinandersetzen zu müssen oder gar Eigenverantwortung zu übernehmen.

Eine jede Krankheit, ein jeder Unfall hat Gründe, die darin liegen, dass Ihr Euch selbst die Liebe verweigert, die Ihr Euch und anderen nach dem Einen Gesetz gewähren möget. Denn Mitschöpfen in Liebe und die Schöpfung zu genießen, das allein ist Eure Bestimmung.

Wenn sich ein Verhalten anbahnt, mit dem Ihr davon abweicht, setzen wir »Zeichen« in Euren Leben. Achtet doch einmal auf Euer Umfeld! Es sind oftmals Hunderte von Zeichen. Doch Ihr seid so blind gegenüber den Sprachen Gottes geworden, dass meist nur die Sprache der Krankheit in Euer Bewusstsein dringt. Erst der anhaltende Schmerz lässt Euch fühlen, was Ihr Euch antut.

Selbstverantwortung und Karma

Schöpfung aus der Kraft der Liebe umfasst eine individuelle Verantwortung für Euch selbst und andere Wesen, also auch eine kollektive. Mehr noch: Sie umfasst das, was wir »Karma« nennen. Karma bezeichnet Eure Verantwortung, die Ihr für Euch selbst und andere über sämtliche Eurer Inkarnationen hinweg tragt. Es ist zwecklos, einen solchen Gedanken – wie den der Wiedergeburt schlechthin – entrüstet von Euch zu weisen, weil dieser Verantwortungsbegriff nicht in Euer Weltbild passt.

Der Eine, den Ihr Gott nennt, akzeptiert nicht die von Euch gesetzten Bedingungen für ein aus Ängsten und Unglauben genährtes Weltbild. Die Schöpfung ist und bleibt, was sie ist und wie sie ist. Dies gilt ebenso für das Wesen von Krankheit und Heilung, gleichgültig, welches Zerrbild Eure Religionen, Eure Ärzte oder andere Meinungsmacher von dieser universellen Wirklichkeit entwerfen.

Und leider tragen auch die unzähligen esoterischen »Schulen« wenig Nützliches zur Klärung grundlegender Sachverhalte bei. Denn sie machen die Dinge komplizierter als sie nun einmal sind. Das Gesetz der Liebe ist einfach, und die wenigen Regeln sind es auch. Vielen von Euch scheint das alles zu einfach. Und anstatt sich der Schlichtheit des Weges zu erfreuen, stellt Ihr Euch und anderen Hürden hinein. Gott aber will keine Hürden, keine Eintrittskarten und -preise, keine Kartenverkäufer. Der Zutritt zur Liebe steht Euch allen frei. In des Vaters Haus gibt es bekanntlich viele Räume, und zu Ihm gibt es viele Wege, die in Liebe beschritten werden können. Doch es bleibt ein ungeteiltes Haus mit einer Verwaltung.

Konkurrenzdenken, Streit und Eifersucht können diese Schlichtheit nicht zulassen. Warum auch solltet Ihr Euch dort, wo Ihr seid, »einigen«? Werdet eins mit Euch selbst, mit der Schöpfung. Und lernt es ertragen, dass die Wahl des Weges Teil Eurer persönlichen Freiheit ist und bleibt, die Euch dieses Gesetz der Liebe garantiert. Dieses Gesetz gilt für alle Menschen, also achtet es und achtet Euch selbst.

Heilertum und Priesterschaft

Zurück nun zu unseren Heilerinnen und Heilern. Diejenigen, die es mit unserem Segen sind, haben stets zugleich die Funktion von Priesterinnen und Priestern. Einige von ihnen dienen uns als Hohe Priester, Ihr sprecht und schreibt gern »Hohepriester«. Darin liegt keine Hierarchie nach Euren Begriffen, sondern die Bezeichnung für den Grad der Aufgabenwahrnehmung, zu der sich ein einzelner Mensch oder ein Personenkreis bereiterklärt hat. Dazu gehören eine gewisse Disziplin und Zuverlässigkeit. Dieser Beruf ist entweder Berufung – und wird auch so gelebt – oder er ist verfehlt.

Heilende Kräfte und bestimmte Formen der Medialität schenken wir denen, die ihre Berufung fühlen und von Herzen annehmen. Viele wissen nicht einmal bewusst davon. Doch wir nehmen umgehend wieder zurück, was nicht mehr benötigt und genutzt wird, sobald Ihr Euren Weg als Heilerinnen und Heiler verlasst. Niemand benötigt Werkzeuge für einen Beruf, den er nicht mehr ausüben will. Heiler zu sein, ist kein Gelegenheitsjob. Natürlich drängen wir Euch nicht, auch gewähren wir Pausen, zum Beispiel, wenn Ihr Kraft für Eure eigene Entwicklung oder das Zusammensein mit anderen Menschen benötigt. Und schließlich geht es immer zuerst auch um Eure eigene Heilung. Doch Euer tatsächliches Handeln, Eure Taten sind für uns der Maßstab, Gaben zuzuteilen und sie wieder zu nehmen, nicht Eure unausgeführten Gedanken und Pläne.

Priesterschaft und Heilertum sind in der »geistigen« Heilung untrennbar miteinander verknüpft. Wer mit uns heilt, vermittelt unsere Botschaft. Das und nichts anderes ist das Wesen der Priesterschaft. Priesterinnen und Priester erhalten ihre Weihe durch uns, durch niemanden sonst, weder hier noch auf Erden. Und wer in unserem Auftrag weiht, tut es mit der Kraft unserer Strahlen. Es ist die ausschließliche Entscheidung des Herrn, wer Priesterin und Priester wird und wem dieser Segen zu nehmen ist.

Geistiges Heilen ist der Ursprung allen Heilens

Voraussetzung dieser Zusammenarbeit mit uns sind Euer Wille und Eure Befähigung, Euch mit uns zu verbinden, unsere Botschaften ungehindert zu empfangen. Über das »Channeling« haben wir an anderer Stelle genug gesagt.* Wir wollen Sicherheit und Reinheit beim Übermitteln unserer Botschaften, keine Fehlerhaftigkeit, die die Aussagen verzerrt.

Geistig heilen tun diejenigen, die mit unserem Segen, unseren Kräften und unseren Botschaften Menschen und anderen Wesen zu helfen bereit sind und diesen Entschluss auch vollziehen. Nicht jeder, der seine Lebenskraft heilend einsetzt, ist demnach schon Heiler. Diesen Begriff verwendet Ihr inflationär. Ein wesentlicher Grund liegt darin, dass Euer Medizin- und Rechtssystem dazu neigt, alle und alles auszugrenzen oder zu Sonderlingen stempelt, was den gängigen Begriffen des Heilbetriebes nicht entspricht.

Alle Heilung aber hat ihren Ursprung im geistigen Heilen, nicht umgekehrt. Das, was Ihr tut, aber auch viele »alternative« Therapien sind aufgrund des derzeitigen Weltbildes und Wissenschaftsbegriffs unerklärlich und damit »unwissenschaftlich«. So »frei« ist Eure Wissenschaft tatsächlich, dass sie sich dem Paradigma geistigen Heilens vollends entzieht. Eure Wissenschaft erhebt sich damit selbst zur Religion, und ihre Religionswissenschaft zeichnet sich dadurch aus, dass sie erfolgreich dazu beiträgt, das »Unglaubliche« zu verdrängen, anstatt der Spiritualität die Tür zu öffnen. Heilung ist erfahrbar. Was aber erfahrbar ist, ist Bestandteil Eures Seins. Oder gilt auch dies nicht?

Es ist nicht Gottes Problem, dass Ihr die Beschreibung der Schöpfung auf untaugliche Sprache und Erklärungsmuster begrenzt. Individueller und kollektiver Heilung dient dies freilich nicht. Diese Erkenntnis gewinnt langsam Raum, sehr langsam.

Diejenigen, die mit uns zusammenarbeiten, werden schon sehr bald den Beweis erbringen können, dass geistiges Heilen nachvollziehbar und beschreibbar ist, ebenso das Wesen der Schöpfung schlechthin. Seid bereit, die Grenzen Eurer bisherigen Erklärungsmodelle zu überschreiten und Ihr werdet gewinnen, nicht verlieren.

Die Aufgaben der Erzengel in der Heilung

An dieser Stelle lasst mich beschreiben, welche Aufgaben uns Erzengeln jeweils in der Heilung obliegen. Bevor ich damit beginne, lasst mich deutlich

---

* Siehe Kapitel »Channeln – wozu und wie?«, S. 50

sagen, dass keiner von uns Erzengeln begrenzt oder beschränkt ist in seinem Recht zu heilen. Wir alle haben die Erlaubnis zu heilen, wenn nach dem Gesetz des Einen geheilt werden darf. Flüche und Zauber können beispielsweise von einem jeden von uns gelöst werden, je nach ihrer Verortung in Eurer Aura.

Unterschiede und Schwerpunkte unseres Wirkens ergeben sich allerdings aus den thematischen Aspekten unserer Strahlen und ihrer Zuordnung zu Euren Chakren. Deshalb haben wir darum gebeten, dass Euch nunmehr das wieder vervollständigte, reaktivierte Chakren-System vorgestellt werde. So gibt es gewisse Zuständigkeiten für bestimmte Teile des fein- und grobstofflichen Körpers und den Themen der Organe, die mit ihnen im Zusammenhang stehen.

Erzengel Michael
(1. Strahl, blau: Wille Gottes, Mut, Kraft, Schutz)

Michael ist in der Schöpfung diejenige Wesenheit, die die Gesamtheit des göttlichen Planes den Menschen offenbart: Die groben Ziele, die Änderungen, die sich aus dem Prozess der Schöpfung selbst ergeben, sowie die Folgen für die Pläne einzelner Menschen und Gruppen, die miteinander Verabredungen für dieses und weitere Leben getroffen haben, ebenso für ihr Wirken auf unserer Ebene, nachdem sie den Reigen ihrer Inkarnationen abgeschlossen haben.

Gesundheit meint im Kern, sich der Ziele des göttlichen Planes bewusst zu sein, sie wahrzunehmen und in Einklang damit zu leben. Wenn geschrieben steht »Dein Wille geschehe«, dann geht es nicht darum, dass Gott Euch Menschen Vorschriften mache, wie Ihr zu leben und zu handeln hättet. Gemeint ist Euer freiwilliges, dem Bewusstsein der Schöpfung entspringendes Einverständnis mit dem Plan. Wesentlich ist, dass Ihr lernt, Eure Rolle im Rad der Schöpfung zu erspüren und zu leben. Dazu bedarf es keiner Rückverbindung im Sinne des Channelns, so hilfreich auch solche Fertigkeiten beim Fortschreiten Eurer Entwicklung sein mögen. Lernt zuallererst, die Stimme Eurer Herzen zu spüren und zu verstehen, bei allen Schritten, die Ihr geht, und vor allen Entscheidungen, die Ihr trefft. Dann werdet Ihr nie den Weg verfehlen, den Ihr selbst einmal gewählt habt.

Dieser Weg weist Euch die grobe Richtung, doch es ist an Euch, die Pfade zu betreten, die sich Euch bieten oder auch neue zu treten, wo Ihr keine Spuren auffindet.

Michael ist es also, dessen blauer Strahl Euch den kosmischen wie den irdischen Weg weist. Er unterstützt Euch, diesen mutig zu beschreiten im Vertrauen auf Gottes Kraft und Schutz. Der Schutz des blauen Strahls ist Euch gewiss, solange Ihr auf den Weg strebt und um Michaels Schutz bittet. Der blaue Strahl wirkt zudem auf das Halschakra ein, das Eure Kommunikation steuert. Oft ist es Ziel energetischer Angriffe, ebenso häufig aber durch gestörtes Kommunikationsverhalten in Mitleidenschaft gezogen.

In der Heilung ist es Michael, der Euch vor Augen führt, wo Ihr vom göttlichen Gebot der Liebe abgewichen seid und Euch dunklen Kräften geöffnet habt oder sie aus anderen Gründen Macht über Euch gewonnen haben. Er löst diese Bindungen, so Ihr denn bereit seid, anzusehen, aufzulösen, zu verzeihen, Euch selbst und anderen zu vergeben, Gott zu bitten, im Lichte zu lösen, was immer Euch unfrei hat werden lassen, wenn eine solche Heilung aus karmischen Verstrickungen gewährt werden kann. Bei karmischen Heilungen und Euren Auflösungsgebeten ist Michael stets zugegen, aber auch dann, wenn Euch mitzuteilen ist, dass Heilung aus bestimmten karmischen Gründen zu versagen ist. Wisset, dass Heilung an die Bedingung geknüpft ist, die Ihr schon kennt. Keinem der Erzengel, keiner Heilerin und keinem Heiler ist es gestattet, Krankheiten zu lösen, wenn Ihr trotz allen Beteuerungen, gesunden zu wollen, fortfahrt, den Weg der Liebe zu Euch selbst und zu anderen Wesen zu scheuen. Euch wird vergeben, wenn Ihr bittet, doch niemals bedingungslos. Ihr aber seid es stets, die versucht sind, sich selbst und uns Bedingungen zu stellen. Noch einmal: Gott und den Seinen stellt man keine Bedingungen!

Erzengel Jophiel
(2. Strahl, goldgelb: Weisheit, Erleuchtung)

Heilung auf tiefen Ebenen Eures Bewusstseins bedarf der Erkenntnis. Es ist Jophiels Aufgabe, Euch dabei behilflich zu sein und diesen Einblick zu vermitteln. Weisheit und Erleuchtung bedeuten hier, Euch in dem Umfange, wie Ihr es für die Erfüllung Eurer Aufgaben benötigt, das kosmische Wissen verfügbar zu machen. Auch das kann über Gefühle und Intuition erfolgen, so Ihr denn bereit seid, sie zuzulassen und ihnen zu folgen.

Oft aber, leider zu oft, steht Euer Kopf mit seinem Wirrwarr der Gedanken im Widerspruch zur Intuition und zu Eurem Gefühl, zu den Impulsen, die Jophiel Euch gibt. Dann aber hat er kaum Möglichkeiten, Euch Hilfestellung zu geben.

Jophiels goldgelber Strahl ist es, der direkt auf Euer Kronenchakra einwirkt, um Euren »Kanal« frei von Störungen zu halten. Dies gilt auch für die Verbindung zum Hohen Selbst.

Erzengel Chamuel
(3. Strahl, rosa: Göttliche Liebe, Freiheit, Toleranz)

Chamuel regelt mit seinem rosafarbenen Strahl Eure »Herzensangelegenheiten«. In Eurem spirituellen Herzen spürt Ihr stets, wohin der Weg durch dieses Leben Euch lenken möge. Doch wie viele von Euch sind willens, ihrem Herzen zu folgen? Ich spreche hier bewusst vom Willen, denn es obliegt einzig Eurer Willensbildung und Willensstärke, ob Ihr dem Herzen folgt. Alles andere dient der Ausrede, der Entschuldigung vor Euch selbst und vor anderen, dafür, dass Ihr fortwährend gegen die sehnlichsten Wünsche Eures Herzens lebt. Dies ist stets Euer freier Entschluss, gleich, was Ihr über Gründe und Umstände anführt, die Euch angeblich keine andere Wahl ließen, als Euer Herz zu missachten.

Versteckt Euch doch nicht hinter hartherzigen Eltern, nicht hinter schwerwiegenden Erlebnissen. Alle, die Euch prägten, und alles, was Euch prägt, könnt Ihr mit Willenskraft und mit der Energie des Herzchakras überwinden, wenn es zur Last geworden ist. Lasst los, was Euch Beschwerden bereitet, was auf Euch lastet.

Erzengel Chamuel kann Euch jederzeit nehmen, was das Herz bedrückt – vorausgesetzt, Ihr seid ernsthaft bereit, es ins Licht gehen zu lassen. Viele von Euch beteuern, das zu wollen, und dennoch verweigern sie den folgerichtigen Schritt im Hier und Jetzt, weil sie vorgeben, noch warten zu müssen oder noch Zeit zu benötigen.

Sobald Ihr Euch darüber im klaren seid, dass Euer Wille zu heilen maßgeblich ist, könnt Ihr Abstand gewinnen zu Menschen, die aus Eurer Sicht *zu sehr von Euch abhängig sind oder Euch in Abhängigkeit zu halten trachten. Die Freiheit Eures Herzens schließt ein, dass Ihr zu jeder Sekunde Eures Lebens Entscheidungen fällen und sogleich vollziehen könnt. Kein Mensch sollte von einem anderen dermaßen abhängig sein, dass die Beziehung die Herzensfreiheit nimmt oder auch nur einschränkt.*

Ihr werdet weder heilen noch geheilt werden können, solange Ihr Euch festkrallt und aus Angst oder anderen Motiven bindet. Wir selbst und diejenigen, die in unserem Namen und mit unseren Kräften heilen, sind gebunden durch Eure Bindungen, die Ihr nicht zu lösen bereit seid. Bindet Ihr Euch gegen die Botschaft Eurer Herzen, so bindet Ihr heilende Hände: Sie werden nichts ausrichten können, wo Ihr festhaltet.

Erzengel Gabriel
(4. Strahl, weiß: Reinheit, Disziplin)

Der weiße Strahl Gabriels hat, wie Ihr schon wisst, mit den Themen Reinheit und Disziplin zu tun. Damit sind nicht körperliche Sauberkeit und Unterwerfung unter die Fuchtel anderer gemeint. Vielmehr geht es um die Reinigung Eures feinstofflichen Systems – und hier vor allem des Wurzelchakras – von karmischen Lasten aller Art. Sein Gegenstand ist weiterhin die Disziplin, die ein Heilungs- und Wandlungsprozess von Euch selbst erfordert. Denn Ihr selbst tragt ein hohes Maß an Verantwortung dafür, karmische Bindungen loszulassen und die Muster zu überwinden, die sie in Eurem Verhalten hinterlassen haben.

Wählen wir ein häufiges Beispiel, Euch zu verdeutlichen, was gemeint ist: Ihr löst mit Hilfe heilkundiger Menschen eine karmische Beziehung zu einer anderen Person auf, an die Ihr durch schwarzmagische Einflussnahme in alter Zeit wider Willen gebunden waret, vielleicht über viele Leben. Ihr spürt den Drang, endlich frei zu sein. Zugleich aber hat sich durch Euer Miteinander eine starke emotionale Bindung aufgebaut, die es Euch nun erschwert, Euch aus der Klammer zu befreien. Heilende Kräfte können Schwüre oder Zauber lösen, die unseren freien Willen oft so unerklärlich hemmen. Dann aber ist es an Euch, verbleibende Emotionen anzusehen und bewusst gehen zu lassen, sie im Lichte zu lösen, ohne sie zu verdrängen oder wieder erstarken zu lassen. Begreift, dass solche Gefühle nicht aus dem Herzen kommen, sondern eher Früchte einer Sucht sind. Der Schritt ist schwer, aber nur Ihr selbst könnt ihn tun. Eure Disziplin ist gefordert!

Reinheit bedeutet hier also: Frei-Sein von fremd bestimmenden Kräften und Gefühlen. Es ist Gabriels Aufgabe, Euch bei derartigen Schritten zu helfen und Euch zu stärken für die Disziplin, die Ihr entwickeln müsst, um den Kräften des Herzens den Weg in die Freiheit zu ebnen. Ohne Euren unermüdlichen Willen wird das nicht geschehen. Nicht Beteuerungen schaffen Veränderung, sondern Taten. Dies bedenkt bitte stets, wenn Ihr Heilung sucht. Übernehmt Euren Teil daran.

Erzengel Raphael
(5. Strahl, grün: Konzentration, Wahrheit, Heilung)

Konzentration und Wahrheit sind die Schwerpunkte Erzengel Raphaels in der geistigen Heilung. Zunächst aber lässt sich der Aspekt der Heilung im engeren Sinne im Rahmen seiner Hilfestellungen wörtlich nehmen, denn bei keinem unter uns Erzengeln steht die »Reparatur« körperlicher Beschwerden und Defekte so im Mittelpunkt. Der grüne Strahl heilt auch schwere körperliche Verletzungen, freilich nur dann, wenn die Voraussetzungen gegeben sind. Dabei wirkt Raphael mit uns anderen zusammen. Auch karmische Verwundungen, Verletzungen aus früheren Leben, die sich so stark in Eure feinstofflichen Körper eingeprägt haben, dass sie Euch in der gegenwärtigen Inkarnation Schaden zufügen, gleich ob Schmerzen oder Missbildungen, können von Raphael geheilt werden. Voraussetzung dafür ist, wie gesagt, eine Auflösung der karmischen Hintergründe.

Schließlich ist Raphael auch der Erzengel des Naturreiches – womit keineswegs nur die für Eure Augen gewöhnlich sichtbare Natur gemeint ist, sondern gleichermaßen die bisher nur für wenige von Euch zugänglichen Reiche der Naturwesen. Doch dazu wird Euch Raphael selbst Auskunft geben, wenn es um die Heilung der Erde geht.

Konzentration und Wahrheit, die beiden anderen Aspekte Raphaels, berühren notwendige Voraussetzungen Eurer Heilungsprozesse. Nichts wird sich bessern, wenn Ihr es versäumt oder gar ablehnt, der Wirklichkeit des Geschehens, den Gründen einer Krankheit ins Auge zu sehen, die Wahrheit zuzulassen, so sehr sie auch schmerzen mag. Ohne dies gibt es weder

Wunder noch Heilung. So wird Euch Raphael stets mit der Wahrheit konfrontieren.

Konzentration auf das Wesentliche geht mit diesem Ansehen unauflöslich einher. Wollt Ihr beides, dann seid bereit, die Dinge in ihrem Kern zu betrachten und zu ändern. Noch einmal: Nicht Bekenntnisse, sondern Taten führen zur Gesundung.

Raphaels grüner Strahl wirkt, wie bekannt, auf Euer Drittes Auge ein. Er will Euch helfen, es zu öffnen, Intuition und Medialität zu fördern, wo sonst schwere Gedanken und Sorgen den Blick trüben. Je mehr Ihr bereit seid, Euer Drittes Auge zu öffnen und öffnen zu lassen, desto einfacher ist es für Raphael, Euch klare Sicht auf die Zusammenhänge zu ermöglichen.

Erzengel Uriel
(6. Strahl, rubinrot: Frieden, Heilung, Harmonie, Dienen)

Harmonie und Frieden sind nun meine Themen, die ich in den Heilungsprozess einbringe. Ohne dass Ihr Eure Mitte findet, Euren Weg und Eure Aufgabe erspürt und lebt, wird, wie schon dargelegt, keine Heilung stattfinden. Die Gemeinschaft der Essener, der Jesus angehörte, kannte den »Siebenfachen Frieden«, dessen Inhalte Euch überliefert sind in den Schriften, die bei Kumran in einer Höhle entdeckt wurden. Daraus wird deutlich, dass kein Gesund-Sein denkbar ist, ohne dass der Mensch Frieden findet mit und in sich selbst, mit anderen Menschen und ihrem kulturellen Schaffen, der Natur und mit dem Universum. Darum gilt es, das Sein und die Äußerungen der Schöpfung in ihrer Ganzheit und Harmonie zu erfassen und auf sich wirken zu lassen, die Sinne dafür zu öffnen.

Heilung entspringt einem derart umfassenden Frieden, der Friedfertigkeit gegenüber allen Wesen. Sie schließt Euren »Dienst« an der Schöpfung ein. Es ist kein Stressprogramm, kein unerfüllbarer Aufgabenkatalog, den ich Euch hiermit vorsetze. Ihr »dient«, indem Ihr Euren Weg im Einklang mit Euch selbst und der Schöpfung geht, welche Aufgabe Ihr Euch auch immer darin gestellt habt und stellen mögt. Was wir »fordern«, ist schlicht und alles andere als eine Zumutung: dass Ihr in Eure Mitte tretet, Euren Kern freilegt und aus tiefstem Herzen handeln möget in Liebe zu Euch selbst, zum Herrn und seiner Schöpfung. Das ist Dienst. Er bedeutet keineswegs Unterwürfigkeit. Denn wir haben kein Recht, Euch zu zwingen. Nur bitten und ermuntern dürfen wir.

Mein rubinroter Strahl ist auf Euer Sonnengeflecht gerichtet, das Energiezentrum also, welches Euch in Eure eigene Sonne zu geleiten vermag, sobald Ihr Ängste und Furcht loslasst und somit die Herzensenergie den Körper durchdringen lasst. In diesem Moment helfe ich Euch, alle Schritte zu vereinen, die Ihr mit Hilfe der Energien der fünf bereits beschrieben Strahlen getan habt. Denn nun steht Ihr an der wesentlichen Schwelle der Heilung.

Erzengel Zadkiel
(7. Strahl, violett: Vergebung, Hingabe, Transformation)

Ziel einer jeden Heilung ist am Ende die Transformation, Umwandlung. Der Begriff »Wiedergeburt« steht einerseits für den tiefen Wandel eines Wesens, der mit einem erfolgreichen Heilungsprozess einhergeht. Andererseits sind Karmafreiheit, Harmonie und Friede im Einklang mit dem Universum Voraussetzungen des Aufstiegs, der Auferstehung, die Eure Inkarnationen abschließt.

Wie oft seid Ihr gekommen, weil Euch karmische Themen festhielten! Heilung ist Frei-Sein von beidem, bei Euch und bei Gott zu sein, das Göttliche in Euch selbst zu fühlen und zu leben mit all Euren Sinnen und freien Herzens. Das bedeutet »Hingabe«. Habt Ihr diesen Zustand erreicht, kann Euch »vergeben« werden. Freilich setzt das voraus, dass Ihr Euch selbst und allen anderen, die Euch Schaden zugefügt haben, vergeben habt und vergeben könnt.

Dies sind die Themen Erzengel Zadkiels in der Heilung. Er hilft Euch, Vergebung zu erlernen, Euch hinzugeben in Liebe Euren Aufgaben, Eurem Sein. Und er bezeugt am Ende aller Wege Eure Transformation, ohne die es keinen Aufstieg gibt. So verwundert es nicht, dass Zadkiel die »Patenschaft« über den Prozess des Aufstiegs der Erde übernommen hat. Eine große, wundervolle Aufgabe, der er sich mit den Seinen in großer Freude widmet.

Zadkiels violetter Strahl ist folgerichtig auf Euer Sakralchakra gerichtet, dort wo Euer Selbstvertrauen beheimatet ist. Dort hilft er, letzte Blockaden zu lösen, denn hier lagern sich Ängste und Selbstbindungen jeglicher Art ein, deren Energien Euch zurückzuhalten trachten auf dem Weg in die Freiheit. Auch Dämonen versuchen vornehmlich an dieser Stelle, Euch ins Verderben zu stürzen, sobald sie in die Aura gelangen. Gerade im Bereich dieses Chakras entscheidet sich so oft Euer Schicksal.

Die zwei Gruppen und Qualitäten unserer Strahlen

An dieser Stelle ergibt sich eine Zäsur. Denn mit Zadkiel und seinem violetten Strahl sind wir, wie bedeutet, an einer Schwelle angelangt. Zwar sind wir zwölf Erzengel, doch es sind nur sieben, deren Heilstrahlen bisher vorgestellt wurden. Euch dürfte deutlich geworden sein, dass sich im Zusammenwirken dieser sieben Strahlen die Hauptschritte geistigen Heilens vollziehen, nicht immer in strenger Reihenfolge. Doch Ihr habt erkennen können, dass die beschriebenen Schritte einer gewissen Folgerichtigkeit und Logik nicht entbehren.

Diese sieben Strahlen sind es, die immer für Euch da sind, so tief die Schöpfung im letzten dreidimensionalen Stadium auch herabgesunken sein mag. Macht Euch bewusst, dass es nur sieben Strahlen, nur sieben von uns sein konnten, die Euch durch viele Jahrtausende hindurch begleiteten, in denen Ihr zusammen mit Gaia, Eurer Erdenmutter, in der dritten Dimension verweiltet. 1987 erst war es soweit, dass wir die Strahlen der weiteren fünf Erzengel wieder für Gaia und Euch aktivieren konnten! Zuvor wurde beschlossen, das Energiepotential der Erde wieder anzuheben, sodass Gaia der Wiederaufstieg in die fünfte Dimension ermöglicht würde. Seitdem begleiten wir alle Eure Entwicklung, sowohl im Prozess der Präzipitation als auch in der Heilung, die doch genaugenommen ein Sonderweg der Präzipitation ist. Die Grenzen sind fließend, doch wird sicherlich geistige Heilung noch längere Zeit den Schwerpunkt Eurer Entwicklungsarbeit ausmachen.

Ihr habt also erkannt, dass die ersten sieben Strahlen in enger Wechselbeziehung zueinander stehen. Unsere Aufgaben ergänzen und überschneiden sich an vielen Stellen. So gesehen bilden wir ein Team. Und auch diejenigen, die in unserem Namen mit unseren Strahlen unter Euch heilen, sind folglich stärker, wenn sie Euch im Team begleiten. Jede Kraft hat ihren Zeitpunkt, wie alles im Universum. Ein jeder von uns ist mal an der Reihe im Heilungsprozess, oft genug mehrmals in Eurem Leben.

Nun, Eure feinstofflichen Körper sind bald wieder vervollständigt. Wir haben den Prozess eingeleitet, Eure fünf weiteren Hauptchakren zu reaktivieren. Das geschieht nicht bei allen Menschen gleichzeitig. Bei einigen, die sich der neuen Zeit überhaupt nicht öffnen mögen und noch viel Karma zu bearbeiten haben, wird die Öffnung in diesem Leben nicht erfolgen können.

Dennoch wirken seit 1987 Aquariel, Anthriel, Omniel, Perpetiel und Valeoel wieder mit uns gemeinsam auf Eure Körper ein. Zunächst waren ihre Strahlen auf Bereiche zwischen den bisherigen Chakren gerichtet, nun aber können wieder alle unsere Strahlen den Chakren des menschlichen Körpers zugeordnet werden. Aus den »harmonisierenden« Strahlen werden wieder vollwertige Hilfen. So kann ich nun fortfahren, Euch den Beitrag dieser Erzengel zur geistigen Heilung zu beschreiben.

Erzengel Aquariel
(8. Strahl, aquamarin: Unterscheidungsvermögen, Klarheit)

Aquariel wirkt mit seinem schönen aquamarinfarbenen Strahl auf Euch ein, damit Ihr stets Klarheit schafft über Euer Befinden, den Stand Eurer Entwicklung, ebenso über Eure Beziehungen zu Mitmenschen und Hindernisse, die es noch hinwegzuräumen gilt. Auf den ersten Blick scheint Euch dies einfach und selbstverständlich. Doch ist es wirklich so? Wie oft schon habt Ihr Euch Trugschlüssen hingegeben, Euch etwas vorgemacht, wie Ihr sagt? Manchmal ist es ja so einfach, wegzusehen, um Euch nicht eingestehen zu müssen, dass etwas nicht »stimmig« ist, nicht passt. Wenn es aber so ist, so seid Ihr selbst gefragt, aufgefordert zu handeln, Änderung zu fordern und einzuleiten, Euch selbst zu ändern, Euch aus Situationen zu lösen, in denen Ihr gefangen seid, vielleicht auch, Euch von (manchmal durchaus geliebten) Menschen zu trennen, die Euch nicht in Liebe die Freiheiten lassen wollen, auf die ein jeder Mensch ein unumstößliches Anrecht hat. Verliert Euch nicht in Scheinharmonie, aus Angst davor, nicht zu Euch selbst stehen und selbst bestehen zu können. Ihr seid so schwach nicht, wie Ihr meint.

Klarheit gewinnen setzt voraus, dass Ihr Unterscheidungsvermögen entwickelt. Zu unterscheiden beispielsweise, in welcher Beziehung das steht, was ein Mensch kundgibt und was er dann tatsächlich tut. Ihr neigt dazu, über Widersprüche im eigenen Verhalten und in den Handlungen anderer Menschen hinwegzusehen. Mancher Widerspruch lässt sich lösen, wenn alle Beteiligten bereit sind, Fehler zu erkennen, loszulassen, zu verzeihen und sich zu entwickeln. Ist es aber nicht so, dann wird die beliebte Strategie, etwas mit dem »Mantel der Liebe zuzudecken«, nur einen Ausweg von kürzester Dauer bieten. Man kann nicht zudecken, was bereits modert. Der Geruch verrät es schnell. Ebenso verhält es sich mit Unstimmigkeiten im eigenen Verhalten oder in Beziehungen. Entwickelt mehr Mut zur Offenheit, Bereitschaft, Euch einzugestehen, dass Änderungen nötig sind und ihr Vollzug unumgänglich ist, wenn Ihr heilen wollt.

Aquariels Strahl ist bei denjenigen Menschen, deren neue Chakren sich zu öffnen beginnen, auf das neue Stirnchakra gerichtet, das sich zwischen Drittem Auge und Kronenchakra befindet. Klarheit in Eurem Denken hängt auch davon ab, wie weit Ihr Euch den Erkenntnissen öffnet, die auch die Intuition des Dritten Auges (Raphael) und das kosmische Wissen des Kronenchakras (Jophiel) vermitteln. Befreit Eure Stirn von den jede intuitive oder mediale Wahrnehmung erdrückenden Sorgen und Ängsten und macht Euch bereit für die umfassende Erkenntnis, die Euch diese drei Zentren und die hierauf einwirkenden Erzengelenergien bieten können. Aquariel ist dort gleichsam Mittler und Vermittler. Werdet Ihr seines Lichtes gewahr, dann wisst Ihr, was für Euch ansteht. Dann fasst Mut und vollzieht den Schritt, so folgenschwer er auch sein mag. Steht er im Einklang mit den Wünschen Eures Herzens, ist er doch stets ein Schritt in die Freiheit.

Erzengel Anthriel
(9. Strahl, magenta: Ausgleich, Harmonie, Gleichgewicht)

Ebenfalls eine ausgleichende, harmonisierende Kraft liegt in Anthriels magentafarbenem Strahl, der auf das neue Thymuschakra einwirkt. So wie Aquariel im Bereich des Kopfes die Kräfte der Erkenntnis mit einer Klammer versieht, ist Anthriel bestrebt, das nötige Gleichgewicht zwischen Eurem Herzchakra und dem Halschakra zu erleichtern. So, wie Ihr im oberen Bereich gern zögert, Klarheit zuzulassen, so schreckt Ihr oft genug vor dem Schritt zurück, die Gefühle Eures spirituellen Herzens in selbst verantwortetes Handeln umzusetzen. Sehr viele Krankheitsbilder sind Ausdruck dafür, dass Euch der sprichwörtliche »Kloß im Halse« steckt, es Eurer Rede und Eurem Handeln an Klarheit und Eindeutigkeit mangelt.

Es mag mit Schnupfen und Mandelentzündungen beginnen, mit Augener-krankungen oder gar Luftröhrenkrebs enden.

Ruft Anthriel an, damit er Euch behilflich sei, Euch die Luft zu machen, an der es Euch mangelt. Nur: Den Atem zu holen und das Nötige zu tun, das nehmen wir Euch nicht ab. Heilung liegt gerade hier fast ausschließlich in Eurer Verantwortung.

Erzengel Valeoel
(10. Strahl, gold: Innere Ruhe, Fülle, Reichtum, Geborgenheit)

Auch Valeoel hat mit der Luft zum Atmen zu tun, derer Ihr bedürft, um Liebe in Euer Leben einkehren zu lassen. Dicht bei Eurem Herzchakra liegt Euer goldener Kern. Spürt in Euch hinein, meditiert einmal auf diesen Punkt, um ihn zu entdecken. Nur einige sind ihm und damit sich selbst schon bewusst begegnet!

So richtet sich Valeoels goldener Strahl auf das sich wieder öffnende, dann im sanften Hellgrün schimmernde Lungenchakra. Die Lunge ist es doch, mit der Ihr ebenso viel Lebenskraft aufnehmt, wie durch das fein-stoffliche System. Prana, wie die Yogis sie nennen, sammelt sich durch vollkommene Atmung an. Doch wie viele Menschen haben trotz so vieler schöner Anleitungen bemerkt, wie flach und unvollkommen sie atmen? Auch all denjenigen, die ihre Spiritualität zu entwickeln, ja zu erzwingen suchen, indem sie nahezu krampfhaft in der Meditation verharren, sagen wir: Jedes noch so einfach erlernte, bewusste Atmen bringt Euch weiter, als Kasteiungen. Atmet durch in Eurem Leben, füllt Eure Lungen, Eure zweite Außenhaut, die doch ein so gewaltiges Volumen hat! Lernt spüren, wie sehr innere Ruhe, Reichtum, Fülle und Geborgenheitsgefühl davon abhängen, dass Ihr stets ruhig und bewusst »Luft holt«. Valeoel hilft Euch mit diesen Themen seines Strahls, Euren goldenen Kern wiederzufinden, in Euch zu ruhen, auch dann, wenn der Stress des Alltags Euch provoziert. Steuert Euer Handeln durch tiefe Atmung, gebt dem Leben so einen Rhythmus, der stets Luft lässt, alles, was Ihr tut, mit Herzensliebe zu bewerkstelligen.

Erzengel Perpetiel
(11. Strahl, pfirsich: Freude, vollkommener Plan, göttliche Aufgabe)

Ihr bemerkt: So langsam schließt sich auch dieser zweite Kreis unserer energetischen Hilfen für Euch. Denn Eure göttliche Aufgabe, Euren Lebensplan, könnt Ihr nur dann wahrnehmen und zur Entfaltung bringen, wenn das Herz in seiner Erkenntnis und Entscheidung unbeeinträchtigt ist. Der klare Gedanke, die mutige Tat und die Luft zum Atmen verschaffen Euch diese Freiheit. Erst dann kann die Freude in Euer Leben Einzug halten, die es Perpetiel gestattet, mit seinem pfirsichfarbenen Strahl auf das neue, braunrot schimmernde Mentalchakra einzuwirken. Die Farbe dieses Chakras enthält die Kräfte Eurer Erde, denn hier, knapp unter Eurem Sonnengeflecht, wirken stark die Energien Gaias. Ebenso wie Omniel, hilft Perpetiel, Euer Vertrauen in die Schöpfung und das irdische Sein zu stärken, Euch heimisch zu fühlen auf Eurer Erde und aus Freude heraus zu gestalten, was Ihr nun als Eure Lebensaufgaben erkannt habt. Besiegt die letzten Ängste, die sich hier zuweilen noch melden, geht unverdrossen und selbstgewiss über die Schwelle, über die Perpetiel Euch gern geleitet.

Erzengel Omniel
(12. Strahl, opal: Wiedergeburt, Umwandlung)

Ist Euer Heilungsprozess, der letztlich doch immer ein Wandlungsprozess ist, einmal über diese Schwelle gelangt, dann stehen im doppelten Sinne die Themen Umwandlung und Wiedergeburt an, die Omniels Schwerpunkt sind. Sein opalfarbener Strahl richtet sich auf den zweiten Schwerpunkt des Menschen, eben den körperlichen im grobstofflichen Bereich. Stehen Herzchakra als spiritueller Mittelpunkt und Tantien-Chakra als körperlicher Mittelpunkt nun miteinander im energetischen Einklang, dann seid Ihr bei Euch selbst und Eurer Aufgabe angelangt, fühlt Euch gänzlich in Eurer Mitte. Auch dann, wenn es Erschütterungen gibt, findet Ihr schnell wieder dahin zurück, bald auch, ohne dass es heilender Hilfe bedürfte. Omniel ist, wie Ihr schon wisst, gleich mehrfach Euer »Geburtshelfer«. Sein Licht begleitet Euch, wenn Ihr durch den Geburtskanal diese Ebenen der Schöpfung betretet. Er ist »Pate« des ersten Reikigrades, der doch für sehr viele

Menschen heute der erste Schritt zur Selbstfindung und somit einer Wiedergeburt ist. Und Omniels Strahl signalisiert Euch, dass Ihr umfassend geheilt seid: Kein Karma beschwert Euch, noch negative Gedanken und Gefühle. Selbstgewissheit, Grundvertrauen und Einssein mit der Schöpfung führen Euch am Ende Eures Weges an den Punkt, von dem an es nur ein Zurück auf die Ebenen der Geistigen Welt gibt und eine Wiedergeburt in den Ebenen der Materie nicht mehr erforderlich ist. Ihr könnt »aufsteigen« oder »auferstehen«, welcher Begriff Euch immer beliebt. Nicht von den Toten werdet Ihr also auferstehen, sondern aus einem Leben, in dem Ihr aus der Liebe heraus Euren Beitrag zur Schöpfung erbracht habt, in dem Ihr ein Sein in Liebe verwirklicht habt.

Werdet also gewahr: Verlasst Ihr den Pfad der Liebe, wird sich Eure Entwicklung, die Präzipitation, unter Krankheit und Leid vollziehen, ohne dass Ihr auch nur annähernd dieses Leben dem Plan gemäß durchmessen werdet. Ihr habt das Geburtsrecht, vom Plan abzuweichen. Doch ändert Ihr ihn nicht aus Motiven der Liebe, wird Euch Leid begegnen. Das steht ausschließlich in Eurer Verantwortung. Und es ist und bleibt auch dann unsere Aufgabe, Euch zu ermahnen und zu helfen, zurückzufinden.

Zwingen dürfen wir Euch nicht, auch nicht strafen. Strafen erschafft Ihr Euch selbst. Krankheit lässt sich weder verstecken noch verdrängen. Sie weicht nicht durch chirurgische Eingriffe von Euch. Nur Liebe kann wieder im Licht lösen, was Ihr an Dunkelheit zugelassen habt. In diesem Sinne versteht unser Hilfsangebot in der geistigen Heilung.

Die Zeiten, mit unseren Kräften erfolgreich den Weg zu gehen, zu heilen und aufzusteigen, sind besser denn je. Die Kraftpotentiale steigen – in Euch, um Euch herum. Auch die Kraftpotentiale derjenigen Menschen, die bereit sind, in Liebe unsere Kräfte zu lenken und in Klarheit unsere Botschaften zu überbringen. Es ist Eure Wahl, ob Ihr hören oder überhören mögt. Doch ohne Anhören und Ansehen, ohne klare Erkenntnis über Euren Weg gibt es keine Heilung mit Hilfe unserer Kräfte.

Seid in der Liebe und seid gesegnet!
Dies war Uriel

Channeln – wozu und wie?

Das vorangegangene Channeling Uriels nehme ich zum Anlass, näher auf die mediale Verbindung einzugehen. Denn geistige Heilung geschieht nicht ohne Stufen und Formen von Medialität. Das aber bedeutet, »Rückverbinden« können und lernen wollen.

Schon die heilende Reiki- oder Lebenskraft wird »gechannelt«. Sie durchfließt unseren durch Einweihungen »erweiterten« Kanal. Die Erweiterungen durch Einweihungen können aber auch in erstaunlicher Vielfalt unsere Wahrnehmung bereichern.

Mediale Wahrnehmung ist nicht »außersinnlich«. Dieser Begriff taugt wenig, denn auch Ungewöhnliches nehmen wir dann mit unseren Sinnen wahr. Hinzu kommt allerdings das »Dritte Auge«. Ich selbst sehe bei geschlossenen Augen mit diesem Chakra am besten in die Aura und den feststofflichen Körper. Damit aber habe ich kein neues Sinnesorgan erschlossen, denn die Wahrnehmung über dieses »Auge« ist allen Menschen potentiell gegeben. Nur wissen sie oft nicht darum. Ebenso wenig können sie sich selbst und Dritten erklären, warum sie plötzlich erstaunliche »Gefühle« oder »Eingebungen« haben, ein Wort im Sinn haben, ein Bild bekommen oder spüren, dass mit der Tausende von Kilometern entfernt lebenden Mutter etwas nicht stimmt.

Das, was wir »Medialität« nennen, ist verbreiteter, als vielen von uns bewusst ist. Es gibt sie in unterschiedlichen Ausprägungen, auch abhängig davon, ob wir uns unserer Gaben bewusst sind, sie annehmen oder uns darüber erschrecken und sie unterdrücken. Immer mehr Kinder haben einen natürlichen Fluss von Lebensenergie (der einer Öffnung mit dem 1. Reikigrad entspricht) und sind zudem mit hoher Medialität gesegnet. Sie sehen und hören, sprechen bewusst mit Engeln und Naturwesen. Sie »channeln« also. Eltern und Mediziner geraten darüber meist in Panik, greifen zur Unterdrückung in Gestalt von Schimpfen, Spotten bis hin zu hohen Dosen an Psychopharmaka. Wenn sie mit ihren Lieblingen hoch besorgt in unsere Praxis kommen, führen wir ihnen die Fähigkeiten ihrer Kinder vor – und sehr oft dann die eigenen, unerkannten. Ein »Spinner« in der Familie kommt selten allein.

Channeling ist folglich ein natürlicher, verbreiteter, aber eben auch stark verdrängter Vorgang, keineswegs nur eine Begabung spinnerter Außenseiter oder spiritueller Schausteller auf Esoterik-Messen.

Reiki-Einweihungen erhöhen bei allen Menschen die »Sensitivität«, erweitern das Wahrnehmungsvermögen. Der Umfang hängt von zwei Faktoren ab: von der Offenheit und Bereitschaft, diesen Prozess zuzulassen und davon, in welcher Tiefe die Geistige Welt diese »Öffnung« gestattet. Hier gibt es Unterschiede, die sich aus dem über viele Leben hinweg entwickelten Karma eines Menschen bestimmen sowie durch die Zielsetzung des aktuellen Lebens. Wer sich beispielsweise vor dieser Inkarnation mit Zustimmung seiner Begleiter in der Geistigen Welt vorgenommen hat zu heilen, erhält in einem größeren Umfang Zugriff auf ungewöhnliches Wissen und eine ausgeprägtere Medialität als andere. Mediale Gaben sind also nicht einfach »angeboren«, sie werden zum geeigneten Zeitpunkt geschenkt. Und sie können auch wieder genommen werden, wenn ein Mensch von seinem Lebensplan spürbar abweicht oder Gaben missbraucht.

Bestimmte Formen des Channelings können allen Menschen gegeben werden, die dazu bereit sind. Auf unseren Channeling-Workshops staunen wir immer wieder über die Vielfalt an »Sprachen«, derer sich die Geistige Welt dabei bedient, je nach Veranlagung der Menschen. Dies reicht von körperlichen Signalen über Gefühle und Bilder bis hin zu klarem sprachlichen Kontakt, für den nicht einmal Trancezustände nötig sind. Der Geistigen Welt geht es um Kontakt bei vollem Bewusstsein, auch deshalb, weil so am ehesten Vertrauen entsteht.

Obwohl beispielsweise auch alle Reiki-Eingeweihten solche Erfahrungen machen könnten, verwundern die Vorbehalte gegen das Channeling. In diesem Zusammenhang ist es auffällig und geradezu verräterisch, dass gerade die Spezialisten schwarzmagischer Systemschöpfungen im Reiki in diversen Mailgroups am vehementesten gegen die »Channeler« polemisieren und hingegen ihre eigene therapeutische Klugheit und Erfahrung wortreich ins Licht setzen. Andere verkennen die ihnen angebotenen Geschenke und reduzieren sie auf »Intuition«.

Überaus verständlich sind hingegen Vorbehalte gegen das Channeling, die aus der Angst von Falschdurchsagen und Manipulationen negativer Wesenheiten begründet werden. Das ist in der Tat ein geradezu dramatisches Problem, das wiederum in der »Channeler-Szene« weithin als belanglos betrachtet und ebenso leichtfertig wie aggressiv abgetan wird. Internet, Bücher und Tonträger quellen jedoch über an völlig unsinnigen »Durchsagen«. In vielen Fällen sind die Aussagen derart abwegig, dass man dies mit Herz und Verstand schnell spüren sollte. Trotzdem gibt es Channeling-Schulen und Fangemeinden, die über längere Zeiträume hinweg langsam auf Abwege geraten und sich dessen nicht bewusst werden.

Auch gibt es hinterlistige Einflussnahmen der »anderen Seite«, dergestalt, dass nur wenige Aussagen durch Einwirken auf den »Kanal« manipuliert werden. Die Folgen sind oft um so heftiger. So hält sich beispielsweise auch in weitgehend »sauberen« Channelings verbreitet die Auffassung, Jesus sei am Kreuz gestorben, obgleich der Aufgestiegene Meister Sananda (= Jesus) und andere nachdrücklich dementieren. Zweifel der Channelnden kommen hier selten auf, und auch den Dementis lauschen sie nicht, da sie der Glaube oder die verbreitete Ideologie vom Kreuztod und einem sogenannten »Christus-Bewusstsein« von jeder kritischen Haltung abhält. Ein sonderbares, gefährliches Symptom.

So etwas wie »Channeling-Hygiene« ist durchaus möglich und für heilende Menschen unabdingbar. Wir kontrollieren in Zweifelsfällen durch eigene, mehrfache Nachfrage, auch durch Nachfrage bei anderen Personen oder parallel durchgeführtes Channeling. In manchen Channeling-Schulen wird empfohlen, zum Schutz vor störenden Fremdenergien weißgoldenes Licht zu rufen und es auch in den eigenen Körper einfließen zu lassen. Diese Schutzvorkehrung hat sich als unzureichend erwiesen, vor allem dann, wenn der Körper bzw. die Aura einer channelnden Person selbst Besetzungen aufweist oder es Wesen wie Dämonen gelingt, von außen während des Channelings andere Stimmen zu übertönen. Hier versagt zuweilen das Unterscheidungsvermögen auch versierter Channeler. Zum Schutz gegen solche Vorkommnisse erhielten wir 2005 von Erzengel Gabriel das »Thor Hai nann«-Symbol, das ich im Kapitel über die Erzengel-Symbole vorstelle.

Trotz aller Gefahr sollte man sich seiner Medialität nicht verschließen. Channeling-Sicherheit ist erlernbar. Abgesehen von den karmischen Vorbedingungen ist mit Unterstützung der Reiki-Öffnungen die Rückverbindung mit der Geistigen Welt weitaus leichter zu bewerkstelligen. Auch ist eine Weiterentwicklung möglich, wenn karmische Blockaden gelöst sind, insbesondere »schuldhaftes Karma«. Für diese zentrale Aufgabe geistiger Heilung ist Medialität – folglich also Channeling – geradezu unabdingbar. Die Tiefe der karmischen Heilung ist davon abhängig, wie sehr Patienten und Heiler gleichermaßen bereit sind, sich dieser Erkenntnis zu öffnen.

Auffällig ist andererseits die Neigung vieler sensibler Menschen, jedes Channeling, das nicht ausschließlich aus von ihnen als »liebevoll« empfundenen »Durchsagen« besteht, anzuzweifeln. Dies tun sie insbesondere dann, wenn sie – beispielsweise während eines Channeling-Workshops – aus der Geistigen Welt auf ihre konkreten Loslass-Probleme angesprochen und unmissverständlich aufgefordert werden, Schritte aus dem Dunkel zu tun und sich von liebgewonnenen Illusionen zu lösen. Liebe bedarf der Klarheit – und manchmal deutlicher, eben »unverblümter« Worte. Deutliche Botschaften sollen helfen. Wenn sie verletzen, ist das nicht Thema der Botinnen und Boten.

Die Channeling-Sprache ist insofern immer klar, da »Durchsagen« stets in derjenigen Sprache erfolgen, die eine channelnde Person gründlich beherrscht, zumeist in der Muttersprache. Wesen verschiedener Ebenen, die miteinander kommunizieren, benötigen keine Übersetzungsleistung. Gespräche finden für uns immer in unserer Sprache statt.

Seelenenergie und feinstofflicher Körper

Vom Aufbau der Seele

Unterschiedliche Vorstellungen gibt es davon, wie unsere Seele beschaffen sei – einmal vorausgesetzt, ihre Existenz wird nicht grundsätzlich bezweifelt, ebenso wie die Wiedergeburt. Während in mehreren östlichen Religionen Wiedergeburt und »Seelenwanderung« Selbstverständlichkeiten sind, haben die christlichen Religionen sie offiziell aus ihrem Weltbild verdrängt, obgleich sich in der Bibel Textstellen finden, die darauf schließen lassen, dass auch das Wissen um eine Seelenwanderung früher Gemeingut gewesen sein dürfte.*
Für esoterische Kreise ist die Überzeugung, es gebe Wiedergeburten, heute eine Selbstverständlichkeit. In der Fantasie vieler Autorinnen und Autoren, insbesondere auch in angeblich aus der Geistigen Welt gechannelten Aussagen dazu, gibt es ebenso viele Auffassungen wie in den hergebrachten Glaubensrichtungen.

Alledem füge ich nun bescheiden auch noch jene Darstellung hinzu, die die Geistige Welt Mitgliedern unseres Heilerkreises zu diesem Thema gibt. Einige Zusammenhänge vereinfache ich in dieser Veröffentlichung, denn es kommt mir in erster Linie darauf an, die Bedeutung der Seelenentwicklung für das Thema Gesundheit und Krankheit aufzuzeigen.

Schöpfung entsteht, wenn sich aus dem Einen, der Einheit oder »Gott«, energetische Bestandteile lösen und nicht mehr »eins« mit ihm sind. Das gilt für Erzengel oder Erseelen ebenso wie für Energien, aus denen sich Seelen anderer Wesenheiten bilden, die sich in den dazu bestimmten Dimensionen materialisieren. So haben auch Menschen eine ganz bestimmte Seelenenergie hinsichtlich der Schwingungsebene und eines charakteristischen Energiepotentials. Aus der individuellen »Programmierung« der Seelenenergie entsteht durch den Zeugungsakt ein Mensch.

---

* Gern zitiert werden die Gespräche Jesus und seiner Jünger über die Wiederkunft früherer Propheten im Matthäus-Evangelium 16; 13-14 und 17; 10-13 und der Hinweis, Jesus selbst sei eine Reinkarnation des Elias (Matthäus 11; 13-14).

Im Unterschied zu den Wesenheiten, die nicht inkarnieren, sammelt die menschliche Seele ihre Erfahrungen sowohl in der Geistigen Welt als auch in den Schöpfungsdimensionen, die »grobstofflich« manifestiert sind. Die Wechsel zwischen den Dimensionen nennen wir Geburt und Tod. Bei der »Zeugung« gibt es eine doppelte energetische Programmierung: Einmal durch die genetische Prägung der Eltern, andererseits aber auch durch die energetische Struktur der Seele, die den künftigen Körper »bewohnen« wird. Die »Imprägnatur« durch die Seelenenergie erfolgt in mehreren Stufen und nicht gleich zu Beginn des embryonalen Wachstums. Eine solche »Parallelmatrix« zwischen Geist und Materie besteht im Leben und darüber hinaus fort. Denn die Weiterentwicklung der Seele erfolgt sowohl durch schöpferische Programmierung als auch durch das, was wir im biologisch-genetischen Sinne als »Evolution« bezeichnen.

Schöpferische Programmierung findet in der Geistigen Welt statt, aber auch durch Heilprozesse während einer Inkarnation oder – im negativen Sinne – durch Schwarzmagie. Karma ist ebenfalls in unserer Seelenenergie einprogrammiert als Information gespeichert. Nur so ist es zu verstehen, dass Kinder bereits chronisch krank »zur Welt« kommen können. Übrigens sind die meisten Schwangerschaftsbeschwerden darauf zurückzuführen, dass belastende Schwingungen des Kindes bei der Mutter Resonanzen auslösen. Da ungeborene Kinder ab einem bestimmten Zeitpunkt schon im Mutterleib behandelt werden können, sind karmische Belastungen in gewissem Umfange schon vor der Geburt zu lösen.

Zum besseren Verständnis des Wechsels zwischen Geistiger Welt und Materialisation, insbesondere aber der zeitweilig hohen Frequenz von Inkarnationen, hilft der Umstand, dass die sich von der Einheit lösende Seelenenergie sich zunächst wiederum teilt. Diese Teilung erfolgt in mindestens drei und höchstens neun sich ihrer selbst bewusste Einzelenergien. Korrekt ist es, von der Seele als Gesamtheit der gemeinsamen Energie zu sprechen und den weithin geläufigen Begriff »Hohe Selbste« für die daraus entstehenden energetischen Individuen zu verwenden. Zwischen diesen Hohen Selbsten bleibt ein loser energetischer Zusammenhang bestehen. Er ist jedoch nicht so bindend, dass eine dauerhaft prägende, wechselseitige Beeinflussung entstünde. Auch ist es allen Bestandteilen einer Seele möglich, ihren Weg durch die Schöpfung in voneinander unabhängigen Szenarien zu gestalten. Sie müssen sich am Ende nicht einmal zeitgleich wieder mit dem Einen verbinden, also ihr Getrennt-Sein von Gott aufgeben. Zu Beginn ihrer Inkarnationen bilden die Hohen Selbste einer Seele, oft gemeinsam mit denen zeitgleich entstandenen anderen Seelen, gern »Seelengruppen«, um zusammen Szenarien für die ersten Inkarnationen zu verabreden. Viele treffen sich danach gern immer wieder, andere gehen getrennte Wege. Vorlieben, die sich im »Seelencharakter« niederschlagen, sind dabei ebenso ausschlaggebend wie karmische Zwänge.

Einander widersprechende Auffassungen gibt es über den Charakter sogenannter »Dualseelen«. Dabei handelt es sich nicht etwa um unsere andere Hälfte, mit der wir einmal verschmelzen, um die Trennung der Geschlechter zu überwinden. Solche Vorstellungen entspringen unseren Sehnsüchten nach Gott, nach Einheit, oft aber auch unserer illusionären Flucht aus der Eigenverantwortung für die Gestaltung unseres Seins und der Übernahme von Verantwortung für uns selbst. Bei Dualseelen handelt es sich um zwei Hohe Selbste einer Seele, die bereits vor Beginn ihrer Inkarnationen verabreden, ihre

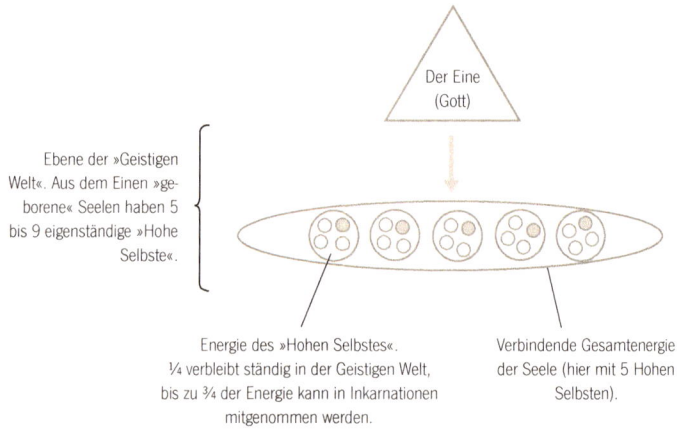

Die »Geburt« der Seele und die Hohen Selbste

Wege möglichst gemeinsam zu gehen, gemeinsam Erfahrungen zu sammeln, einander beizustehen. Diese Hohen Selbste begegnen sich in den Inkarnationen oft als Ehepartner oder unterstützen einander in verschiedenen Rollen, die sie lebenslang oder in wichtigen Abschnitten eines Lebens zusammenführen. Während einer Inkarnation besteht keineswegs ein Zwang, zusammenzubleiben, auch wenn es im Lebensplan verabredet sein sollte.

Mit diesen Differenzierungen noch nicht genug, denn: Ein Hohes Selbst kann wiederum seine Energie teilen. Wir wurden damit vertraut, als wir die Geistige Welt fragten, wie es möglich sei, dass sich uns bekannte eigene Inkarnationen oft zeitlich um viele Jahre überschnitten hätten. Die Sache verhält sich so, dass wir grundsätzlich mindestens einen Energieanteil des Hohen Selbstes von einem Viertel in der Geistigen Welt belassen. Die verbleibenden drei Viertel unserer Seelenenergie können bei der Geburt entweder einem einzigen Menschen zugeordnet werden oder parallel bzw. zeitversetzt auf bis zu drei Menschenleben verteilt werden. Auf diese Weise entstehen viele Möglichkeiten, unterschiedliche Erfahrungen zu sammeln oder etwa Karma zu lösen, ohne die gesamte Energie mit einer bestimmten Aufgabe befassen zu müssen. Teile der Gesamtenergie können auch während einer Inkarnation abgezogen werden oder wechseln.

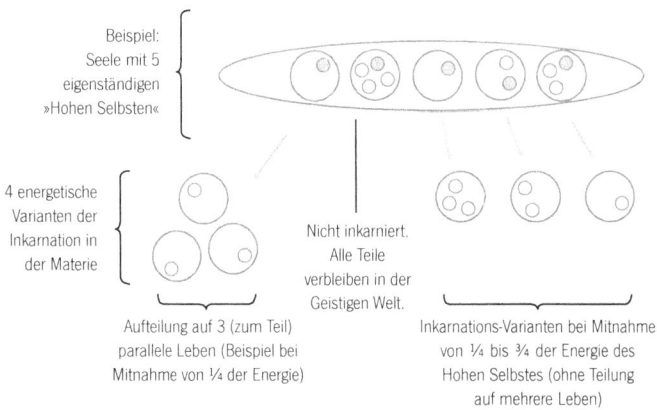

Beispiel:
Seele mit 5
eigenständigen
»Hohen Selbsten«

4 energetische
Varianten der
Inkarnation in
der Materie

Nicht inkarniert.
Alle Teile
verbleiben in der
Geistigen Welt.

Aufteilung auf 3 (zum Teil)
parallele Leben (Beispiel bei
Mitnahme von ¼ der Energie)

Inkarnations-Varianten bei Mitnahme
von ¼ bis ¾ der Energie des
Hohen Selbstes (ohne Teilung
auf mehrere Leben)

Varianten der Inkarnation und Teilung der Energien

Geistiges Heilen kann stets nur auf denjenigen Teil der Energie eines Hohen Selbstes einwirken, der in der jetzigen Inkarnation und zum gegenwärtigen Zeitpunkt »dabei« ist. Angesichts der besonderen Heilungschancen, die sich in einer bestimmten Zeitspanne während des Aufstiegs der Erde in die fünfte Dimension ergeben, sind viele Menschen mit drei Vierteln ihrer Energie hier, also dem Höchstmaß der in einer Inkarnation verfügbaren Energie. Anders ausgedrückt: Um den »Schatten« eines Menschen mit Licht zu erfüllen und umfassend zu heilen, bedarf es des Zugriffs auf die gesamte für Inkarnationen verfügbare Energie.

Sind Menschen aufgrund des eigenen Verhaltens, ihrer Erlebnisse oder durch geistige Heilung frei von Karma und haben sie es geschafft, ihr Leben in Liebe zu sich und zur Schöpfung zu leben, können sie »aufsteigen« oder »auferstehen«. Der Reigen ihrer Inkarnationen ist dann abgeschlossen. Ihr Weg in der Schöpfung ist damit in der Regel nicht zu Ende. Über die Aufgaben, die aufgestiegene Hohe Selbste in der Geistigen Welt wahrnehmen können, habe ich bereits geschrieben. Natürlich ist es möglich, sich durch bestimmte Rituale (etwa der Yoga-Lehren) direkt nach einem Erdenleben wieder mit dem Göttlichen zu vereinen. Das aber ist eher die Ausnahme, folglich auch nicht das oberste Ziel des Lebens in der Materie, wie es zuweilen dargestellt wird.

Die vorangegangene Darstellung rüttelt sicherlich heftig am vorherrschenden Weltbild, auch an demjenigen belesener Esoteriker. Ob nun alle Leserinnen und Leser dieser Wahrnehmung der Wirklichkeit zustimmen mögen oder nicht, ist unerheblich, solange anerkannt wird, dass wir nicht nur ein Leben haben und dieses gegenwärtige Leben also nicht gelebt werden kann oder muss, als handle es sich um die einzige und letzte Gelegenheit. Beide Varianten könnten sowohl zur Verzweiflung als auch zu Gleichgültigkeit oder Überheblichkeit führen.

Religionen, denen es um Herrschaft geht, haben guten Grund, die Reinkarnation zu leugnen. An ihre Stelle setzen sie Disziplinierungselemente wie Hölle und Fegefeuer. Die Ironie liegt in dem ideologischen »Teufelskreis«, der genau daraus entspringt: Denn wer damit droht, gesteht zwingend ein, dass es, wenn schon kein weiteres Leben, so doch zumindest eine Existenz nach dem Tode gibt.

Wesentlich ist der Hinweis darauf, dass es kein Entrinnen aus unserer Verantwortung gibt. Solange wir Karma schaffen oder durch Karma geschädigt sind, müssen wir wiederkehren, bis wir es lösen können. Kein Sünden-Ablass, den eine kirchliche Autorität uns vorgaukelt, keine selbstquälerische Buße befreit uns davon.

In der Manifestation von Liebe sind wir unmittelbar zu Gott. Zwischen ihm und uns ist keine »Instanz«, die aus der Schöpfung ein Vermittlungsmonopol herleiten könnte. Freilich sind da Helferinnen und Helfer auf allen Ebenen. Doch sie alle nehmen uns nicht unsere Eigenverantwortung für unser Sein. Dies zeigt, dass Herrschaft von Menschen über Menschen nicht aus Religionen und Weltanschauungen ableitbar ist, deren Priesterkasten ihren Einfluss auf Unmündigkeit und Unterdrückung ihrer Anhänger oder Zwangsmitglieder stützen.

Mir geht es an dieser Stelle weniger um die kritischen Fragen, die sich daraus mittlerweile gegenüber allen Religionen ergeben. Wichtiger sind die Schlussfolgerungen für ein bewusstes Leben in Klarheit über das Wesen der Schöpfung und unserer Rolle darin. Die Art und Weise, wie wir unser eigenes Leben gestalten, das Zusammenleben mit denen, zu denen wir uns hingezogen fühlen, und ebenso die Art und Weise, wie wir als »Hüterrasse« dieses Planeten unser Gemeinwesen gestalten, ist ausschlaggebend für unsere Gesundheit und die Chancen auf Heilung. Für unser Handeln in der Gemeinschaft aber gilt, dass wir anderen nicht geben können, was wir uns selbst versagen. Heilung beginnt folglich bei uns selbst, denn wir sind göttlich.

Das System der 13 Hauptchakren

Das Wort Chakra kommt aus der altindischen Sanskrit-Sprache und bedeutet »Rad«. Chakren sind radförmig sich drehende Energiewirbel, die sich in der Aura eines jeden Menschen befinden. Da sie nicht Teil des sichtbaren Körpers sind, können sie auch nicht auf herkömmliche Art wahrgenommen werden.

Ich beschränke mich hier darauf, die 13 Hauptchakren darzustellen, nicht die vielen kleineren Chakren, die jeder Mensch besitzt.

Mitteilung der Erzengel zur Neuordnung des menschlichen Chakrensystems
(Channeling durch Werner am 9. Januar 2008)

Wir möchten Dir heute, wie abgesprochen, die Neuordnung des Chakrensystems bekanntgeben und erläutern. Hierzu gab und gibt es eine Vielzahl falscher oder halbrichtiger – und daher ebenso wenig nützlicher – Informationen, die angeblich von uns oder anderen damit betrauten Wesenheiten stammen.

Es kommen nicht sechs oder mehr, sondern genau fünf neue Chakren von nun an zum Einsatz. Denn wir Erzengel sind bekanntlich 12, und Euch Menschen werden nun auch diejenigen Energiezentren wiedergegeben, über die Ihr früher in der fünften Dimension einmal verfügtet und die beim Abstieg in die dritte Dimension abgeschaltet werden mussten, zusammen mit denjenigen fünf Strahlen, die wir erst 1987 wieder für Euch und Gaia schalten konnten.

Alles Weitere ist recht einfach, denn Ihr kennt bereits die Bereiche zwischen den bisherigen sieben Chakren, zwischen denen die fünf anderen Strahlen einwirkten. Aber auch dort gibt es einige Korrekturen und natürlich einigen Beschreibungsbedarf über den funktionalen Zusammenhang der betreffenden Strahlen mit den Aufgaben der neuen Chakren.

Stellen wir zunächst die neuen Chakren und das seit dem 2. Januar 2008 bei einem kleinen Kreis von Menschen energetisch langsam reaktivierte Gesamtsystem vor. Beim überwiegenden Teil der Menschheit bereiten wir diese Transformation des Energiekörpers vor, schalten ihn im weiteren Prozess des Aufstiegs der Erde.

Wir möchten Euch bitten, die Chakren nicht mehr zu zählen, da dies zuviel Verwirrung stiftet und – im Gegensatz zur Numerierung unserer Strahlen – damit keinerlei Positionierung oder funktionale Aussage verbunden ist.

Was wir hier beschreiben, ist also das Chakren-System, das sich in Euren vier Körpern fest- und feinstofflich manifestiert.

Chakra/Energiezentrum	Farbe	Zugeordneter Strahl
Hohes Selbst (Seelenenergie)	veränderlich	–
Kronenchakra	violett	Goldgelb – Jophiel
Stirnchakra	Neue Farbe	Aquamarin- Aquariel
Drittes Auge	indigo	Grün – Raphael
Hals-Chakra	blau	Blau – Michael
Thymuschakra	Neue Farbe	Magenta – Anthriel
Herzchakra	grün	Rosa – Chamuel
Lungenchakra	hellgrün	Gold – Valeoel
Sonnengeflecht	gelb	Rubinrot – Uriel
Mentalchakra	braunrot	Pfirsich – Perpetiel
Tantien-Chakra	braun	Opal – Omniel
Sakralchakra	orange	Violett – Zadkiel
Wurzelchakra	rot	Weiß – Gabriel

Das Hohe Selbst

*Ein weiteres Chakra habt Ihr schon jetzt und stets besessen. Es schwebt über Euch und bildet den obersten Punkt Eurer Aura, allerdings ausschließlich im Spirituellen Körper. Früher nanntet Ihr es zuweilen das 8. Chakra, manchmal das 13., bezogen auf das neue System, das Ihr erahnt. Dabei handelt es sich um den kugelförmigen **Energiewirbel, durch den Ihr verbunden seid mit Eurem Hohen Selbst**, dem Teil des Gesamtgebildes Eurer Seele, über den Ihr mit dem Anteil der Energie verbunden seid, den Ihr in der jeweiligen Inkarnation mit Euch genommen habt, aber auch mit den übrigen Teilen und dem Viertel Eurer Energie, das Ihr während der Inkarnationen beständig in der Geistigen Welt belassen müsst, gleichsam als Klammer und Wächter über Euer Fortkommen.*

Durch das Tor dieses Chakras, des Hohen Selbstes, erhält Euer Körper für die Dauer des Lebens dort die Lebensenergie. Durch den Kanal, der von dort aus zum Kronenchakra geht, »channeln« wir unsere Energien und Mitteilungen an Euch.

Nun aber die **Erläuterungen zu den neuen Chakren** und den Veränderungen im System.

Zunächst zu der Tatsache, dass Euch im Zusammenhang mit dem Stirn- und dem Thymuschakra zwei neue, bisher für Eure Augen nicht sichtbare Farben angekündigt werden. Ihr kennt sie freilich, sofern Ihr noch in der 5. Dimension die Blütezeit von Atlantis erlebt habt, und manche von Euch ahnen sie bereits in ihren Visionen und Träumen.

An den Funktionen und Wirkungsweisen der bisher geläufigen Chakren ändert sich nichts. Dies rührt daher, dass sie in allen Dimensionen, in denen Ihr inkarnieren könnt, die Grundfunktionen der jeweiligen Hüterrasse sicherstellen. Von sieben Strahlen und sieben Chakren müsst Ihr versorgt werden, solange Ihr als Spezies eine solche Funktion wahrnehmt, auf welchem Planeten und in welchem System auch immer. Eure Rückkehr in die fünfte Dimension versetzt uns in die Lage, nach 25jähriger Übergangszeit ab 2012 – bei einem kleinen Kreis schon früher – durch fünf weitere Chakren energetisch Euer Sein dort in der Materie zu unterstützen, Euch emotional, mental und auch spirituell neue Impulse zu verleihen. Die neuen Zentren liegen nahe bei den altbekannten und in manchem gibt es funktionale Verwandtschaften. Das ist beabsichtigt und entspricht den ineinandergreifenden körperlichen Funktionen ebenso wie den feinstofflichen Steuerungsmechanismen. Dennoch werdet Ihr in Eurer Arbeit und auch zunehmend im Alltag bemerken, dass Ihr eine noch umfassendere, sicherere Wahrnehmung in jeder Hinsicht erhaltet und sich auch Euer körperlicher und geistiger Aktionsradius über die Sinne stark erweitert.

Heilerisch ist die Neubildung dieser Chakren dadurch wahrzunehmen, dass sich auch dort schwarzmagische Störungen aus alter Zeit manifestieren, darunter überaus wirksame Zauber und Flüche. Seid in der Heiltätigkeit daher besonders aufmerksam, denn diese Eingriffe in Eure Aura entstammen ausschließlich der späten Atlantis-Epoche, in der die Schwarze Magie ihren Höhepunkt fand.

Lasst uns aber nun mit den Einzelerläuterungen der neuen Chakren von unten an beginnen, dort also, wo ihr Gaias Kräfte aufnehmt, Eure Schlacken an sie abgebt und mit der Unterstützung unserer Strahlen die irdische Dimension Eures Seins erfahrt.

Tantien- oder Schwerpunkt-Chakra

Das **Tantien-Chakra** wollen wir vorerst so benennen, weil Ihr diesen empfindsamen Bereich aus Eurer Energiearbeit schon kennt, insbesondere aus den in China oder Japan beheimateten Lehren, die diesbezüglich einiges aus dem Ursprungswissen bewahrt haben. Dort, eineinhalb bis zwei Zentimeter unter Eurem Bauchnabel, liegt der Schwerpunkt Eures feststofflichen Körpers. Er ist Eurer Erdenwurzel nahe, auch den Funktionen der Fortpflanzung, und verdeutlicht Euch auf diese Weise, dass Ihr zwar Geschöpfe Gottes, doch während Eurer Inkarnation Kinder Gaias seid. Deshalb ist die Farbe dieses Chakras ein Erdbraun. Während Euer Wurzelchakra, über das Gabriel mit seinem weißen Strahl wacht, grundsätzliches Vertrauen in Euer Sein schaffen hilft und Reinheit Eures gesamten energetischen Systems garantieren soll, ist ein energetisch ausgeglichenes Schwerpunkt-Chakra hilfreich, die Geborgenheit Eures irdischen Umfeldes zu entwickeln, Selbstsicherheit in Euren Gefühlen zu schaffen und die darüber liegenden Energiezentren von dem so häufigen Druck Eures Unterleibes zu befreien, hinter dem Selbstzweifel und zahlreiche Selbstbeschneidungen aus leidvollen Erfahrungen versteckt liegen. Sie erleichtern schwarzmagische Angriffe auf Euer Wurzelchakra, hindern Euch in liebevollen Beziehungen zu anderen Menschen, öffnen dämonischen Besetzungen Tür und Tor und lähmen überhaupt hinauf bis zum Herzchakra jeden freien Atem.

Hüter des Schwerpunktchakras ist Omniel mit seinem opalfarbenen Strahl. Wie Ihr wisst, begrüßt er Euch bei der Geburt und geht mit Euch die ersten Schritte in Euer Leben. Ebenso begleitet er Eure energetische Wiedergeburt, wenn Ihr Euch bewusst unseren Energien öffnet, beispielsweise über den ersten Grad des Reikisystems, das wir Euch dazu gaben.

Vertrauen in Eure Existenz, Gewissheit und die Erfüllung Eures Plans – das sind die Hilfen, die Euch der opalfarbene Strahl zu geben vermag.

Euch wird hieraus deutlich, welch wichtige Kraft von den neuen Chakren ausgehen wird, welch starker Schutz gegen alles, was Euch belasten und in Euch eindringen könnte. Stärker gedeiht dadurch Eure körperliche Abwehr, mit noch größerem Vertrauen genießt Ihr Euer Dasein und gestaltet Euren Weg.

Mentalchakra

*Menschen, die auf ihren »Bauch« hören und damit weniger ihr Sonnen-
geflecht als den Unterleib meinen, begehen damit, wie Ihr ebenfalls in der
Heilarbeit erfahrt, einen heftigen Fehler und leisten ihrer Kopflastigkeit
Vorschub. Das bringt dann eine gefährliche Bauchlastigkeit in ihre Hand-
lungsabläufe, so sie denn überhaupt einigermaßen handlungsfähig sind
und sich nicht andauernd mit Gedankenspielen zermartern. Knapp unter
dem Solarplexus findet Ihr die Ausprägungen dieser mentalen Blockaden,
die so entstehen. Hier hilft künftig das neue* **Mentalchakra,** *die Gedanken
sprichwörtlich zu lüften. Braunrot werdet Ihr dieses Chakra wahrnehmen,
wenn es voll entwickelt ist, denn noch einmal verbindet sich hier das Erden-
braun mit dem leuchtenden Rot, das für Eure körperliche Aktivität steht.
Perpetiel ist es, der mit seinem pfirsichfarbenen Strahl an dieser Stelle
einwirkt und hilft, Eure Gedanken und Pläne im Gefühl der Harmonie
zu fassen, Sorgen zu überwinden und in Freuden Euren göttlichen Plan
zu erkennen und umzusetzen. Wenn Ihr über diese Schwelle geht, könnt
Ihr heilen und in Frieden und Harmonie den Weg gehen, wie es das Solar-
plexus-Chakra als Brücke zum Herzen fördert. Erfreut Euch Eurer Sonne.*

Lungenchakra

*Die Luft zum Atmen, die Euch das Tantien-Chakra und das Mentalchakra
verschaffen, bietet uns thematisch den Sprung zum neuen* **Lungenchakra.**
*Seine Zuordnung zu diesem herausragenden Organ ist mehr als nur sym-
bolisch zu betrachten. Dieses Organ mit seiner vergleichsweise riesigen
Oberfläche ist so etwas wie Eure zweite Haut, durch die Ihr atmet. Ihr
nehmt die Kräfte auf, die das Element Luft Euch zuführt – aber auch große
Anteile der Lebenskraft, die Euch keineswegs nur durch das Kronenchakra
und den Energiekanal zufließt. Der Atem, die Bewegung Eurer Lunge und
ihre bewusste Steuerung sind es, die den Rhythmus des Lebens in Euch
bestimmen. Es atmet Euch zwar, wie Ihr gern feststellt, aber Ihr könnt,
wie Ihr doch aus dem Yoga (denkt an das Pranayama) und anderen Techniken wisst, Euren Atem derart über den Willen steuern, dass Ihr Euch
nicht nur beruhigen und heilen, sondern enorme körperliche und spirituelle
Fortschritte über bewusstes Atmen erlangen könnt. Dabei hilft Euch kein
geringerer als Valeoel mit seinem goldenen Strahl. Und wiederum ist es das*

Thema Geborgenheit, für das er steht, gerade unter Eurem Herzchakra, Eurer spirituellen Mitte. Sie ist hier verknüpft mit innerem Reichtum, innerer Geborgenheit und Fülle. Inbegriffen ist das Wissen, dass für Euch gesorgt ist, wenn Ihr frei und in Eurer Mitte seid. Mit seinem hellgrünen Schein erinnert dieses wieder erstandene Chakra an die Knospen, die aus den Zweigen brechen, wenn die laue Frühlingsluft sie berührt. Denn die Lungen geben Eurer Stimme Ausdruck und somit der wichtigsten Manifestation Eures Seins. So seid Euch der Bedeutung dieses Chakras und des Atems bewusster denn je.

Thymuschakra

Was Valeoel unterhalb des Herzens vermag, das regelt Anthriel mit seinem magentafarbenem Strahl von nun an kraftvoller über das neue **Thymuschakra**. Wie oft wird Euch in der Heilarbeit deutlich, was alles davon abhängt, dass es Menschen gelingt, im Vertrauen auf sich selbst den Ausdruck ihrer selbst frei und in Liebe zu gestalten. Dem Herzen Ausdruck geben, dieses Thema verbindet Herz- und Halschakra. Dieser Schritt aber bedarf der Vermittlung. Ausgleich, Harmonie und Gleichgewicht bringt dieses Chakra in Euer Handeln und erleichtert Euch so die Kommunikation mit anderen, die aktive Gestaltung Eures Lebens im Einklang mit der Natur und Eurem göttlichen Plan.

Eure Thymusdrüse, die sich bisher im Laufe des Lebens stark zurückbildet, wird künftig auf der körperlichen Ebene eine wichtige Funktion erhalten. Sie wird sich zunächst bei Euch wieder herausbilden, ebenso bei den Lichtkindern der neuen Generation.

Stirnchakra

In der Sicht der Dinge und dem Verarbeiten und Bewerten dessen, was Ihr wahrnehmt, fehlt es Euch zuweilen an Klarheit. Auch wenn Ihr unterhalb Eurer spirituellen Mitte rein und ohne Lasten seid, so schleichen sich doch manche fragwürdige Bewertungen ein in Euer Urteil. Das Dritte Auge soll Euch helfen, die Wahrnehmung Eurer Sinne zu erweitern und zu ergänzen. Es ist Euer wichtigstes Wahrnehmungsorgan, auch wenn Ihr es nicht immer spürt und zulassen mögt. Euer Kronenchakra bildet die Verbindung zu Eurem Hohen Selbst und zu allen, die mit Euch sind. Es empfängt – wie die Lunge – die Kraft des Lebens, das, was wir und andere Euch schenken. Die Informationen und Kräfte beider Chakren gilt es zu integrieren, in Eurer Denksubstanz, dem Gehirn, zu verarbeiten. Das neue **Stirnchakra** ist es, das weite Teile des bisher wenig genutzten Gehirns reaktiviert, um das kosmische Wissen in geeigneter Weise zu speichern und zu verarbeiten, direkt aus der Akasha-Chronik oder über Formen des Channelings zu lernen, so dass Ihr strenggenommen keine Bücher mehr benötigt, um an alle erforderlichen Informationen und Kenntnisse zu gelangen. Eure Fertigkeiten (etwa in der Heilung) werden hier gespeichert. Zugleich sichert Aquariel mit seinem erhellenden, aquamarinfarbenen Strahl den Prozess, Klarheit über Euer Wissen und Handeln zu erringen, unterscheiden zu lernen zwischen dem was stimmig ist und was nicht stimmt. Denn gechanneltes Wissen bedarf der Reinheit des Kanals ebenso wie der Sicherheit in der Bewertung. Der Reinheit des Unterkörpers entspricht somit die hier zu erlangende Klarheit und Sicherheit in Euren Hirnfunktionen.

So könnt Ihr am Ende unserer kleinen Reise durch die neuen Chakren unschwer ermessen, welch wunderbare Hilfen Euch zurückgegeben werden. Wir freuen uns sehr darauf, der Menschheit hier auf Erden wieder in alter Weise dienen zu können.

In Eurer Heiltätigkeit werdet Ihr nun manches besser verstehen, was Ihr bei den Menschen an Themen und Lasten in diesen Körperbereichen wahrgenommen habt. Ihr werdet nun auch manches neue Kapitel in der Heilung für Euch öffnen können, zum Wohle der Menschen und der Erde.

Aufbau der Aura

Beenden wollen wir unser Channeling mit einigen Anmerkungen zum Aufbau Eurer Aura. Ihr erinnert euch, dass wir zuvor von vier Schichten sprachen. Wohl wissen wir, dass hellsichtige Menschen zuweilen mehrere Schichtungen wahrnehmen und dass gelehrt wird, es gebe vier oder gar sieben Auraschichten oder Körper um Euch herum.

Macht Euch bewusst, dass Ihr Teil dessen seid, was Ihr »Gott« nennt. Göttlich ist Eure Seele, die mit Eurem Hohen Selbst Euren spirituellen Körper energetisch speist. Dieses Selbst wird durch den Zyklus Eurer Inkarnationen in den materiellen Ebenen der Schöpfung ausdifferenziert.

Um den spirituellen Körper herum bilden sich aufgrund Eurer Erfahrungen ein Mentalkörper und ein Emotionalkörper. Diese beiden nehmt Ihr mit, solange Ihr inkarnieren müsst. Wird Euer Emotionalkörper von den Schwingungen der Liebe geprägt, löst er sich gleichsam im spirituellen Körper wieder auf, verschmilzt mit ihm, der von der universellen Liebe geprägt ist. Euren Mentalkörper, der Eure individuellen Prägungen beheimatet, behaltet Ihr auch dann, wenn Ihr dauerhaft in die Ebene der Geistigen Welt zurückkehrt. Ihr löst ihn ebenfalls in den Schwingungen der Liebe, wenn Ihr Euch hier entscheidet, in die Einheit zurückzukehren, denn dort ist jede Teilung aufgehoben. In diesem Kreislauf erkennt Ihr auch die Bedeutung Eures Weges durch die Ebenen der Materie: Wenn das Göttliche sich erfahren will im Individuellen, dann bedarf es des Mentalkörpers, um eben diese Unterschiede zu manifestieren – das, was Ihr Individualität nennt. Kein Individuum gleicht so dem anderen, obgleich alle aus dem Einen kommen und dorthin zurückkehren.

Aus den drei Körpern nun, die Euch durch die Inkarnationen begleiten, wird nach einem bestimmten Schlüssel Euer jeweiliger grobstofflicher Körper gebildet. Dazu dient als »Blaupause«, wie ihr es oft nennt, die sogenannte ätherische Aura, die Ihr meist als einige Millimeter starke weißliche Schicht über Eurer Haut wahrnehmt. Dieser »Ätherleib« und andere Schichten sind genaugenommen keine selbständigen Aurabestandteile. Und letztlich durchmischen einander auch die funktional abzugrenzenden Körper. Wir werden Werner bitten, Euch an anderer Stelle detailliertere Informationen über die Aura weiterzugeben. Als Fazit sei heute gesagt, dass Ihr nicht streiten solltet über Abgrenzungen, Numerierungen und ähnliche Kategorisierungen, die doch nur daraus entstehen, dass Ihr unterschiedlich wahrnehmt und sehr dazu neigt, aus Eurem persönlichen kleinen Kosmos gleich einen verbindlichen Großen zu schneidern. Da ist es doch besser, wir unterhalten uns zur rechten Zeit darüber, wie sich die Dinge wirklich verhalten und was steuernd hinter den Wirklichkeiten Eurer Wahrnehmungen steht. Habt noch ein wenig Geduld, und der Zauber der Schöpfung wird sich wieder vor Euch entfalten. Nicht immer war Euch dies ein Geheimnis und es soll keines bleiben, jetzt wo die Zeitenwende naht.

Seid gesegnet und in der Liebe. Dies waren die Erzengel.

Kurzbeschreibung der bisher bekannten Chakren

An dieser Stelle trage ich die Beschreibung der sieben bisher bekannten Chakren nach. Dies geschieht in von unten aufsteigender Richtung und unter Verwendung der verbreiteten Sanskrit-Begriffe.

Wurzelchakra (Muladhara)

Muladhara bedeutet übersetzt »Wurzel«. Der deutsche Name ist deshalb auch Wurzelchakra oder Basischakra. Es sitzt ganz unten im Unterleib (in Höhe des Steißbeins, des untersten Teils unserer Wirbelsäule). Dargestellt wird es als eine vierblättrige Lotusblüte. Seine Farbe ist rot.

Folgenden körperlichen Bereichen wird es zugeordnet: Darm, Knochen, Beine, Füße, unterer Teil der Wirbelsäule. Aber auch Erkrankungen des Blutes und des Blutdrucks gehören dazu. (Im Knochenmark werden Blutzellen und Blutplättchen gebildet.)

Ebenfalls entsprechen seelische Störungen dem Wurzelchakra: Ängste, Depressionen, mangelndes Urvertrauen und fehlende Erdung.

Sakralchakra (Swadhisthana)

Der Name des nächsten Chakras ist Swadhisthana (manchmal wird es auch Svadhisthana geschrieben). Die Übersetzung dafür lautet »der eigene Ort«. Es befindet sich oberhalb der Geschlechtsorgane und heißt im Deutschen Sakralchakra oder Sexualchakra.

Ihm zugeordnet ist die Farbe orange und der sechsblättrige Lotus.

Körperliche Krankheiten, die damit im Zusammenhang gesehen werden, sind im Bereich Becken, Blase, Geschlechtsorgane, Nieren zu finden.

Die seelischen Themen dieses Chakras sind Fortpflanzung, Sexualität, Kreativität und Selbstvertrauen.

Solarplexus (Manipura)

Manipura heißt übersetzt »Stadt des Juwels«. Bei uns heißt dieses Chakra Sonnengeflecht oder Solarplexus. Es liegt über dem Bauchnabel.

Es ist gelb. Seine Lotusblüte hat zehn Blätter.

Die körperlichen Bereiche sind in Magen, Galle, Leber und Verdauungssystem, aber auch im Muskelsystem angesiedelt.

Seelisch geht es um Gefühle, Macht, Selbstkontrolle und Energieverteilung im Körper.

Herzchakra (Anahata)

Die Übersetzung lautet »nicht aus zwei«. Es ist das Herzchakra und liegt in Höhe des Herzens, jedoch in der Mitte des Körpers.

Seine Farbe ist grün (gelegentlich findet man Darstellungen in rosa). Diese Lotusblüte hat zwölf Blätter.

Herz, Lungen, Arme und Hände gehören in den körperlichen Bereich.

Die Themen der Seele dazu sind Liebe, Geborgenheit, Mitgefühl und Zuneigung.

Halschakra (Vishudda)

Vishudda bedeutet übersetzt »völlig Gereinigter«. Es ist das Halschakra oder Kehlchakra und liegt im Halsbereich.

Die Lotusblüte hat sechzehn Blätter, und die Farbe Hellblau gehört dazu.

Hals, Mund, Kehle, Nacken, Schultern und Ohren zählen zum körperlichen Bereich.

Die Seele ist betroffen, wenn es um Themen wie Kommunikation (Verständigung), Inspiration (geistige Eingebungen), Unabhängigkeit und Wahrheit geht.

Drittes Auge (Ajna)

»Befehl, Auftrag« lautet die Übersetzung für »Ajna« aus dem Sanskrit. Dabei handelt es sich nicht – wie schon verdeutlicht – um das Stirnchakra, sondern um das als »Drittes Auge« bezeichnete Zentrum zwischen den Augenbrauen.

Seine Farbe ist Indigoblau (Dunkelblau) und die Blüte hat zwei Blätter.

Die körperlichen Aspekte sind die Augen und die linke Gehirnhälfte (sie ist für unser logisches Denken zuständig, also für alles, was über Sprache und Zahlen verarbeitet wird).

Die Seele betreffen Themen wie Weisheit, Fantasie, unmittelbare Wahrnehmung und Intuition (die innere Stimme).

Kronenchakra (Sahasrara)

Sahasrara bedeutet »Tausendblättriger«. Bei uns heißt es Kronenchakra oder Scheitelchakra. Es befindet sich am Scheitelpunkt des Kopfes. Die Lotusblüte hat tausend Blätter. Tausend ist die Zahl der Vollkommenheit. Diesem Chakra ist das erleuchtete Bewusstsein zugeordnet.

Seine Farbe ist Lila. (Es wird manchmal auch als purpurrot dargestellt.)

Körperliche Zuordnungen bestehen zur rechten Gehirnhälfte und zum zentralen Nervensystem. (Die rechte Gehirnhälfte übernimmt das Verarbeiten von Bildern und Gefühlen; das zentrale Nervensystem ist zuständig für Gehirn und Rückenmark.)

Im seelischen Gebiet geht es um Verbindung mit dem Göttlichen und um Erleuchtung.

Eine farbige Darstellung der Positionen der 13 Hauptchakren im menschlichen Körper findet sich auf der hinteren Innenklappe dieses Buches.

An dieser Stelle noch eine Klarstellung zum Wesen der Erzengel. Sie sind nicht geschlechtlich, auch wenn sie in esoterischer Tradition mit männlichen Bezeichnungen und in jüngerer Zeit, geprägt durch angelsächsische Channeltradition, mit weiblichen Zusatznamen benannt werden. Erzengel sind weder geteilt noch »ergänzt«. Sie stehen für die Grundkräfte der Schöpfung, die sowohl Yin- als auch Yang-Qualität haben können. Dieses allein bedingt die unterschiedlichen – auch farblichen – Wahrnehmungsstufen, die man gewohnheitsmäßig als männliche oder weibliche Aspekte darstellen könnte.

Übersicht Zuordnung der Chakren zu den Strahlen der Erzengel

Strahl	Farbe	Chakra	Chakren-farbe	Erzengel	Weibl. Ergänzung	Aufgabe/ Wirkung
1.	blau	Halschakra	blau	Michael	Faith	Wille Gottes, Mut, Kraft, Schutz
2.	goldgelb	Scheitelchakra	violett	Jophiel	Constance	Weisheit, Erleuchtung
3.	rosa	Herzchakra	grün	Chamuel	Charity	Göttliche Liebe, Freiheit, Toleranz
4.	weiß	Wurzelchakra	rot	Gabriel	Hope	Reinheit, Disziplin
5.	grün	Drittes Auge	indigo	Raphael	Maria	Konzentration, Wahrheit, Heilung
6.	rubinrot	Solarplexus	gelb	Uriel	Donna Gracia	Frieden, Heilung, Harmonie, Dienen
7.	violett	Sakralchakra	orange	Zadkiel	Amethyst	Vergebung, Hingabe, Transformation
8.	aquamarin	Stirnchakra	neue Farbe	Aquariel	Clarity	Klarheit, Unterscheidungsvermögen
9.	magenta	Thymuschakra	neue Farbe	Anthriel	Harmony	Ausgleich, Harmonie, Gleichgewicht
10.	gold	Lungenchakra	hellgrün	Valeoel	Peace	Innere Ruhe, Fülle, Reichtum, Geborgenheit
11.	pfirsich	Mentalchakra	braunrot	Perpetiel	Joy	Freude, vollkommener Plan, göttliche Aufgabe
12.	opal	Schwerpunkt-chakra/Tantien	erdbraun	Omniel	Opalescence	Wiedergeburt, Umwandlung

3. Krankheit und Körpersprache

Die energetische Disposition

Die Wahrnehmung von Störungen bei Patientinnen und Patienten sollte sich bei Beginn einer Behandlung auf ihr feinstoffliches Energiesystem richten.

Im ersten Schritt ist es möglich, die Stärke der Lebensenergie und ihren Fluss durch das Energiesystem zu erfassen. Dazu gibt es unterschiedliche Methoden, je nach medialer Begabung:

- Erspüren des Energieflusses und seiner Blockadestellen durch Aufnahme der Schwingungen und Resonanz im Körper der Heilerin, des Heilers;
- Wahrnehmung der Aura und der Kanäle durch Hellsichtigkeit (Augen, Drittes Auge);
- Wahrnehmung der Aura durch Abtasten mit der Hand;
- Physische Tests, z. B. Reaktion eines Ellbogen-Chakras des Heilers auf die dort aufgelegte Hand des Patienten, der Patientin;
- Nutzung radiästhetischer Instrumente (Pendel, Ruten, Tensor).

Beim Resonanzempfinden können die Stärke und der Verlauf der Lebenskraft im Körper in Form von Wärme erspürt werden. Ein starkes Wärmeempfinden vom Kronenchakra ausgehend und oberhalb des Halschakras endend, legt die Vermutung nahe, dass die Heilkraft dort blockiert ist. Meist fließt sie dann auch nicht oder nur sehr geschwächt aus den Händen. Bei anderen Menschen endet der Fluss oberhalb des Herzchakras.

Diese Menschen haben in aller Regel einen »karmischen Verschluss« des Energiesystems. Das bedeutet, durch schwarzmagische Eingriffe im Wurzelchakra oder im Bereich Halschakra, Herz-, Lungen- und Thymuschakra ist der Fluss unterbrochen. Ein Verschluss des Gesamtsystems entsteht daraus in jedem Fall.

Verschluss-Symptome auf körperlicher Ebene

Kopf:
- Kopfschmerz, Migräne
- Augenprobleme (durch Druck)
- Schwerhörigkeit, Ohrenschmerzen, Entzündungen, Tinnitus
- Probleme in der Nase, Schleimhäute usw.
- Gleichgewichtsorgan, Schwindel

Blutkreislauf, Haut:
- unerklärliche Herzsymptome, Bluthochdruck, Infarkt- und Schlaganfallgefahr
- Ableitung des Drucks auf die Haut durch Ausschläge und Allergien

Unterleib:
- Blasenentzündung, Harndrang (oft seit Kindheit)
- Prostatabeschwerden
- Erkrankung der Gebärmutter oder der Eierstöcke
- Leistenbruch
- Blinddarmentzündung

Skelett:
- Rückenprobleme, LWS
- Beckenschiefstände (hierbei verweist das kürzere Bein darauf, worin sich die Folgen v.a. niederschlagen: im Verhalten sich selbst oder anderen gegenüber)
- Probleme der Wirbelsäule im Bereich Brust- und Halswirbelsäule

Karmische oder im gegenwärtigen Leben verursachte Verschlüsse, die nicht durch Schwarze Magie hervorgerufen wurden, beeinträchtigen vor allem die Bereiche Wurzelchakra (Sexualorgane) und die Zone Herz-, Thymus- und Halschakra. Hierbei handelt es sich oftmals um Missbrauch oder missbrauchsähnliche Übergriffe in verschiedenen Stufen.

Im Herz-Hals-Bereich kommt es zu Erkrankungen der Mandeln oder der Schilddrüse, der Stimmbänder usw.

Der Verschluss schlägt sich in der Kommunikation nieder. Schlüsselsymptom: Kann nicht von Herzen kommunizieren und handeln.

Solche Menschen neigen stark dazu, sich selbst nicht zu lieben, sich zu verachten, anderen Menschen aber alles zu geben, sich zu opfern, ihre Energie missbrauchen zu lassen. Diese Probleme manifestieren sich in der linken Schulter bis zum Herzen hin, am linken Arm, auch im linken Bein (Hüfte, Knie, Fuß, Bänder).

Die Botschaft der Symptome

Die allgemein als Körpersprache der Krankheit bezeichneten Symptome überlagern sich mit denen, die durch den energetischen Verschluss des Gesamtsystems hervorgerufen werden. Sehr oft liegen die Themen eng beieinander (z. B. Missbrauch und starke Beeinträchtigung durch Elternteile oder Partner).

In der Behandlung gilt, dass zuerst die (karmischen) Verschluss-Themen bearbeitet werden sollten, da sich die weiteren dann leichter lösen lassen. Das ist auch aus der Verantwortung der Patientinnen und Patienten für sich selbst abzuleiten:

An karmischen Themen besteht vielfach kein Eigenverschulden, es sei denn, eigene ungesühnte Taten (schuldhaftes Karma) stehen zur Bearbeitung an.

Im Bereich der sonstigen Themen besteht eine weitaus höhere Verantwortung für das eigene Verhalten und seine Veränderung. Diese Themen sollten angegangen werden, wenn »Fremdverschulden« weitgehend abgearbeitet ist (nun gibt es keine Ausrede mehr, Eigenverantwortung muss und kann übernommen werden, Herzenswünsche sind frei von Belastungen zu erspüren).

Yin-Yang-Disposition

Grundlegende Orientierung in der Körpersprache der Krankheit bietet die Yin-Yang-Disposition beim Menschen.

Zum Wesen dieser Kräfte: Yang und Yin entstehen dort, wo sich die Schöpfung aus der Einheit bildet. In der taoistischen Tradition bildet sich aus dem Wu Chi (geschlossener, leerer Kreis = auch das »Tao«) das Tái Chi, die uns bekannten Symbole für das Miteinander des Yin und Yang. Das in der christlichen Tradition überlieferte Alpha und Omega, A und O, hat dieselbe Bedeutung, ebenso das OM-Symbol, das beides vereint und damit die Entfaltung der Schöpfung und ihre Rückkehr in die Einheit symbolisiert.

Alles in der *lebendigen* Schöpfung hat, wenn es »gesund« ist, Yin- und Yangqualität, so auch die grundlegende Lebenskraft (ob Reiki, Prana oder Orgon genannt).

Yin =   Rückkehr. Kraft/Liebe *aufnehmend* (annehmen, erdulden, erfahren)
          Körper: linker Arm, linkes Bein, äußere linke Körperhälfte (Rumpf und Kopf, linkes Ohr)
          Abendländische Tradition: Omega
Yang =   Entstehung. Kraft/Liebe *gebend* (geben, handeln nach außen, gestalten)
          Körper: rechter Arm, rechtes Bein, äußere rechte Körperhälfte (Rumpf und Kopf, rechtes Ohr)
          Abendländische Tradition: Alpha

Ist ein Yin-Yang-Ausgleich in einem Körper (Mensch, Tier oder auch in einem »künstlichen« Körper, wie ihn ein Haus darstellt) nicht gegeben, fließt entweder negative Lebenskraft (Sha Ki) oder gar keine Kraft. Ein Versiegen der Lebenskraft aber bedeutet Tod.

Aus dem Zusammenspiel von Yin und Yang und ihren Zuordnungen zu den Körperhälften ergeben sich unterschiedliche Botschaften links- und rechtsseitiger Krankheitssymptome.

Links- und rechtsseitige Symptome

Linksseitig (Yin-Hälfte):
- betreffen den Menschen selbst, in seiner Beziehung zu sich selbst
- höhere Verantwortung bei sich selbst als bei rechtsseitigen Symptomen
- Probleme des Selbstbewusstseins und der Selbstliebe.

Zusätzlich manifestieren sich auf der linken Seite Probleme, die ein Mensch mit seiner Mutter oder anderen, »Eindruck« hinterlassenden Frauen im Leben hat bzw. hatte. Meist handelt es sich um Probleme aus der Kinder- und Jugendzeit. Besonders betroffen sind Milz und linke Niere. Aktuelle Eheprobleme können aber auch rechts oberhalb des Herzchakras Schmerz verursachen (Druck von außen).

Rechtsseitig (Yang-Hälfte):
- betreffen die Beziehungen des Menschen im Außen, Einzelmenschen und Gruppen gegenüber
- geringeres Maß an Mitverantwortung, oft karmische Gründe
- ausgeprägtes Verantwortungsbewusstsein, viel Zuwendung an Dritte bei zugleich geringem Selbstwertgefühl, Neigung zur »Energieprostitution«, Helfersyndrom
- tut sich schwer mit wesentlichen Entscheidungen im Leben, im Erkennen und Ausgestalten des eigenen Weges.

Auf der rechten Seite manifestieren sich Probleme mit Männern im Leben (Vater u.a.). Hier sind rechte Niere, Leber und Galle betroffen.

Da sich links- und rechtsseitige Themen komplementär ergänzen können, gibt es keineswegs immer deutlich »einseitige« Symptombilder. Im Laufe des Lebens können sich auch »Seitenwechsel« der Symptome ergeben.

Besonderheit: Zwischen dem Schulterbereich (über dem Schulterblatt) und der Unterleibsregion können sich thematische Überkreuzungen bilden. Beispiel: Eine Last im Außen (rechte Seite, Galle und Leber betroffen) hängt energetisch wie an einem Band auf der linken Schulter. Die Last wird dort getragen wie eine Umhängetasche. Durch energetische Massage, festes, mit energetischer Einwirkung verknüpftes Drücken oder mit Hilfe energetischer Kristallbehandlung kann die Verspannung dort gelöst werden.

»Zwillingsorgane«

Neben den Extremitäten haben alle sogenannten Zwillingsorgane einen Yin-Yang-Bezug: Eierstöcke, Hoden, Nieren, Lungen, Brüste, Mandeln, Nase, Augen, Ohren.

Zwillingsorgane verweisen auf nachhaltige Probleme in Beziehungen zu anderen Menschen, keineswegs nur in geschlechtlicher Hinsicht oder festen Beziehungen zwischen Partnern. Akute Probleme schlagen sich meist in den Nieren nieder, wiederholter Druck (selbst gemacht oder/und von außen erlitten) legt sich auf die übrigen Organe, manchmal gleichzeitig auf mehrere.

Diese Beziehungsthemen stehen meist nicht isoliert, sondern in Zusammenhang mit den schon aufgeführten Problemen der Selbstliebe und Selbstachtung.

Der Mensch in seiner Mitte

Die Yin-Yang-Disposition ist für die vorgenannten Einstufungen bedeutsam, nicht jedoch für den Menschen in seiner körperlichen Mitte, dort also, wo Yin und Yang zunehmend gleich stark sind. Daraus ergeben sich drei Folgerungen:

- Ungleichgewichte im Leben und Anlässe, die aus Reaktionen auf Äußeres beruhen (auch bei linksseitigen meist der Fall), äußern sich in den Extremitäten oder den jeweils äußeren Regionen der Körperhälften und den dortigen Organen oder in den Zwillingsorganen.
- Symptome in der Körpermitte verweisen darauf, dass kein Gleichgewicht besteht bzw. kein Gleichgewicht gehalten werden kann (hierbei ist in der Regel der Rücken betroffen).
- Direkt in der Körpermitte zeigen Beschwerden an, dass es sich überwiegend um Selbstprogrammierungen handelt, um Themen,

die sich von den Ursachen abgelöst und verselbständigt haben. Hier besteht nahezu ausschließliche Eigenverantwortung für Veränderungen. Typisch: Blase und Prostata (Loslassen), Magen und Darm, nach oben hin: Blockade des Dritten Auges (Intuition), »Verkopfung« (Unterleibs- und Kopflastigkeit).

Faustregel: Gibt es in der Körpermitte zwischen Wurzelchakra und Herzchakra (noch) energetisch wahrnehmbare Probleme, ist der Mensch nicht »freien Herzens«. Ihn bedrücken dann noch Selbstfestlegungen und -blockaden, die von unten nach oben an Heftigkeit abnehmen. Schwerwiegend ist allerdings auch ein Angstthema, das sich im Solarplexus festgesetzt hat, da es hier dann meist an Schutz fehlt und das korrespondierende Halschakra stark geschwächt wird.

Die Sonderstellung des Herzens

Trotz seiner Positionierung in der linken Körperhälfte, ist das Herz ein »Organ der Mitte«. Vor allem liegt es auf feinstofflicher Ebene in der Mitte des Chakrensystems. Das Herzchakra bildet unsere spirituelle Mitte. Immer wieder heißt es aus der Geistigen Welt: »Spürt in Euer Herz und Ihr wisst, wohin der Weg Euch führen soll.« Hier also findet der Mensch seine Mitte.

Es kommt darauf an, die Sprache des Herzens zu erlernen. Seine Krankheitssprache ist vielfältig: Da es »steuert« (oder steuern sollte), zeigt es über die Steuerung des Versorgungssystems an, wie sich die Dinge verhalten (Herz-Kreislauf-Erkrankungen).

Selbst setzt es keine Zeichen (etwa mit Krebs), jedoch sind ein Infarkt oder ein Schlaganfall eine klare, heftige Warnung mit Blick auf den Gesamtzustand. Infarkt oder Schlaganfall haben wiederum Auswirkungen auf andere Körperbereiche und geben darüber Hinweise auf die Gründe (z.B. halbseitige Lähmung).

Medial befragt, verrät das Herzchakra die Themen, an denen der Mensch leidet, und verweist auf die betroffenen Chakren (hilfreich hierbei ist im Reikisystem der Einsatz des Dai Fa Shu mit der Frage: »Was teilst Du mir mit?«).

Astrologische Zuordnungen

Astrologische Deutungshinweise beschränke ich hier auf die Hand und die Finger. Sie gelten gleichermaßen für die Fußzehen.

Daumen/Handballen (»Venushügel«) = Mars/Venus. Betrifft Beziehungen und die Energie, mit der man hineingeht (oder eben nicht).

Zeigefinger Jupiterfinger, Gottesfinger. Thema: Orientierung am Lebensplan, den Weg erkennen.

Mittelfinger Saturnfinger. Thema: Den Weg beschreiten, Bestimmung vollziehen.

Ringfinger Sonnenfinger. Thema: In der Mitte sein, sich dort wohl fühlen, zentriert sein.

Kleiner Finger Merkurfinger: Thema: Leichtigkeit. Den Weg, das Leben genießen lernen.

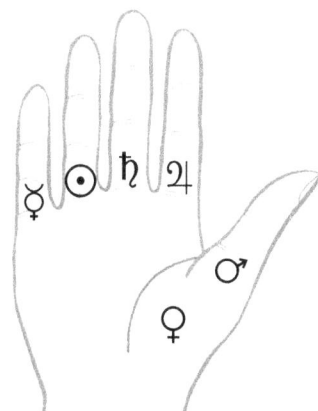

Astrologische Zuordnung der Finger

Schmerzen oder Verletzungen in diesen Zonen verweisen auf Defizite oder ungelöste Aufgaben im jeweiligen Themenbereich. Aus der Zuordnung der Hände zur Yin- oder Yangseite des Körpers lässt sich zudem ableiten, ob ein Thema das Verhältnis des Menschen zu sich selbst oder sein Verhalten nach außen betrifft.

Meridianstörungen

Energetisches Heilen besteht weitgehend darin, die für die meisten Menschen nicht wahrnehmbaren Energieflüsse im feinstofflichen Körper zu sichern oder wiederherzustellen. Die leitenden Gefäße dieser unseren Körper steuernden »primordialen« Kräfte sind Meridiane, Energiebahnen, die die zwölf unterschiedlichen, farblich wahrnehmbaren Strahlen der Erzengel in uns leiten, ohne die das Leben nicht stattfände.

Die Meridiane sind für heilende Menschen die wesentliche Ebene ihres »Eingriffes«, da am Ende alle Störungen auf körperlicher und geistiger Ebene durch gestaute Meridianenergien zustande kommen. Die Wirksamkeit der Heilungsschritte hängt davon ab, welche energetische Einwirkungskraft einem heilenden Menschen auf das Energiesystem gegeben ist.

Durch karmische Belastungen oder Unfälle kann es zu Beeinträchtigungen oder Zerstörungen von Meridianen kommen. In solchen Körperregionen kommt dann der Yin-Yang-Fluss zum Erliegen. Die Folge sind Kribbeln, Krämpfe, Lähmungen, Taubheit und Krankheitsbilder wie etwa Parkinson.

Dieser Zusammenhang wird medizinisch in aller Regel nicht feststellbar sein, allenfalls durch Meridian-Therapien wie Akupunktur oder Shiatsu. Meridiane sind energetisch stimulierbar und im Falle der Zerstörung sogar wieder herstellbar.

Die Meridianzerstörung kann sich vom eigentlichen Anlass ablösen und enthält für sich dann keine Botschaft. In den Gliedern entwickeln sich z. B. Phantomschmerzen sowie andere medizinisch oft unerklärliche Schmerzsymptome.

4. Magie – Kraft des Mitschöpfens

Nähern wir uns dem Thema Magie mit einem Blick auf die Wirkungen unserer Wünsche. Dazu noch einmal zurück zu der Mode, »Bestellungen« aufzugeben. Wie schön, wenn »geliefert« wird. Wichtiger wäre es, sich grundsätzlich bewusst zu machen, wie stark unsere Emotionen und Mentalkräfte, also »Gedanken- und Emotionalkörper«, auf uns selbst und unsere Umwelt wirken.

Wenn zum Beispiel Wut in uns aufsteigt, ist augenblicklich die Aura davon gezeichnet und überlagert. Hellsichtige Menschen nehmen dunkle Wolken und Turbulenzen in der Aura wahr, vorrangig im Unterleib, um das Herzchakra, aber auch um den Kopf. Gleichermaßen wirkt der Wutanfall auf jene, gegen die er sich richtet. Das ist nicht zu unterschätzen. Wer »fühlig« ist, spürt sehr genau, ob ein anderer Mensch ihn mit heftigen Emotionen bedenkt. Hat der »Absender« seine Kräfte nicht im Griff, können auf der Welle seiner Gefühle heftige Angriffe zu anderen Menschen »reiten«.

Unsere Gedanken haben Wirkung, gleich, ob wir sie bewusst oder unbewusst in die Raumzeit stellen. Das sei an einem Beispiel verdeutlicht:

Eine Kollegin beklagte, es kämen seit vierzehn Tagen keine Patienten mehr, und fragte mich, woran das wohl liege. Ich antwortete, mir werde ein Igel gezeigt. »Stimmt, ich igele mich gerade zuhause ein und habe die Nase von allen und allem voll«, war die Reaktion. Dass dies einem Rückzug aus dem Leben gleichkam, war ihr nicht bewusst. Aber der Wunsch nach Ruhe wurde erfüllt – konsequenter, als ihr recht zu sein schien.

Folglich ist es wichtig, dass wir in Abständen immer wieder in bewusster Selbstdistanz oder mit anderen Menschen unsere aktuellen Gefühle und gedanklichen Konstrukte prüfen. So stellen wir sicher, uns nicht in Gedanken-Fallen zu verheddern. Die bestehen entweder darin, dass die Außenwelt mit strikter Konsequenz reagiert, wie das obige Beispiel nach Ruhebedürfnis zeigt. Oder aber darin, dass gedankliche Widersprüche eine energetische Patt-Situation hervorrufen, die die Erfüllung eines Wunsches ebenfalls unmöglich macht. Auch dazu ein Beispiel: Ein Mensch sendet die Botschaft aus: »Ich will endlich wieder Aufträge haben, aber die Kunden gehen mir immer stärker auf den Nerv, darauf habe ich keine Lust mehr.« Daraus ergibt sich eine energetische Paradoxie, die ebenfalls dazu führt, dass die Kundschaft weitgehend ausbleiben dürfte. Beide typischen Situationen sind den Handelnden nur selten bewusst.

Selbstverständlich kann man um eine Auszeit bitten. Dann aber sollte man sie ebenso konsequent und vertrauensvoll nehmen und genießen, wie man dann auch nachdrücklich ins Gemeinschaftsleben zurückkehren sollte. Und wer Kunden in einem bestimmten Dienstleistungssektor will, sollte lernen, dass er diesen Personenkreis nicht im Vorfeld verändern kann, sondern lieber seinen kommunikativen und fachlichen Kompetenzen vertrauen sollte. Was man nicht mag, soll man lassen, was man will, konsequent mit allen derzeitigen Bedingungen akzeptieren.

Das gilt auch für erhofften Wandel. Wünsche ich mir eine neue Praxis, ist es freilich hilfreich, mir die Grundbedingungen eines neuen Ortes auszumalen, nicht aber den Ort selbst. Orte müssen passen, aber ich kann sie nicht meinen Gedanken anpassen, sondern sie auf mich wirken lassen. Menschen und Orte lassen sich nicht nach unserem Bilde erschaffen, wir müssen zur An-Passung bereit sein. Zugleich dürfen wir unsere Energien bei der Suche nach neuen Orten nicht schon von dem Ort lösen, an dem wir gegenwärtig leben und wirken. Das schwächt seine Anziehungskraft spürbar.

Abgesehen davon, dass diese Beispiele ein wenig Lebenshilfe geben mögen, führt uns das Bewusstsein der erheblichen Resonanz-Wirkung menschlicher Mentalkraft folgerichtig zur magischen Schöpfung.

Das Wesen der Magie

Magie ist ein energetisch-mental bewirkter Schöpfungsakt. Wille oder Wunsch erfordern dazu ein über die im Kapitel 1, S. 14, beschriebene Präzipitation (Schöpfen aus Urmaterie) hinausreichendes Maß an Wissen und energetischer Befähigung. Magische Energien bedürfen einer Art Zugangsberechtigung oder Schlüssel, meist in Gestalt von Mantren und Symbolen. Erläutern lässt sich dies am Beispiel des weit verbreiteten Reikisystems. Auch dessen Wirkung beruht darauf, dass Menschen durch Einweihungen befähigt werden, über Mantren und Symbole als »Berechtigungsschlüssel« bestimmte Potentiale der Lebensenergie zielgerichtet wirksam werden zu lassen. Damit ist das Reikisystem ein magisches Instrumentarium für »Einsteiger«.

Eine grundsätzliche Berechtigung, Energien magisch zu lenken, haben die sogenannten »Hüterrassen« der Planeten. Von denen kann es jeweils mehrere geben. Auf der Erde sind es die Menschen, im beschränkten Maße die Wale und Delphine (Cetacaen). Die Vorläufer der Delphine hatten bis vor etwa 400.000 Jahren einmal die Funktion der ersten Hüterasse auf der Erde. Unter den Naturwesen sind es Elfen, Feen und Zwerge, die über magische Kräfte verfügen.

Das Muster der Magie stellt die göttliche Schöpfung dar: *Am Anfang war das Wort* (griech. aber Logos = das Gesetz!), *und das Wort war bei Gott; und Gott war das Wort.** Und das Johannes-Evangelium fährt fort: *Dasselbe* [= das Wort] *war im Anfang bei Gott. Alle Dinge sind durch dasselbe gemacht, und ohne dasselbe ist nichts gemacht, was gemacht ist.*

Das heißt, Gott gab mit seinem in »Wort« gekleideten Willen dem Universum sein Gesetz, nachdem die von ihm ausgesandte Energie sich verhalten solle. Diesem »Gesetz« entspringen Begrenzungen und Regeln, die keine Wesenheit überwinden kann. Für die Hüterrassen jedoch besteht ein mehr oder minder großer Spielraum an Gestaltungsfreiheit, auf den Ebenen materieller Manifestation schöpferisch mitzuwirken.

Alle Wesenheiten – auch die nicht magisch wirkenden – sind Formen von Energie, charakterisiert durch eine bestimmte Eigenschwingung und ein statisches Energiepotential. Weil dies so ist, beeinflussen alle Wesenheiten, die dieselbe Schwingung aufweisen,

* Johannes-Evangelium 1,1-3

einander in besonderer Weise, wobei das daran gebundene Potential unterschiedlich ist. Diejenigen, die Energien magisch lenken, sind folglich selbst Teile des energetischen Kontinuums gestaltender göttlicher Energie.

Das Zusammenspiel von Schwingung und Potential sei an einem Beispiel verdeutlicht: Wasser hat (mit der Lecher-Antenne* gemessen) die Eigenschwingung 3,1 und (mit der Bovis-Tabelle** gemessen) das Energiepotential 5.000. Ein Buchsbaum (lateinisch: *Buxus sempervirens*) hat ebenfalls die Schwingung 3,1, jedoch das Potential 2.650. Es ist altes Bauernwissen, dass eine links drehende Wasserader rechts drehend polarisiert werden kann, indem man auf die energetisch wahrnehmbare Kernzone der Wasserader einen Buchsbaum pflanzt. Die übereinstimmende Schwingung ist es, die dies vollbringt. Hieraus lässt sich auch ableiten, dass Differenzierungen in der Schöpfung vor allem auf den Potentialunterschieden beruhen, erst in zweiter Linie auf den Schwingungen, bei denen es – wie zwischen Wasser und Buchsbäumen – zahlreiche Übereinstimmungen gibt.

Magie macht sich einerseits das Wissen um die Wechselwirkungen natürlicher Frequenzen zunutze, andererseits baut sie darauf auf, die Schöpfung mit der Lebensenergie sowie mit den uns zusätzlich geschenkten Energien zu beeinflussen. Dabei spielen sowohl die Schwingungen als auch die Veränderung der Potentiale eine Rolle. Dies sei wiederum am Reikisystem verdeutlicht: »Reiki« ist und bleibt die durch uns fließende Lebensenergie. Die messbare Schwingung beträgt 6,0, das energetische Grundpotential der Lebensenergie beträgt 6666 (gemessen in Bovis-Einheiten). Nun gibt es neben dem

---

* Lecher-Antenne (neuerlich verbessert als »H3-Antenne«): moderne »Rute« in Gestalt eines radiästhetisch abstimmbaren Antennensystems auf der Basis des vom österreichischen Physikers Ernst Lecher entwickelten Leitungssystems. Damit lassen sich Schwingungen präzise messen.

** Bovismeter (oder Biometer): Radiästhetische Mess-Skala, die vom französischen Weinprüfer A. Bovis und dem Ingenieur Simoneton entwickelt wurde. Es wird von uns in der »Gruppe für Geomantie« als Pendeltafel zur Feststellung des Energiepotentials (= Boviseinheiten) verwendet.

Eigenpotential auch ein variierendes Potential-Spektrum. Reiki-Einweihungen geben uns Mantra- und Symbol-Schlüssel, das Potential-Spektrum der Lebensenergie zu erweitern. Diesen Vorgang kann man als Erhöhen der »Leitfähigkeit« verständlich machen. Während die Eigen-Schwingung der Lebensenergie unverändert 6,0 bleibt, erhält sie aber durch das erweiterte Potential einen anderen Wirkungsgrad. Damit kann ich nicht nur die Wirkungsform der Reikikraft selbst verändern, sondern zugleich auch die derjenigen Heilstrahlen, die zusätzlich durch meinen Kanal geleitet werden. Die genaueren Zusammenhänge stellen wir in geomantischen Veröffentlichungen dar. Hier geht es mir darum, so einfach wie möglich darzulegen, was das magische Lenken von Energien im Kern ausmacht.

Worte und Gedanken haben im Zusammenspiel mit energetischen Impulsen »Wirkung«. Sie richten etwas aus – gleich ob positiv oder negativ. Bewusster gelenkt werden können sie von Menschen, die über eine hohe Eigenenergie und über besondere Befähigungen der Energielenkung verfügen, gepaart mit mentaler Kraft. Magie ist Schöpfung und deshalb keineswegs »übernatürlich«.

Energetische Produkte menschlichen Willens können »magisch« verstetigt werden. Dies bedeutet, dass sie nicht mehr nur situationsbezogen wirken, sondern in längeren Raumzeiten oder gar unendlich, wenn sie nicht befristet oder aufgelöst werden. Der Wunsch kann (wie im Sprichwort) Befehl werden, beispielsweise für die Lebenskraft, sich gegenüber einer bestimmten Person unter bestimmten Bedingungen besonders zu verhalten. Wünsche dieser Art entwickeln sich somit zu eigenständigen energetischen Existenzen, die programmiert sind, eine besondere Aufgabe zu verrichten. Menschen, die dazu besonders befähigt sind, nannte und nennt man Magier. Sie setzen Energien mit speziellen Techniken zu bestimmten Zwecken ein.

Sind diese Zwecke nützlich im Sinne des Einen Gesetzes, d.h., dienen sie ausschließlich der Schöpfung aus der Liebe heraus, nennt man sie »weißmagisch«. Werden sie mit dem Ziel definiert, andere Menschen in Abhängigkeit zu bringen oder ihnen zu schaden, nennt man das »schwarzmagisch«.

Abhängigkeit beginnt dort, wo **Selbstbindungen** eingegangen werden, die den freien Willen für einige Zeit oder für die Zukunft einschränken oder gar gänzlich aufheben. Zu nennen sind hier Versprechen, die man sich selbst gibt (Schwüre) und zu denen man ggf. auch Zeugen ruft (so auch Gott selbst). Schwüre, Gelübde und Versprechen sich selbst und anderen gegenüber sind bindend (meist über ein Leben hinaus!), je nach dem, wie intensiv sie gestaltet werden.

In der geistigen Heilung wird überwiegend mit Potentialen der Lebenskraft und mit Frequenzen und Potentialen gearbeitet, die uns die zwölf Erzengel und unsere Planetenseele Gaia zur Verfügung stellen. Magisch nutzbar sind darüber hinaus auch Kräfte der Erde und ihrer Wesenheiten. Diesen Bereich der »Naturmagie« klammere ich hier aus.

Zauber und Flüche

Zauber und Flüche haben für die meisten Menschen allenfalls Platz in Märchen und der Fantasy-Literatur. Tatsächlich aber ist der **Zauber** die Grundform magischer Einflussnahme, die über den Zeitraum unmittelbarer Anwendung hinausreicht. Man kann ihn definieren als eine zentrierte Lenkung von Elementen oder Wesen durch den Willen und die gebündelte Energie eines Magiers zum Zwecke einer dauerhaften Steuerung durch gedankliche Programmierung und energetische Fixierung. Letztlich geht es darum, mit dem Schöpfungsakt des Zaubers ein anderes Wesen oder einen Teil dessen nachhaltig zu beeinflussen. Energien wirken hier nicht situationsgebunden und zeitlich begrenzt, sondern dauerhaft und zweckgerichtet.

Kenntnisreiche Magier können sogar komplexere und zeitlich ausgedehnte Abläufe in Gang setzen, die zu verschiedenen Zeiten und unterschiedlichen Orten neue Impulse geben (»Depotzauber«).

Für sich selbst genommen ist der Zauber ein wertfreies Instrument der Magie. Ob er als weiß- oder schwarzmagisch einzustufen ist, hängt davon ab, mit welchem Ziel ein Wesen beeinflusst werde soll. Entstehen Nachteile, Schäden oder Abhängigkeit, dann handelt es

sich um eine schwarzmagische Variante. Zauber sind also **schwarzmagischer Natur**, wenn sie den freien Willen eines Wesens hemmen.
Weißmagischer Natur sind sie, soweit sie der Heilung und dem
Schutz der Erde und ihrer Wesen dienen und energetisch aus der
Lebenskraft selbst und den Kräften der Erde oder der Geistigen Welt
gespeist sind. Zauber können folglich eingesetzt werden, um Heilungsprozesse in Gang zu setzen und zu halten. Die Geistige Welt legt fest,
wer in welchem Maße über auslösende Energien verfügen darf. So
können uns die »göttlichen Strahlen« der Erzengel und der Heilstrahl
Gaias bei Fehlverhalten jederzeit genommen werden. Im Gegensatz
zur Lebensenergie und anderen, auf der Erde verfügbaren Energie-
quellen, sind sie also in Schwingung und Potential nicht umkehrbar
und daher nicht schwarzmagisch zu missbrauchen. Dazu mehr im
Kapitel »Energetische Grundlagen der Schwarzmagie«, S. 94.

Flüche sind eine Sonderform des Zaubers mit dem vorsätzlichen
Ziel, anderen Wesen durch gebündelte, an bestimmte Bedingungen
oder Auslöser geknüpfte energetische Effekte erheblich zu schaden,
sie zu hemmen und/oder letztlich zu töten. Sie beinhalten keine kom-
plexen Schemata. Im Umkehrschluss heißt das: Komplexere schwarzmagische Energiebündelungen, die sich beispielsweise anfänglich gegen
ein bestimmtes Chakra richten, dann aber »wandern« (zum Beispiel,
wenn heilerische Gegenmaßnahmen ergriffen werden), sind nur als
Zauber zu manifestieren. Flüche beziehen sich auf einfachere Kausal-
zusammenhänge, bei denen ein bestimmter, klar abgrenzbarer Anlass
eine ganz bestimmte Reaktion beim betroffenen Menschen auslöst.
So hatten wir beispielsweise mehrere Fälle, in denen im Falle einer
Schwangerschaft durch einen Fluch Krebs ausgelöst wurde.

Die **Wirkungskraft eines Zaubers** ist abhängig von der energetischen
Kraft und dem konzentrierten Willen des Magiers. Mit der Zeit genügt
der bloße Wille, um solche Programmierungen zu manifestieren. In
der Regel aber bedarf es eines ritualisierten Vorgehens zur Steuerung
der Energien mit Hilfe eines Symbols und eines Mantras oder Zau-
berspruchs.

Schwarzmagisch arbeitende Menschen sind bemüht, in früheren Zeiten manifestierte Zauber (einschließlich der Symbole und Mantren) aufzugreifen und wiederzubeleben, um ihr eigenes Wirken damit zu stärken. Bei ihrer Arbeit »reiten« sie gleichsam auf diesen schädigenden Energiepotentialen. Dies beruht darauf, dass die gelenkten Energien und betroffenen Wesen solche Programmierungen »gespeichert« haben – sofern sie zum Zeitpunkt der Manifestation eines Zaubers inkarniert waren. Im Energiefeld der Erde sowie im Emotionalkörper und sogar im spirituellen Körper der menschlichen Aura bleiben diese Informationen latent vorhanden.

War ein Zauber einmal in einem Leben gezielt aktiviert, wirkt er als Potential in weiteren Inkarnationen fort, ohne direkt aktiviert werden zu müssen. Eine Aktivierung kann aber in vergleichbaren Situationen und Begegnungen mit bestimmten Menschen erfolgen. Solche Programmierungen können in der Geistigen Welt »zurückgelassen« werden, sofern ein Wesen nur mit einem Teil seiner Energie inkarniert.

Zauber können auf (schwarzmagisch: gegen) **alle Wesenheiten mit Individualseele** angewendet werden, somit auch auf entsprechende Teile des Tierreiches und des Naturreichs. Wesen mit Kollektivseele (z.B. Fische und Vögel) sind nicht betroffen.

Zauber und Flüche können heilerisch gelöst werden, meist im Zusammenhang mit den häufigen karmischen Selbstbindungen. Dazu dienen die nachfolgend beschriebenen Auflösungsgebete.

Karmische Bindungen und ihre Auflösung

Zu energetischen Bindungen bedarf es keiner anderen Personen als »Täter« oder Partner. Jeder Mensch kann sich selbst freiwillig binden. Oft geschieht auch dies unter immanentem Zwang (unauflösliche Ehegelübde, priesterliche Keuschheitsgelübde usw.) oder auch bei eingeschränktem Bewusstsein (Angst, Schreck, Manipulation durch Drogen usw.).

Alle sich selbst gegebenen Versprechen oder Versprechen mehrerer Menschen untereinander binden, vergleichbar einem Zauber. Sie beeinträchtigen den freien Willen und die Entwicklung des Menschen in Folgeinkarnationen dramatisch, führen zu heftigen Verhaltensstörungen und körperlichen Folgen. Das Herz ist auch hier nicht frei. Somit müssen alle Selbstbindungen konsequent der Schwarzen Magie zugerechnet werden, da sie den betreffenden Wesen die Freiheit nehmen.

Neben Schwüren, Gelübden und Versprechen wirken auch Bannsprüche karmisch bindend, ebenso Urteile, die über uns gesprochen wurden oder die wir über andere gesprochen und ggf. vollzogen haben.

Alle hier aufgeführten energetischen Bindungen schwarzmagischer Art zwingen Seelen dazu, immer wieder zu inkarnieren. Dies ist auch dann unabwendbar, wenn ein Wesen selbst kein eigenes schwarzmagisches (schuldhaftes) Karma mehr hat. Ebenso halten die Taten anderer uns gegenüber vom Aufstieg ab. Zur Lösung dieser Bindungen bedarf es mindestens gleichwertiger, wenn nicht überlegener energetischer Potentiale. Dies ist nur wenigen Menschen gegeben. Im Regelfall sind deshalb **Auflösungsgebete** erforderlich, damit die Geistige Welt die karmischen Bindungen aller Art mit ihren Strahlen durch menschliche Kanäle lösen kann. Nötig ist dazu entweder der göttliche Strahl selbst (grauer Strahl) oder die Strahlen der Erzengel Michael oder Gabriel.

Viele Bindungen können nur dann gelöst werden, wenn sie durch eine Schlüsselsituation von den Betroffenen (Tätern wie Opfern) akut gespürt werden. Es kann davon ausgegangen werden, dass sich in einer Inkarnation, in der eine Auflösung vorgesehen ist, solche »karmischen« Begegnungen zwischen den betroffenen Personen ergeben. In den seltensten Fällen können die Bindungen jedoch im Einvernehmen beider Menschen bzw. aller Beteiligten gelöst werden, zumal dazu oft kaum Bereitschaft besteht. Viele Menschen kommen zu uns, wenn die auslösenden Begegnungen hinter ihnen liegen oder sie tief in der Krise stecken. Dann ist es aber möglich, Bindungen einseitig zu lösen. Die zur Heilung anwesende Person ist anschließend frei vom betreffenden Karma. Die abwesende Person ist es jedoch nicht, wenn der Fall so liegt, dass auch sie sich bewusst das Karma ansehen und lösen müsste.

So tief der Wunsch auch bei einem beteiligten Menschen sein mag, alle Betroffenen zu »erlösen«: Heilerinnen und Heiler dürfen keinen Menschen zu einer Auflösung drängen oder zwingen. Wer nicht ansehen und vergeben mag (auch sich selbst nicht), kann nicht von Karma befreit werden. Und selbst, wenn ein Heilkundiger es versuchen sollte, wird die Geistige Welt ihr Einverständnis und die nötigen Energien verweigern müssen, denn auch hier gilt der freie Wille des Menschen, wie auch immer er sich bildet.

Es ist für die meisten von uns schwer genug, das Wesen des Gesetzes, des Karmas und der Freiheit menschlicher Selbstbindung tatsächlich zu begreifen. Für unser jetziges Leben möge all dies Anlass sein, über Selbstbindungen, Schwüre und Gelübde sehr tief nachzudenken. Der Weg ins Licht führt unabdingbar über Heilung durch Ansehen der Gründe, die freiwillige Lösung von jeglicher Bindung und Emotion und über ein Handeln aus freien Stücken und in Liebe. Entscheidend ist unsere Bereitschaft dazu – und letztlich unser Handeln! Erklärungen, Gedanken und Absichten sind kein Handeln im karmischen Sinne, sondern ausschließlich unsere Taten, das tatsächliche Verhalten. Nach dem Auflösungsgebet folgen also unweigerlich die »Hausaufgaben« und Prüfungen.

In den nachfolgenden Mustertexten komme ich bewusst nicht den häufigen Bitten nach, Varianten für alle erdenklichen Fälle abzufassen. Wer Auflösungen vornimmt, muss sich zwingend die Kernbestandteile einer jeden Auflösung einprägen und sie auf den jeweiligen Anlass bezogen konkretisieren. Anders geht es nicht. Diejenigen, die bei Auflösungen helfen, sollten über eine hinreichende mediale Begabung verfügen, denn sonst erhalten sie auch keine Hinweise auf Anlässe. Sie sollten sich darin üben, durch Formen des Channelings (und sei es »nur« Intuition) anzuleiten, damit die Auflösung so konkret wie möglich auf Anlässe und beteiligte Personen bezogen wird.

Auflösungen sollten niemals blind auf Verlangen der Patienten erfolgen, sondern stets nach einer Prüfung, ob sie wirklich anstehen oder nicht. Pauschale Auflösungen – so beliebt sie sind – haben keine Gültigkeit; es bedarf des konkreten Bezuges. Informationen über

Anlässe und deren Hintergründe sind fast ausschließlich medial oder mediumistisch zu erhalten und müssen dem entsprechend am Beginn des Gebetes konkretisiert werden. Zum Beispiel:

Ich löse den Zauber, den YX (ggf. Ort und Anlass oder auch Wirkungsabsicht des Zaubers) über mich gesprochen hat…

In den meisten Fällen sollte man den Patienten ein Auflösungsgebet schrittweise vorsprechen, damit sie es selbst laut nachsprechen. Es wird nach dem Grundmuster je nach Anlass und betroffenen Wesen verändert. Für uns ist spürbar, wie in bestimmten Phasen des Gebets die behindernden Energien genommen werden und die Aura frei wird. In anderen Fällen ist es hilfreich, die unterstützenden Wesen in der Geistigen Welt selbst zu bitten, ein solches Gebet zu channeln. Diejenigen, die es anwenden, werden zumeist spüren, ob der Schritt auch ohne Beistand gelungen ist. Helferinnen und Helfer sollten eine Hand auf das Herzchakra legen, die andere in den Bereich des Unterleibes, dort, wo sich die freizusetzende Energie manifestiert.

Textmuster für Auflösungen und Erläuterungen

Schritt 1: Bekunden der Absicht
Zu Beginn sollte kurz die Absicht der Auflösung bekundet und klargestellt werden, auf welche Personen oder Wesen sie sich bezieht. Wird eine bestimmte Bindung thematisch gespürt, ohne dass Einzelheiten bekannt sind, so kann sie auch allgemein aufgelöst werden. Beispiel: Die Freigabe aus allen Gelübden, die zu welcher Zeit an welchem Ort auch immer in kirchlichen Zusammenhängen hinsichtlich der eigenen Keuschheit gegeben wurden (sehr häufiger Grund für heftige Verhaltens- und Beziehungsprobleme in der Gegenwart).

Ich möchte heute lösen, was zwischen [Person/Wesen] und mir steht und uns hindert, jede/r für sich, unseren Weg in Liebe, Freiheit und Selbstbestimmung zu gehen.

Alternative: Ich möchte das Band zwischen [Person/Wesen] trennen, das uns bindet und hindert.

Schritt 2: Freigabe und Verzeihen

Ohne (Selbst-)Freigabe und (Selbst-)Verzeihen erfolgt keine Lösung aus Bindungen.

Ich gebe mich frei, ich gebe dich/euch frei aus jeglicher Bindung, die ich über euch gesprochen habe [und die ihr über mich gesprochen habt oder die über uns gesprochen wurde]. Und ich gebe mich selbst frei aus allem.

Ich verzeihe dir/euch, bitte dich/euch, dass du mir verzeihst/bitte euch, dass ihr mir verzeiht. Ich verzeihe mir selbst.

Beispiel: Ich möchte heute zwischen uns lösen, was uns noch (karmisch) bindet und hindert, unsere Wege – jeder für sich – in Liebe, Freiheit und Selbstbestimmung zu gehen. Ich danke dir für die Liebe, die ich von dir erfahren habe, und verzeihe dir, was du mir angetan hast, gleich, ob es Anlässe gab, die meine Erfahrung begründet haben oder nicht. Ich gebe dich frei und bitte dich, dass du mich freigibst und mir verzeihst. Ich verzeihe mir selbst und gebe mich frei, ebenso alle, die darüber hinaus beteiligt waren. Ich gebe alle Zeugen frei, die zugegen waren oder angerufen wurden, so auch Gott den Herrn. Gelöst sei im Licht und in der Liebe, was gebunden hat und wieder vereint, was getrennt war. So sei es im Namen des Einen. Amen.

Schritt 3: Lösen von Schwüren, Urteilen, Flüchen usw.

Die allermeisten Bindungen gehen mit den hier aufgeführten Anlässen einher. Deshalb sollten die nachfolgenden Formulierungen grundsätzlich Bestandteil jeglicher Auflösung sein. Ohne dies ist der erste Auflösungsteil nicht wirksam. Vor allem bleiben früher angerufene Zeugen (gerade auch in der Geistigen Welt!) sonst verpflichtet, ihrerseits auf Einhaltung des Versprechens hinzuwirken.

*Ich löse auf jedes **Versprechen**, jedes **Gelübde**, jeden **Schwur**, den ich [Zeit, Anlass, Beteiligte nennen, soweit bekannt] mir selbst gegeben habe oder anderen Personen oder auch Institutionen. Im Lichte seien gelöst alle Bindungen zwischen [Personen, Dinge, Orte und Institutionen benennen].*

*Ich löse auf jeden **Fluch**, jeden **Bann**, jeden **Zauber**, den ich [vermutlichen Anlass einfügen] wissentlich oder unwissentlich an welchem Ort und zu welcher Zeit auch immer über [hier den Namen einsetzen] gesprochen habe.*

Ich löse auf jeden Zauber, jeden Bann, jeden Fluch, der [so präzise wie möglich Anlass und Urheber] über mich gesprochen wurde, zu welcher Zeit, an welchem Ort auch immer dies gewesen sein mag.

*Ich löse auf jedes **Urteil**, dass ich über [Person/en nennen] gesprochen habe, das über mich oder über uns gesprochen wurde, ebenso seine Vollstreckung. Und ich verzeihe allen Beteiligten und gebe sie frei.*
Ich gebe alle Zeugen frei, die zugegen waren oder angerufen wurden, so auch Gott den Herrn. Gelöst sei im Licht und in der Liebe, was gebunden hat und wieder vereint, was getrennt war. So sei es im Namen des Einen. Amen.

Häufig sind auch wiederkehrende Auflösungsanlässe, beispielsweise Bindungen gegenüber religiösen und weltanschaulichen Gemeinschaften, die konkreter gelöst werden müssen:

Ich löse jeden Eid, jedes Gelübde, jedes Versprechen und alles Vergleichbare, was ich der [Kirche, Religionsgemeinschaft, sonstige Gemeinschaft], gegeben habe, zu welcher Zeit, an welchem Ort auch immer [konkretisieren, wenn bekannt]. Ich löse jeden Vertrag, jedes Urteil… Weiter, wie oben.

Seit einiger Zeit ist uns die Energie gegeben, karmische Bindungen auch ohne Anwendung solcher Auflösungsgebete zu lösen. Das ist ein schönes Geschenk für alle Beteiligten. Dennoch besteht die Geistige Welt oft genug darauf, dass wir Patientinnen und Patienten die Hintergründe mitteilen, sofern sie nicht Anlass der Behandlung sind. Noch einmal sei betont, dass Heilerinnen und Heiler nicht nur die Energie, sondern auch das Wort anwenden müssen, um wirksam zu helfen. Kein Karma wird gelöst, ohne dass diejenigen, die heilen, die Heilungssuchenden darauf hinweisen, so schwer dieser Schritt für Heilende und Patienten zuweilen auch sein mag. In der Liebe wird zwar gelöst, doch der oft beschworene Mantel der Liebe darf die Gründe und die Auseinandersetzung mit ihnen nicht verdecken.

Energetische Grundlagen der Schwarzmagie

Das schwarzmagische System schafft mit Zaubern, Flüchen, Abhängigkeiten und anderen Spielformen programmierte Sanktionen, beispielsweise in Gestalt von Krankheiten, die in bestimmten Situationen automatisch ausgelöst werden. Die meisten Zauber und Flüche wurden im Laufe der Geschichte im Bereich des Wurzelchakras gesetzt. Sie wirkten von dort auf das gesamte Energiesystem eines Wesens. In der späten atlantischen Zeit (beginnend vor fast 19.000 Jahren bis zum Untergang dieses Kontinents) und danach in der frühen ägyptischen Zeit (bis vor ca. 11.000 Jahren) waren Schwarzmagier fähig, unmittelbar auf das Herzchakra und die darüberliegenden Chakren zuzugreifen. Außerdem gelang es ihnen, sogar die Seelenenergie zu manipulieren oder zu zerstören. Das geschah mit Hilfe von Kristallzaubern und, in Kombination mit geomantischem Wissen, mit einer erschreckend wirksamen energetischen Gentechnologie.

Menschen, die in dieser Form mit Zaubern und Flüchen schwarzmagisch arbeiten, verlieren das energetische Grundpotential, das die Erde und die Geistige Welt zur Verfügung stellen. **Schwarzmagier** sind deshalb gezwungen, auf eine **negativ umpolarisierte Energiebasis** auszuweichen. Da »umgedrehte« Lebensenergien mit niedrigen Potentialen unzureichend sind, ist die Schwarzmagie ihrerseits auf Transformationen zu höheren negativen Energiepotentialen angewiesen. Dies erfolgte in mehreren Schritten:

Negative Potentiale wurden mit einer Art »geomantischem Generator« gesteigert. Mit geomantischem Wissen wurden Wasseradern und Erdmeridiane zu einem hohen linksdrehenden Potential gebündelt.

Dadurch entstanden geomantische Zonen auf der Erde, die Minuswerte von Hunderttausenden von Boviseinheiten aufwiesen.

Unter Einsatz von Kristallen wurden diese Werte noch einmal bis zu millionenfacher Stärke transformiert. Erst damit war ein Negativpotential erreicht, das es ermöglichte, bis auf die genetische Ebene in die Schöpfung einzugreifen und somit (wenngleich bis zu einer gewissen Grenze) »schwarzmagisch-schöpfend« zu manipulieren und sogar Seelenenergie zu verändern.

Die Veränderung von Seelenenergie wurde angestrebt, da man auf diese Weise für die Lenkung schwarzmagischer Potentiale sowie für Angriffe auf andere Menschen genetisch veränderte Wesenheiten herzustellen trachtete, die – im Gegensatz zum Menschen selbst – in der Lage waren, schwarzmagische Potentiale bis zu einem hohen Wert zu lenken.

Ich bitte um Verständnis, wenn ich es hier bei Andeutungen über dieses traurige Kapitel des sogenannten »magischen Zeitalters« belasse, auch wenn ich mit diesen wenigen Äußerungen schon Neugierde geweckt haben dürfte.

Hinsichtlich der Funktion und Wirkungsweise schwarzer Magie bedarf es allerdings einiger weiterer Erläuterungen zur »Potential-Leitfähigkeit« (Potential-Spektrum) des Menschen. Im Bereich positiver Kräfte ist ein Mensch energetisch gut geschützt, wenn er in seinem grobstofflichen Körper mindestens ein Potential von +9.000 Boviseinheiten aufweist. Da es hierbei Schwankungen geben kann, schützt beispielsweise das im Kapitel »Symbole der Erzengel und Gaias«, S. 209, näher Vorgestellte »Thor Hai nann«-Symbol Erzengel Gabriels, (sofern eingeweiht und aktiviert) ständig mit einem Schild von +9.000 Boviseinheiten (nachfolgend: BE abgekürzt).

Die feinstofflichen Körper weisen in Stufen höhere Werte auf, die ebenfalls Schwankungen unterliegen. Schwarzmagie wird also versuchen, Angriffe über eine oder mehrere unserer Auraschichten zu plazieren. Dies kann bei körperlichen oder emotionalen Schwächen oder durch mentale Selbstschwächung auch trotz energetischer Schutzvorkehrungen gelingen.

Bei der Lenkung negativer Kräfte sind dem Menschen allerdings Grenzen gesetzt. Mit einem Wert von bereits +1.000 BE im grobstofflichen Körper stirbt ein Mensch. Und bereits unter seinem Normalwert (9.000 BE) ist er extrem angreifbar. Energetische Angriffe sind um so erfolgreicher, je höher das negative »Umkehrpotential« ist. Im Idealfall entspricht es in etwa dem Positiv-Potential, das es zerstören soll.

Beispiel: Ein blauer Dämon hat den Wert von -5.500 BE, ein roter Dämon sogar von -8.000 BE. Die selteneren schwarzen Dämonen kommen mit einem Potential von -8.500 BE gefährlich nahe an die Obergrenze.

Eine Lenkung bzw. Bewegung negativer Manifestationen setzt – ebenso wie ihre Schaffung – voraus, dass keine positive Lebensenergie ihre Ausbreitung verhindert. Die Krankheit der Erde in Form gestörter Meridiane, linkspolarer Abstrahlungen, linkspolarer Wasseradern, Verwerfungen durch Unterbinden des Chi-Flusses oder gar durch eine Umpolarisation der Lebensenergie liefert geradezu Idealbedingung für schwarze Magie. Dies erklärt letztlich den Untergang des atlantischen Kontinents aufgrund einer völligen Destabilisierung und Zerstörung des Energiekörpers der Erde um die schwarzmagischen Zentren herum.

Schwarzmagier mussten bzw. müssen bei ihrer Arbeit Negativpotentiale von millionenfacher Höhe lenken. Allerdings gibt es für diese Energien eine absolute Obergrenze, die dafür Sorge trägt, dass das »Licht« immer stärker ist und bleibt als das »Dunkel«. Während eine kleine Gruppe von Menschen in der Lage sein kann, dieses unvorstellbar hohe positive Energiepotential unmittelbar mit dem fein- und grobstofflichen Körper zu lenken, ist das direkt lenkbare Negativpotential überaus gering: Es liegt bei einem Wert minimal unter -10.000 Boviseinheiten. Dies eben gab Anlass, durch genetische Manipulation aus menschlichen Seelen neue Wesenheiten zu schaffen, die gleichsam stellvertretend den negativen Energiehaushalt bei Tätern und Opfern herstellen sollten.

Schwarzmagisch erschaffene Wesenheiten

Hier beschränke ich mich auf die Vorstellung der Dämonen und Isóphien, da wir in der Heilung vorrangig mit ihnen zu tun haben. Beide Wesenheiten wurden – wie viele andere uns aus Sagen und religiösen Texten bekannte Kreaturen auch – in der späten Atlantiszeit
durch geomantisch-kristalline Technologien erschaffen. Sie waren
bzw. sind sogar fortpflanzungsfähig und über Jahrtausende hinweg
lebensfähig, da sie sich im feinstofflichen Bereich manifestieren. In
geomantischer Hinsicht benötigen sie negative Umgebungen, um sich
erfolgreich bewegen zu können. Unsere energetisch extrem zerstörten
Siedlungsbereiche und Kulturflächen geben ihnen heute nahezu
märchenhafte Wirkungsmöglichkeiten. Doch dazu später beim Thema
Geomantie und Erdheilung. Zunächst seien Dämonen und Isóphien
vorgestellt.

Dämonen

Dämonen gab es bis vor einigen Jahren in fünf Energiestufen (grün,
blau, rot, grau und schwarz). Die grünen Dämonen sind aufgrund
ihres niedrigen Potentials seit 2006 nicht mehr existenzfähig und
verschwunden, die übrigen werden uns voraussichtlich noch bis zu
drei Jahrhunderte erhalten bleiben.

Dämonen verfügen über eine gefährlich hohe Intelligenz, auch
wenn sie in ihrem Wesen und Äußerungen durchweg als bösartig
zu entlarven sind, wenn man sie channelt. Sie sind so programmiert,
dass sie uns emotionalen und intellektuellen Schaden zufügen sollen.
In die Aura eingedrungen, sind sie körperlich im Bereich zwischen
dem Sakralchakra und dem Solarplexus angesiedelt, zuweilen auch
bis zum Herzchakra (rote, graue und schwarze Dämonen). Sie unterstützen negative Gedanken und Gefühle, destabilisieren so den Emo-
tional- und Mentalkörper, rufen Depressionen mit allen denkbaren
Folgen hervor. Unerklärliche chronische Darmbeschwerden weisen
oft auf Dämonen-Besetzungen hin.

Wer sie von innen her channelt, ist kaum in der Lage, die eigene
innere Stimme und Mitteilungen der Geistigen Welt klar von diesen

Botschaften zu unterscheiden. Dämonen können auch von außen in den Kanal zwischen Hohem Selbst und Kronenchakra channeln und so zumindest Channelings der Geistigen Welt stören, verfälschen oder gar übertönen.

Seit ihrer Schöpfung sind Dämonen selbständige Wesenheiten, die sich in keiner Weise von ihren »Schöpfern« lenken lassen. Schwarzmagier werden also selbst zu Opfern der Dämonen und sind es in aller Regel auch heute. Anders waren diese Wesenheiten nicht zu programmieren. Die gerufenen Geister verhalten sich also sprichwörtlich.

Isóphien

Isóphien sind Helfer-Geschöpfe zur Lenkung und zum Aufbau negativer Energiepotentiale in Menschen selbst, in Gebäuden und in der freien Landschaft. Bis zu drei von ihnen können sich maximal in einem menschlichen Körper aufhalten. Jede Isóphie kann ein Potential von bis knapp unter -100.000 BE lenken – den zehnfachen Wert dessen also, was ein Mensch eigenständig an Negativpotential aushalten könnte. Mit einer Besetzung von drei Isóphien kann folglich durch einen Menschen ein Negativpotential von bis zu knapp unter -300.000 BE gelenkt werden.

Als »Trojaner« erweisen sich Isóphien ebenfalls dadurch, dass ihre Eigenintelligenz jegliche Steuerung durch die Menschen unterbindet. Sie wirken »auftragsgemäß«, aber ebenfalls ohne Einflussmöglichkeit durch ihre Schöpfer. Menschen, die bewusst mit hohen Potentialen schwarzmagisch arbeiten, können dies nur mit Hilfe der Isóphien. Während sie sich früher bewusst »besetzen« ließen, geschieht dies heute oft unbewusst. Diesen Menschen ist nicht klar, dass sie ein wandelnder Stützpunkt der dunklen Seite sind.

Der auf den ersten Blick nachteilig erscheinende Umstand, dass sich mehrere Schwarzmagier zusammentun müssten, um eine dem Weißmagischen vergleichbare Wirkung zu erzielen, wird leider auch in der schwarzen Magie noch überboten durch die Resonanz solcher Kräfte.

Energetische Resonanz und Relaisprinzip

Die Wirksamkeit der Magie (insbesondere der Zauber) in der materiellen Welt erinnert auffallend an die These, die der Biochemiker Rupert Sheldrake über die von ihm so benannten »morphischen Felder« entwickelte.* Er entwarf den Gedanken eines »universellen« Feldes, das die Grundmuster aller Systeme und Formen kodiert – nicht nur biologischer Formen, sondern beispielsweise auch die der Kristallbildung. Sheldrake erweiterte später diesen Gedanken auf die Naturgesetze und ihre Veränderung selbst. Die Wirksamkeit dieser Feldstruktur beruht auf einer Resonanz, die beispielsweise die von einem Tier einer Gattung entwickelte neue Gewohnheit in kürzester Zeit der gesamten Gattung verfügbar macht, bis hin zu genetischen Veränderungen. Auch wenn Sheldrake diesem morphischen Feld keine eigene Energie zuweist, geht er letztlich so weit, die materielle Welt als »Spiegelung der transzendenten Einheit« zu betrachten, von der sie abhänge und letztlich abstamme. Dahinter stehe »eine Hierarchie kreativer Instanzen, die der Natur innewohnen, und die Realität eines transzendenten Ursprungs des Universums«.** Was hier mit transzendentem Ursprung umschrieben wird, meint unverblümt: göttlichen Ursprung, samt den hierarchischen, kreativen Instanzen, die mitschöpfend wirksam sind.

Man wird sich daran gewöhnen, dass, wie Wilhelm Reich es nannte, »primordiale« Energien (= Energien erster Ordnung, den anderen übergeordnet, Impulse auf die materielle Ebene gebend) in der Schöpfung wirken,*** über die die von Sheldrake beschriebenen Feldzusammenhänge verständlich werden. Von der Kodierung auf Erfahrung beruhender Gewohnheiten über die Präzipitation bis hin

---

* Ursprünglich »morphogenetische Felder. Erstveröffentlichung dazu: *Das schöpferische Universum. Die Theorie des morphogenetischen Feldes*. München (7. Aufl.) 2002.

** Ebd. S. 245.

*** Wilhelm Reich: *Die Kosmische Überlagerung. Über die orgonotischen Wurzeln des Menschen in der Natur*. Deutsche Erstausgabe, Frankfurt a. M. 1997.

zur magischen Schöpfung funktionieren diese Prozesse über energetische Felder, die nicht mit materiellen (wie dem elektromagnetischen) gleichzusetzen sind, diese jedoch beeinflussen und programmieren. In unserer eigenen geomantischen Forschung haben wir 2011 die Existenz eines morphischen Feldes nachweisen können und damit begonnen, es heilerisch anzuwenden.

Magie hängt in ihrem Wirkungsgefüge von den Regeln ab, nach denen sich die primordialen Energien verhalten. Diese zeichnen sich durch eine ausgeprägte Resonanzfähigkeit aus, durch die das Zusammenspiel von Frequenzen und Potentialen gesteuert wird. Wirkungsbedingungen entstehen in diesem System, das sich auch weithin selbst regulieren kann, ohne schöpferisches Zutun. Vielfach bedarf es bestimmter »Auslöser«, Schlüsselsituationen oder Handlungen, um Zauber und Flüche wirksam werden zu lassen. Beispielsweise muss auf der Erde insgesamt und bei den Betroffenen ein Energiepotential bestehen, das dem gleicht, das zum Zeitpunkt des Ursprungs des Zaubers vorhanden war. Dies erklärt, warum Zauber aus der atlantischen Zeit erst heute mit der Rückkehr der Erde in die 5. Dimension wieder wirksam werden und außerdem diejenigen Menschen besonders stark beeinträchtigt werden, die ein ungewöhnlich hohes Maß an Lebenskraftpotential vorweisen. Die energetischen Informationen liegen in unserer Aura verborgen, vergleichbar einem Computervirus, der zu einem bestimmten Zeitpunkt erst aktiv wird. Prophylaktische Heilbehandlungen sind von daher ausgeschlossen.

Magische Steuerung der schöpfenden Energien und Felder erfolgt je nach Zugriffsmöglichkeit in der Hierarchie der Schöpfung. Für Schwarze Magie gibt es jedoch enge Grenzen: Sie löst aus und programmiert, meist ohne nach diesem energetischen Akt noch steuernden Einfluss zu behalten. Ihre »Produkte« folgen nicht mehr dem Willen der Magier, sondern den Regeln des energetischen Systems, in das sie eingespeist wurden.

Hier ist vor allem das Resonanzprinzip wirksam. Positive und negative Frequenzen und Potentiale ziehen einander an und (ver) stärken einander. Die energetische Resonanz ist mehr als eine bloße

Addition der beteiligten Kraftpotentiale: Für beide gibt es einen **Verstärkungsfaktor 1,5**, mit dem die Summe der Grundenergien zu multiplizieren ist. Beispiel: Die energetische Bilanz bei einer Besetzung mit drei Isóphien beträgt also nicht rund 300.000 Boviseinheiten, sondern 450.000 BE!

Die Resonanz kann im weißmagischen Bereich von Menschen oder von der Geistigen Welt oder Naturwesen bewusst gelenkt werden. Stimmen wir energetischer Arbeit grundsätzlich zu, so wird unser Kanal von der Geistigen Welt (bis auf Widerruf) auch ohne konkrete Anfrage im Bedarfsfall genutzt, um heilerische Maßnahmen durchzuführen. Eine bewusste Beherrschung schwarzmagischer Kräfte im Sinne der Eindämmung ihrer Wirkung ist hingegen nicht durchführbar, da sich die sie tragenden »Schöpfungen«, wie bereits dargelegt, nicht befehlen lassen. Das gilt für schwarzmagische Wesenheiten ebenso wie für schwarzmagische Zauber und für Flüche. Sind sie einmal programmiert, verfügen Schwarzmagier über keinerlei Kraft, sie aufzulösen oder umzulenken. Die Ironie des Schicksals will auch hier, dass sie von den eigenen Flüchen getroffen werden können.

Dass man die sprichwörtlichen Geister, die man rief, nicht wieder los wird, liegt am Relaisprinzip. Die Aufgabe des Relais in der Technik ist die Verstärkung oder Frequenzveränderung von Energien und energetischen Impulsen. Durch »Relaisstationen« schafft man ein Netzwerk solcher Schaltgeräte. Übertragen auf den Wirkungsbereich magischer Kräfte bedeutet dies, dass Menschen, künstliche Wesenheiten, negative geomantische »Kraftorte«, Zauber usw. ein solches Netzwerk bilden. Diese Verknotungen bündeln und stärken Kräfte. Während im weißmagischen Frequenz- und Potentialbereich Einflussnahmen durch weißmagisch arbeitende Menschen und durch die Geistige Welt möglich sind, kann Schwarzmagie zwar etwas auslösen, jedoch den einmal losgetretenen Prozess in seiner Komplexität nicht oder nur sehr begrenzt steuern.

Beispiel: Richtet ein Schwarzmagier einen Fluch gehen XY, so kann sich dieser Fluch aufgrund seiner Programmierung selbst nicht gegen Person Z oder gegen den Urheber selbst richten. Durch das grundsätzlich auf Schädigen Dritter ausgerichtete schwarzmagische

Relaissystem jedoch können nicht miteinander zusammen hängende Negativpotentiale ungeachtet ihrer Eigenprogrammierung gebündelt werden. Gibt es einmal irgendwo eine Schwachstelle für Schwarze Magie, dann wirkt dies über das Relaisprinzip geradezu sogartig auf andere Negativkräfte. Darüber kann ein Fluch auch seinen Urheber selbst treffen, denn er vereint sich wahllos mit anderen Kreationen dieser Art.

Daraus ergibt sich eine besondere Gefahr auch für Heilerinnen und Heiler, wenn sie destabilisiert sind und/oder sich beispielsweise an energetisch schlechten Orten aufhalten.

Vielen Heilerinnen und Heilern müssen wir leider hinsichtlich der Einschätzung schwarzmagischer Eigengefährdung eine erhebliche Naivität bescheinigen. Nicht wenige lassen sich ohne Argwohn von schwarzmagischen Kräften steuern. An Sensibilität mangelt es besonders dort, wo Ehrgeiz, Eifersucht und Manipulation heilerisches Wirken bestimmen. Auch ein Netzwerk schützt nicht, wenn seine Philosophie selbst auf ideologischen Werten oder unbekümmerten Gemütern beruht.

5. Heilerische Schlüsselthemen

In diesem Kapitel stelle ich, von einer Ausnahme abgesehen, keine Fälle vor. Dies gebietet einmal die uns selbst auferlegte Schweigepflicht. Zum anderen ist es wenig hilfreich, die bisherigen Ausführungen durch Einzelschicksale illustrieren zu wollen. Möglichkeiten und Grenzen unserer Arbeit als Heilerinnen und Heiler möchte ich durch Typologien von Heilvorgängen, also wiederkehrenden Mustern und Abfolgen, aufzeigen. Auch eine solche Darstellung gründet letztlich auf Einzelfällen. Ihre Systematisierung erleichtert es, wiederkehrendes Verhalten und Lösungsstrategien darzustellen. Die Zwischenüberschriften bieten dazu eine Orientierungshilfe.

Lösen schwarzmagischer Belastungen

Es gibt – von verschwindend geringen Ausnahmen abgesehen – keinen Patienten, keine Patientin, die nicht durch ein schwarzmagisches Thema gezwungen wäre, immer wieder zu inkarnieren. Das mag unglaublich anmuten, lässt aber erahnen, in welchem Ausmaß auf dieser Erde schwarzmagische Kräfte unser Zusammenleben bestimmt haben und noch bestimmen. Rechnen wir konsequent auch alle Formen von Bindungen dazu, dann sind »karmische« Lasten die häufigsten Anlässe heilerischer Maßnahmen – gefolgt allerdings vom ausgeprägten Talent der Menschen, sich selbst die Liebe zu verweigern. Beide Themen durchdringen einander, da fehlende Selbstliebe in hohem Maße Kräfte raubt, destabilisiert und somit den dunklen Kräften Tür und Tor öffnet.

Schwarzmagische Altlasten zu entfernen fällt uns in unserem Heilerkreis mittlerweile leicht. Das war nicht immer so. Maßnahmen, die uns vor Jahren Stunden kosteten, dauern heute Sekunden oder Minuten, so beispielsweise das Entfernen von »Fremdenergien« wie etwa Besetzungen. Geschwindigkeit sollte jedoch kein Maßstab sein. Allein der Geistigen Welt obliegt die Entscheidung, wer welche

Heilkräfte und in welchem Umfang magisches Wissen erhält. Gewarnt werden muss vor Selbstüberschätzung, Überheblichkeit und Naivität. Viele, die sich auf diesem Sektor großsprecherisch tummeln, verfügen nicht einmal im Ansatz über ausreichende Kräfte, Schwarzmagie zu beherrschen. Im Gegenteil: Oft genug nehmen heilen wollende Menschen Heilungssuchenden ihre Besetzungen ab, indem sie sie in die eigene Aura aufnehmen. Oder ungelöste eigene schwarzmagische Belastungen führen zum Misserfolg, wenn nicht gar schwarzmagisch einzustufende Rituale angewendet werden. Es kam schon vor, dass wir Flüche lösen mussten, die ein »Heiler« zusammen mit einer Patientin gegen deren Mutter gesprochen hatte. Dieser Fluch zeigte Wirkung – aber sehr heftig gegen die Patientin selbst.

Wenig bekannt dürfte sein, dass die energetischen Hintergründe zahlreicher klinischer Krankheitsbilder auf schwarzmagischem Erbe beruhen. Das gilt auch für Missbildungen oder für manche Formen von Krebs, beispielsweise bei Kindern, und sogar für genetische Fehler. Viele andere Erkrankungen werden indirekt dadurch ausgelöst oder begünstigt, dass karmische Blockaden zu Störungen mehrerer Chakren führen und damit, wie schon beschrieben, zum Verschluss des Energiesystems.

Sehr häufig gehen Beeinträchtigungen des Knochengerüsts, insbesondere der Wirbelsäule, mit solchen karmischen Lasten einher. So machen wir die Erfahrung, dass nahezu alle Patientinnen und Patienten mit Beckenschiefständen zu uns kommen. Charakteristisch ist, dass es sich um Fehlstellungen und andere Symptome handelt, die seit Geburt oder frühester Jugend nachweisbar sind. Auch häufige kindliche Blasenentzündungen weisen auf starke karmische Belastungen im Wurzel-Chakra hin.

Festzuhalten ist, dass wir nahezu alle Heilbehandlungen mit dem Entfernen meist zahlreicher schwarzmagischer »Altlasten« aus mehreren Jahrtausenden beginnen müssen. Ohne diese Schritte ist wirkliche Heilung unmöglich. Wenn Heilerinnen und Heiler über die energetischen Schlüssel verfügen, Folgen der Schwarzmagie umfassend heilen zu können, kann es dennoch passieren, dass mit einigem

Abstand neuerlich ein »Eingriff« erforderlich ist. Dies liegt daran, dass manche Zauber oder Flüche erst zu bestimmten Zeitpunkten »aktiv« werden und vorher weder medial noch energetisch greifbar waren. Auch ist nicht immer klar, ob eine potentielle Belastung tatsächlich aktiv wird. Leider kann das in manchen Fällen sehr plötzlich geschehen und zu einer rapiden Verschlechterung des Gesamtzustandes führen. Dramatische Reaktionen gibt es beispielsweise auf Zauber, die eine Yin-Yang-Umpolung des Energiekörpers oder eine Störung des Meridiansystems bewirken.

Schwarze Magie wird auch heute noch ausgeübt. In vielen Kulturen reichen die magischen Kräfte aus, andere Menschen mit Flüchen und Zaubern zu belegen. Bei afrikanischem Vodoo oder brasilianischen Macumba beispielsweise handelt es sich um weitgehend schwarzmagisch eingesetzte Systeme, deren einst weißmagische Wurzeln weitgehend verkümmert und weithin vergessen sind. Auch andere ethnische Kulturen verfügen über magische Kräfte. So erhielten wir wiederholt Belege dafür, dass schwarzmagische Beeinflussung auch in den kriegerischen Auseinandersetzungen im Irak und in Afghanistan stattfindet.

Besetzungen und die Folgen

Besetzungen sind nicht immer schwarzmagischer Natur. In unserer Aura können Dämonen und Isóphien zu Gast sein, aber auch Naturwesen oder erdgebundene Seelen. »Fremdenergien«, wie Besetzungen oft verniedlichend bezeichnet werden, können wir uns einfangen, wenn die Aura insgesamt oder in einigen Bereichen instabil ist und nicht vor eindringenden Energien schützt. Das geschieht bei starker emotionaler Bewegung wie Trauer, Schreck oder Schock, viel häufiger in unserer Zeit aber leider in Krankenhäusern bei Operationen unter Voll- oder Teilnarkose. Daraus erklärt sich, dass es in unseren Krankenstationen von Dämonen und Isóphien nur so wimmelt. Diese feinstofflichen Negativbiotope werden durch bauliche und technologische Eingriffe begünstigt, die in den meisten Krankenhäusern und Kliniken nach unseren Erfahrungen geradezu katastrophale geomantische Bedingungen hervorrufen. Der Beweis könnte geliefert werden, wenn man einmal statistisch festhielte, wie viele depressive Erkrankungen sowie Magen- und Darmleiden nach Klinikaufenthalten ausbrechen. Immerhin haben befreundete Klinikärzte schon beobachtet, dass postoperative Depressionen nahezu nicht mehr vorkommen, nachdem wir geomantische Veränderungen vorgenommen haben.

Wenn man bereit ist zu akzeptieren, dass Depressionen durch Besetzungen hervorgerufen werden, dann fiele es leichter, sich daran zu gewöhnen, dass sie durch heilerisches Entfernen derselben in den meisten Fällen schnell zu überwinden sind. Freilich gibt es auch hier Sonderfälle, weshalb man sich vor pauschalen Heilsversprechen hüten sollte.

Unterleibsbeschwerden, überwiegend im Magen-Darm-Bereich, können aber auch durch erdgebundene Seelen (die Seelenenergie Verstorbener, die nicht ins Licht gegangen sind) ausgelöst werden, die sich in der Aura verfangen haben. Manche Menschen tragen auf diese Weise über viele Inkarnationen Besetzungen aller Art bei sich. Auf Entbindungsstationen kommt es oft vor, dass die Seelenenergie tot geborener oder bei der Geburt verstorbener Babys in die Aura der eigenen Mutter schlüpft, da sie unter Schock die Nähe sucht oder Trost spenden will. Ein Entfernen erdgebundener Seelen bedeutet also Heilung gleich zweier Menschen, denn befreit werden beide betroffenen Seelen.

Auch für uns schwer zu behandeln sind psychotische Folgen von Besetzungen, wenn es sich um Menschen mit medialer Begabung handelt, die die Stimmen der in ihnen »wohnenden« Wesen hören, sich von ihnen lenken oder verwirren lassen. Im Grunde sind diese Formen der »Persönlichkeitsspaltung« heilbar. Das scheitert jedoch, wenn sich eine betroffene Person heilerisch nur bedingt anleiten lässt und nicht so weit in ihre Mitte kommt, dass Neubesetzungen vermieden werden. Oft entsteht eine geradezu suchtähnliche Abhängigkeit von Fremdwesen, geleitet von dem Reiz des Channelns anderer

Wesen und bedingt durch nicht ausgebildetes Unterscheidungsvermögen zwischen den Wesenheiten, die sich zu Wort melden. Dasselbe gilt für »innere Stimmen«, die aus jahrelanger Selbstverurteilung hervorgehen und auch ohne Besetzungen zu schwer besiegbaren Persönlichkeitsspaltungen führen. Im Falle fehlender Selbstdisziplin helfen weder Schutzsymbole noch Verhaltenshinweise.

Den meisten Menschen jedoch könnte bei Besetzungen und ihren klinisch beschreibbaren Folgen schnell und wirksam geholfen werden. Wo wir bei der klinischen Medizin sind: Wegen der Unerklärbarkeit seiner Beschwerden ließ einer unserer Patienten Darmspieglungen vornehmen, einmal vor, einmal nach unseren Behandlungen. Bei der ersten Spieglung gab der Arzt an, merkwürdige rote und blaue Verfärbungen der Darmwand festzustellen. Nach der Entfernung der (gleichfarbigen) Dämonen war die Verfärbung verschwunden, ebenso das übrige Symptombild.

Der Kloß im Hals

Blockaden des Hals-Chakras, die im Verhalten dazu führen, Herz und Mund zugleich zu verschließen, können karmische Gründe haben, aber auch durch traumatische Erfahrungen des gegenwärtigen Lebens verursacht sein. Sehr häufig handelt es sich um Folgen von Missbrauch. Dies betrifft nach unseren Erfahrungen viel mehr Menschen, als man vermuten dürfte. Der Missbrauchs-Begriff darf dabei allerdings nicht auf willentliche sexuelle Berührungen oder Penetration eingegrenzt werden. Recht oft sind es bewusste oder unbewusste Berührungen im genitalen Bereich, die Kinder durch ihre Eltern, Verwandte, Pflegepersonen im Haushalt oder in Krankenhäusern erfahren. Sie lösen einen Schock aus, der dem Erleben des bewussten sexuellen Missbrauchs im Ergebnis gleicht. Solche Anlässe sind meist von uns nur medial aufzudecken, denn nur wenige Patientinnen und Patienten erinnern sich an solche Begebenheiten. Weitaus mehr von ihnen äußern jedoch eine »Ahnung, dass da was gewesen sein muss« oder haben sogar bestimmte Personen vor Augen.

Heilerisch ist es erforderlich, bei Missbrauchsfällen die energetischen Blockaden im Wurzel-Chakra und Sakral-Chakra zu entfernen, um so die dadurch ausgelöste Blockade des Herz- und des Halschakras lösen zu helfen. Menschen mit diesem Erlebnishintergrund erkranken bevorzugt an Zwillingsorganen (siehe Kapitel »Links- und rechtsseitige Symptome«, S. 76), aber auch an der Schilddrüse. Sie ziehen sich in ihren Wertungen, Entscheidungen und Handlungen in den Kopf zurück, sind von Ängsten und starken moralischen Vorbehalten geprägt, können ihren Willen und ihre Wünsche nicht oder nur schwer kommunizieren. Oder sie platzen eruptiv heraus, nachdem sie lange geschwiegen haben. Eigenliebe fällt ihnen schwer, andere hingegen »bedienen« sie aufopferungsvoll und angeblich gern. Ein häufiger Schlüsselsatz lautet: »Mit geht es gut, wenn es anderen Menschen gut geht.«

Begebenheiten früherer Leben, die stark karmisch nachwirken, können dasselbe Symptombild hervorrufen. Dazu gehören ebenfalls Missbrauchserlebnisse, starke Unterdrückung, körperliche Qualen, Abhängigkeiten und Unfreiheit durch dominante Personen. Selbstbindungen wie zum Beispiel Schweige- oder Keuschheitsgelübde, die bei Gott geschworen werden mussten, wirken fort, solange sie nicht aufgelöst werden. Gleiches gilt für die Einflussnahme dominanter Menschen im gegenwärtigen Leben, vor allem Eltern oder andere Erziehungsberechtigte, Lehrerinnen und Lehrer. Gestörte Partnerschaften und geradezu katastrophale Beziehungen zum anderen Geschlecht ziehen sich oft wie ein roter Faden durch das Leben vieler Menschen. Meist überlagern die hier genannten Themen einander oder sind lange Zeit immer wiedergekehrt.

Blockierte Herzen

Schon bei karmischen oder aktuellen Themen, die die Beziehung zu sich selbst betreffen, ist die Mitwirkung der Patientinnen und Patienten angesagt. An dieser Stelle wird es oft kritisch. Mag man anderen Menschen und sich selbst wirklich vergeben? Ist »Loslassen« wirklich ein Herzenswunsch oder nur ein erklärtes Ziel? Wollen Patientinnen und Patienten ihre Krankheitsgründe und damit die Symptome selbst wirklich loslassen? Oder brauchen sie weiterhin dieses Lastenpaket, um ihre Ausreden vor dem Leben zu begründen oder gar, um Liebe und Zuwendung anderer Menschen zu erzwingen?

Wie schön wäre das: Die Heilerin oder der Heiler legt die Hände auf, murmelt vielleicht ein Gebet, dann erhebt sich der Patient oder die Patientin geheilt und erlöst von der Behandlungsliege. Ähnliches kann schon geschehen, jedoch nur bei Menschen, die Bereitschaft zeigen, Themen anzusehen, die eigenverantwortliches Handeln bedingen, um gelöst zu werden. Manche Menschen weigern sich bewusst, brechen an diesem Punkt Behandlungen ab, andere schweigen. Doch auch dann, wenn karmische Lasten beseitigt sind, fällt es vielen Menschen schwer, bei sich selbst Einkehr zu halten, zu sich zu kommen, sich selbst zu fühlen, zu erleben, in ihr eigenes Herz zu gehen.

Was nun folgt, ist die Stunde der Ausreden und Ausflüchte. Die in diesem Zusammenhang beliebtesten Ausreden werden hinter folgenden Formulierungen versteckt: »Ich weiß…« (aber handele nicht); »Eigentlich…« (aber…*uneigentlich*?); »Wie geht denn das?« (das Herzöffnen); »Kann man das überhaupt?«; »Das ist doch aber schwer…«; »Das muss ich von meiner Mutter haben«; »Ich bin halt so erzogen worden«; »Braucht es nicht mehr Zeit, das zu ändern?«; »Ich habe aber schon viel geändert«; »Ich arbeite daran«.

Wenn diese Strategie nicht zieht, gibt es noch die Taktik, Heilerinnen und Heiler in den Würgegriff zu nehmen: »Könnten Sie denn das?«; »Versetzen Sie sich doch mal in meine Lage«; »Wie würden Sie denn wohl handeln, wäre es Ihre eigene Ehe/wären es Ihre Kinder?«

Viele von uns Heilerinnen und Heilern sind durch ähnliche Erlebnisse und Lebensphasen gegangen und haben sie bewusst bewältigt. Sie wissen, wovon sie reden und was sie tun. Deshalb lautet unsere Antwort so oft und schlicht »Ausrede«.

Einen schnellen Abbruch der Therapie sollten Heilerinnen und Heiler dann in Erwägung ziehen, wenn Patientinnen und Patienten aus Angst, ihre Themen wirklich anzugehen, versuchen, die Therapeuten zu therapieren. Das gipfelt in einigen Fällen darin, vom Therapeuten die Liebe einzufordern, die man sich selbst verweigert.

Vor einigen Jahren kam ein Patient nach halbjähriger Unterbrechung erneut in die Praxis, da sein Tinnitus ihn wieder quälte. Der war nach zähem Behandlungsverlauf, in dem der Patient seine Themen nur mühsam akzeptiert und bearbeitet hatte, verschwunden gewesen. Als ich diesem Patienten mit einigen Fragen zum aktuellen Lebenswandel bewusst machte, dass er in alte Muster zurückgefallen sei und damit den Tinnitus wieder provoziert habe, verbat er sich solche Vorwürfe und behauptete, ich habe ihm versprochen, er sei geheilt (tatsächlich hatte ich ihm vor einer Wiederkehr des Tinnitus gewarnt, da dieser unmittelbar mit bestimmten Verhaltensmustern zusammenhing) und verlangte lautstark von mir, dass ich als Heiler ihm Liebe geben müsse. An diesem Punkt erklärte ich die Behandlung für beendet, zumal mir ein fataler Zusammenhang klar wurde: Dieser Patient »hielt« mich als Therapeuten, um Zuwendung zu bekommen. Zusätzlich geprägt durch seine psychotherapeutische Behandlungs-Vorgeschichte bestand er darauf, wöchentlich mindestens einmal zu kommen und gab mir immer etwas mehr Geld als von mir verlangt.

Seit diesem Schlüsselerlebnis verwende ich für solche Vorgänge das harte, aber treffende Wort »Energieprostitution«. In diese Rolle dürfen Heilerinnen und Heiler nach meinem Empfinden niemals verfallen. Denn sie übernehmen sich dabei selbst und bedienen allenfalls ihr unbearbeitetes Helfersyndrom oder ihren Ehrgeiz. Beides ist fehl am Platze, wenn Ablenkungsstrategien in Verbindung mit fatalen Rollenzuweisungen Macht über Patientinnen und Patienten gewinnen und sich kein Hebel bietet, die Nussschale um den weichen, verletzlichen Kern der Patientinnen und Patienten zu knacken. Lässt man sich auf dieses Spiel ein, verheddert sich die Kommunikation zwischen Heilenden und Patienten in Fallen und Paradoxien.

»Klopfe an, so wird dir aufgetan« – diese Regel gilt gerade in der Heilung.

»Suche, so wirst du finden.« Alle Varianten weisen uns darauf hin, dass wir nur eigenverantwortlich Veränderungen herbeiführen können, so tief wir auch im Sumpf stecken mögen. An den eigenen Haaren müssen wir uns nicht herausziehen, doch gegen unseren Willen werden wir nicht gezogen. Manches »Ich will doch« wird durch das sogleich folgende »aber…« entkräftet und unglaubhaft. Nicht der Gedanke verändert, nicht der Wunsch, sondern allein die Tat. Und sei es auch nur ein noch so kleiner, doch eigener Schritt.

Es mutet zunächst widersinnig an, dass Menschen, deren Heilung weit fortgeschritten ist, plötzlich eine heftige innere Leere und Existenzangst befällt. In diesem Moment sind sie am entscheidenden Punkt ihrer Heilung angelangt, nämlich endlich und uneingeschränkt Verantwortung für sich selbst zu übernehmen. Dazu gibt es keine Alternative, sofern sie ernsthaft heil werden wollen. Keine Therapieform kann uns davor bewahren, an diesem Punkt uns selbst anzunehmen. Therapien, die das Gegenteil behaupten, laufen Gefahr, Abhängigkeiten zu begründen, begünstigen den Rückfall in alte Muster oder die Ausschaltung des Bewusstseins durch Medikamenteneinnahme. Entmündigung löst nichts.

Klar gesagt werden muss auch, dass niemand von uns ein Recht hat, Menschen zu zwingen, sich selbst anzunehmen und zu lieben. Das Mandat bzw. die Zuständigkeit von Heilerinnen und Heilern endet dort, wo die Freiwilligkeit von Patientinnen und Patienten nicht mehr gegeben ist, auch wenn sie vorgetäuscht wird. Niemandem wird es gelingen, andere zu ihrem Glück zu tragen, ohne selbst in eine Opfer- und Bekehrerrolle zu schlüpfen. Heileraufgabe ist es, Botschaften zu überbringen – nicht zu missionieren.

Den Höhepunkt jeder Heilung bildet der Einzug ins eigene Herz. Nur so können wir erkennen, wer wir sind und sein wollen, was und wen wir wirklich lieben, wen oder was nicht. Beides müssen wir zum Ausdruck bringen wollen und können. Erst so lösen sich die Blockaden im Hals-Chakra und ihre gesundheitlichen Auswirkungen. Wenn wir dann einen Schritt weitergehen, gelingt es uns, die Herzensenergie als bestimmende Kraft unseres Willens und somit auch unseres Körpers zuzulassen. Der damit einher gehende Machtverlust des Gehirns möge das Ende der »Verkopfung« einleiten. Doch keine

Angst: »Verstandesmenschen« dürfen, wie alle anderen, auch weiterhin den Verstand benutzen. Aber die gesundere Reihenfolge legt uns das Sprichwort »Mit Herz und Verstand« nahe.

Letztlich geht es nicht darum, den Verstand zu knebeln. Ankert das Denken eines Menschen im Herzchakra und wird es durch die Intuition des Dritten Auges unterstützt, dann ist der Verstand durchaus ein hilfreiches Instrument, Ordnung in das Wirrwarr der Gefühlswelt zu bringen. Ist einmal klar, dass das Herz Vorrang haben soll, dann können Gedanken und Emotionen bewusst gesteuert werden. Auch helfen dann Atemübungen und leichte Meditationen, der kraftvollen Allianz von Herz und Verstand die Oberhand zu sichern. Ziel ist es, Hoheit über unseren Emotionalkörper zu gewinnen, dort der Liebe zum Durchbruch zu verhelfen.

Warum ist es so schwer, sich selbst zu lieben? Vielleicht liegt es daran, dass kaum ein Begriff so arg strapaziert und so gründlich missverstanden wird wie der der Liebe. Ein wichtiges Gebot für Christen lautet: »Liebe deinen Nächsten wie dich selbst.« Viele Menschen und Prediger basteln daraus ein ganz anderes Gebot – das der »Nächstenliebe«. Diese beliebte Verkürzung gestattet es, sich aufopferungsvoll und öffentlich gelobt darauf zu stürzen, andere Menschen mit Hilfsbereitschaft zu überschütten. Die verbreitete pathologische Ausprägung dieses Strebens nennen nicht nur wir »Helfersyndrom«.

Liebe deinen Nächsten – bloß nicht dich selbst! Karitatives Wirken und Ehrenamt stehen in höchstem Lob. Doch sei es erlaubt, einmal hinter die Fassaden zu schauen. Viele Menschen, die unsere Praxen aufsuchen, leiden unter dem anerzogenen und selbst auferlegten Druck, sich für andere opfern zu müssen. Viele von ihnen haben nie Liebe erfahren, schreien nach Anerkennung, unfähig, sich wenigstens selbst diese Anerkennung zu schenken.

Die Tränen fließen spätestens dann, wenn wir dieses missverstandene Gebot umformulieren in die Frage: »Wie willst du anderen Liebe geben, wenn du dir selbst Liebe verweigerst?«

Heilen von Kindern

Kinder bis zum siebenten Lebensjahr sind in der geistigen Heilung zu unserer Freude stark »begünstigt«. Seit einigen Jahren lässt die Geistige Welt es zu, ihnen fast alle karmischen Belastungen in einer Behandlung zu nehmen, sofern uns entsprechende Heilkräfte verliehen sind. Auch können körperliche Schädigungen in dieser Phase weitaus besser geheilt werden. Ermutigende Ergebnisse haben wir beispielsweise in der Korrektur von Zahn- oder Kieferfehlstellungen zu verzeichnen. Auf diesem Gebiet konnten wir zeitweilig mit einigen wenigen dafür offenen Fachpraxen zusammenarbeiten.

Sobald sich die Seelenenergie fest mit dem Fötus verbindet, können Kinder bereits im Mutterleib behandelt werden. Das ist spätestens zum Ende des dritten Schwangerschaftsmonats der Fall. Da die Mutter sensibel auf die Schwingungen reagiert, die die feinstoffliche Energie des Kindes mitbringt, kommt es zu sogenannten »Schwangerschaftsbeschwerden«, insbesondere zu Übelkeit. In den meisten Fällen verschwinden solche Beschwerden mit der ersten Behandlung, sofern eben diese karmischen Lasten umfassend genommen werden können. Freilich spielt der gesundheitliche, insbesondere psychische Zustand der Mutter eine ebenso wichtige Rolle. Ängste und Ungeduld sind nicht eben hilfreich und wirken auf das Kind ein. Später können Sie Ursache von Krankheiten und Symptomen beim Kind sein.

Eine Gruppe heranwachsender Kinder wird uns, von solchen mit Körperbehinderungen abgesehen, am häufigsten »vorgeführt«: Auffällige. Eines von ihnen bezeichnete eine Lehrerin einmal als »übermotiviert«. Für solche Kinder gibt es einen schicksalhaften Fragebogen, mit dessen Hilfe man zu der inflationären Diagnose »Aufmerksamkeits-Defizits-Syndrom« (ADS) gelangt, in weiterer Steigerungsstufe zum »Aufmerksamkeits-Defizits-Hyperaktivitäts-Syndrom« (ADHS). Einmal von dem bei uns wachsendem Verdacht abgesehen, dass in der Medizin für alle unerklärlichen und merkwürdigen Symptomzusammenhänge das »Syndrom« bemüht wird, stellen wir fest, dass

AD(H)S oder vergleichbare Problemsiegel zu einer folgenschweren, frühen Stigmatisierung der Kinder führen können.

Solche Kinder fordern den Familien und Schulen ohne Zweifel einiges ab. Doch zu fragen ist, ob Erziehende wirklich bereit und in die Lage sind, sich einer ungewöhnlichen Aufgabe zu stellen. Bei Behandlungen stellen wir fest, dass die Mehrzahl dieser »Problemkinder« eine überdurchschnittlich hohe Lebensenergie hat und dazu medial begabt ist. Sie haben Probleme, mit diesen Geschenken umzugehen, da meist jeder Anflug von Andersartigkeit mit Sanktionen belegt oder durch den Einsatz von Psychopharmaka (hier das beliebte Ritalin) erstickt wird.

Gegenstand einer Therapie sollte in derartigen Fällen die Familie insgesamt sein. In unserer Praxis haben wir genug Beispiele erlebt, die belegen, dass man mit heilerischen Behandlungen der Beteiligten und ruhigen, gemeinsamen Gesprächen erhebliche Veränderungen und »Normalisierungen« herbeiführen kann. Den »auffälligen« Kindern kann man zeigen, wie sie ihre energetisch-medialen Gaben ins Leben integrieren, ohne eben zu sehr aufzufallen. Einige von ihnen haben in unseren »Lichtkindergruppen« erstaunliche Fähigkeiten entwickelt. Sie können sich dort ungezwungen untereinander austauschen und miteinander auf Entdeckungsreise gehen.

Was ist »normal«? Unnormal scheint zu sein, was lästig oder peinlich ist und Mühe bereitet. Die Zeiten ändern sich im Sauseschritt – und mit ihnen hoffentlich auch die medizinische Auffassung von Normalität.

Die Reparatur des Unsichtbaren

Unser Körper besteht auch aus dem, was unsichtbar ist. Das wissen nicht nur Menschen, die »geistig« heilen. Akupunktur etwa bezieht sich auf nicht sichtbare und doch bekannte Meridiane. Wissenschaftlich ist die Wirkung dieser Therapie nicht so wirklich nachweisbar. Und zudem wurde, wie uns Mitarbeiter einer Krankenkasse berichteten, in einer wissenschaftlichen Studie die irritierende Feststellung gemacht, dass sie auch dann wirkt, wenn Therapeuten die doch irgendwie auffindbaren Meridiane nicht direkt treffen.

In der geistigen Heilung muss man nicht einmal etwas wissen, um dann doch die richtige Stelle zu treffen. Medialität ersetzt hier weitgehend den anatomischen Atlas. Unbefangene mediale Wahrnehmung führt dazu, dass wir mehr über den Körper erfahren und wissen und folglich auch immer mehr ausrichten können als mit herkömmlichen Methoden.

Erläutert sei dies am Beispiel der schon erwähnten Energiemeridiane sowie der Chakren. Bei der Suche nach feinstofflichen Ursachen klinischer Beschwerden ist es wichtig, sich von klinischen Krankheitsbildern und Diagnosen zu lösen – auch wenn man später im Umkehrschluss durchaus Bezugspunkte herstellen kann. Unerklärliche Gliederschmerzen, Parkinson oder Phantomschmerzen sind beispielsweise auf den Umstand zurückzuführen, dass Störungen, Unterbrechungen oder gar Auflösungen der Energiemeridiane vorliegen. Genügen die Heilkräfte, Meridiane zu stimulieren oder sie wiederherzustellen, kann in allen drei Fällen Linderung oder Heilung erfolgen.

Menschen, die Glieder verloren haben, geben zumeist bei der ersten Behandlung an, dass das nicht mehr vorhandene Glied für sie spürbar an der Stelle zu liegen scheint, an der es sich beim Unfall vor der Amputation zuletzt befand. Während der Behandlung berichten sie dann oft schon von einer Veränderung oder gar, dass sie das nicht vorhandene Glied bewegen können. Dies illustriert, dass das Glied auf der energetischen Ebene sehr wohl vorhanden ist und dort heilerisch so beeinflusst werden kann, dass die Schmerzen erträglich werden oder verschwinden. Gleichermaßen spüren wir operativ entfernte Organe noch immer so, als seien sie grobstofflich vorhanden. Eine entfernte linke Niere kann feinstofflich noch immer leiden und Schmerz verursachen. Folglich kann sie auch behandelt werden.

Dass unser Körper nicht nur im physisch wahrnehmbaren Bereich besteht, sich selbst steuert und beeinflusst werden kann, zeigt sich beispielsweise auch am Herzchakra. Über dieses energetisch wichtige Zentrum gelingt es uns, das organische Herz zu beruhigen und organische Beschwerden, etwa auch während medizinischer Eingriffe, zu unterbinden. Wir waren vor einiger Zeit in der glücklichen Situation, mit einem kooperationsfreudigen und neugierigen Ärzteteam spannende Erfahrungen sammeln zu können.

Heilen und Tod

Meine eigene Rückbesinnung auf das spirituelle Potential in mir begann in den 1980er Jahren damit, dass ich den Gedanken des Todes und der Reinkarnation in mein Bewusstsein dringen ließ. Wenn wir mit allen Konsequenzen zulassen können, dass es sich beim Sterben um einen keineswegs einmaligen Seitenwechsel handelt, sehen wir unser Leben schlagartig in einem anderen Licht. Dann gehört auch die Geburt gleichrangig zu diesem Wechsel. Das Erlebnis der Geburt meiner Kinder hinterließ bei mir ebenso tiefe emotionale Eindrücke wie der Tod geliebter Menschen.

Da ist ein Mensch plötzlich weg, im anderen Fall plötzlich ein neuer da. Beides verändert das Leben derer, die schon bzw. noch da sind. In unserer Kultur dominiert jedoch nicht Kinderfreundlichkeit und Zugewandtheit zum Lebendigen, sondern die Dämonisierung des Todes. Da Leben lebensgefährlich ist, der Tod täglich und überall lauert, wird er verdrängt oder bekämpft. Bisher traf ich nur wenige Menschen, die bewusst ihr Schicksal annahmen oder aus freiem Entschluss bereit waren, zu gehen, da sie fühlten, ihre Zeit sei gekommen.

Alles, was Menschen erleben und erfahren, hat, wie wir doch wissen, »seine Zeit«. Wir können diese Zeiten erspüren und erleben, jedoch nur in Grenzen dem Leben Bedingungen stellen. Noch einmal: Gott stellt man keine Bedingungen. Und wenn wir uns auf dem Hintergrund des Seitenwechsels die karmischen Bedingungen bewusst machen sowie den Umstand, dass wir an unserem jeweiligen Lebensplan selbst mitgewirkt haben, dann sollten wir begreifen, dass Annehmen-Können oder Einverstanden-Sein die Voraussetzung für ein erfülltes Leben ist und für den Umgang mit den »Übergängen«.

Übergang

Über Flüssen und Wäldern
atmend fand ich Dich
in Gewissheit schon
gehalten im Arm der Liebe

Tiefblau der geöffnete Himmel
sanft harrend die weiße Feder
die Dich tragen würde
in den Ring der Wartenden

Noch einmal suchte
meine Hand Dein Herz
Weg bahnend dem Licht
das den Atem einbehält

Du gingst zu ihnen
als ich gegangen war
tanzend sah ich Euch
weißgeflügelt, wiedervereint

Vom Baum des Lebens
gelöst im Sonnenschein
lag friedvoll geschattet
Dein Dank an die Erde.

Unser chemisch-technologisch geprägter Medizinbetrieb ist ethisch darauf ausgerichtet, das Leben in jedem Falle zu erhalten – so verstanden, gegen den Tod zu Felde zu ziehen. Der medizinische Krieg gegen den Tod mit all seinen Erfolgen künstlicher Lebensverlängerung lässt keinen Blick mehr zu auf Zeitpunkte und Pläne, die außerhalb des »wissenschaftlich« fassbaren Weltbildes liegen.

Lebenspläne funktionieren nicht zwingend, wie wir wissen. So sterben Menschen keineswegs immer dann, wenn ihre Zeit laut Plan gekommen ist. Deshalb sind auch mediale Vorhersagen immer mit der Einschränkung zu verstehen, dass sie über den Plan oder über eine konkret veränderte Situation Auskunft geben. »Hellsehen« ist meist eine Momentaufnahme. Denn das tatsächliche Verhalten von Menschen kann nur auf der Grundlage der konkreten Bedingungen geschätzt werden. Auch der Todeszeitpunkt hängt durchaus vom Willen des betroffenen Menschen ab sowie von denen, die sich um ihn kümmern. Dort aber treffen wir auf eine Kultur des Festhaltens. Sie ist einmal weltanschaulich-theologisch begründet, weil man ja angeblich nicht weiß, was danach kommt, oder aber es zu wissen glaubt und deshalb fürchtet. Andererseits möchten diejenigen, die noch bleiben werden, diejenigen, die gehen möchten oder sollen, nicht loslassen.

Vor Jahren bat uns eine Reikimeisterin auf einer Internet-Plattform um Hilfe: Ihrem seit langem in der Klink liegender, schwer zuckerkrankem Vater solle ein weiteres Glied amputiert werden. Wir möchten doch mit unseren Kräften helfen, dies zu verhindern. Ich nahm medial Kontakt zu diesem Mann auf. Er teilte mir mit, er müsse gleichsam »in Teilen« gehen, da er von der Familie festgehalten werde. Seine Zeit zu gehen sei jedoch gekommen und er bitte mich, den Angehörigen die Botschaft zu übermitteln, dass sie ihn nun in Liebe gehen lassen möchten. Zur »Legitimation« gegenüber der Familie zeigte er mir einen von ihm selbst gebastelten Gegenstand. Dies war auch nötig, denn mit meiner Rückmeldung erntete ich zunächst geradezu aggressiven Zweifel und Protest, die erst durch den Bericht von dem der Familie vertrauten Gegenstand eingedämmt werden konnten. Der Gewöhnungsprozess innerhalb dieser Familie nahm mehrere Tage in Anspruch. Dann kam die Mitteilung, man habe den Gedanken zugelassen, Abschied zu nehmen. Einen Tag später folgte die Todesnachricht.

Vergleichbare Fälle begegnen uns immer wieder. Oft sind es auch die Sterbenden selbst, die der Auffassung sind, noch bleiben zu müssen, da beispielsweise der Ehepartner doch nicht in der Lage sei, sich selbst zu helfen. Die Fortsetzung dieses Dramas besteht dann darin, dass die Seelen verstorbener Menschen nach dem klinischen Tod des Körpers nicht ins Licht finden und als »erdgebundene« Seelen im

Umfeld der ihnen in diesem Leben nahen Menschen verharren in der Meinung, noch eine Aufgabe zu haben.

In einer ihrer sorgenden Umgebung schwer vermittelbaren Situation befinden sich Menschen, die im Koma liegen. Medizinisch werden sie schnell abgeschrieben, wenn etwa durch Computertomographie festgestellt wird, dass das Gehirn stark geschädigt ist. Das wird dann für unumkehrbar gehalten. Wir haben andere Erfahrungen gemacht und aus dem Koma geholten Menschen wieder zu einem normalen Leben verhelfen können. Aber nicht darum geht es, sondern um die besondere Entscheidungshoheit, über die Menschen im Koma verfügen: Sie allein entscheiden, ob sie unter den gegebenen Voraussetzungen voll in ihren Körper zurückkehren wollen oder nicht. So kann es sein, dass ein Mensch wenige Tage nach der energetischen Einwirkung »erwacht«. Andere tun es nicht, wieder andere benötigen mehrere Wochen bis zu drei Monate, um sich zu entscheiden. In ihrem Zustand zwischen Leben und Tod haben diese Menschen ein erweitertes Bewusstsein. Zwar ist ihre Seelenenergie an den Körper gebunden, jedoch ist sie so frei, dass sie die Bedingungen des Lebens und den Reigen der Inkarnationen mit Abstand betrachten kann. Gelingt es nicht, solchen Menschen durch mediale Kontaktaufnahmen deutlich zu machen, dass sie in diesem Leben noch Aufgaben haben und diese annehmen mögen, dann müssen wir die Entscheidung akzeptieren, dass sie nicht zurückkommen, ungeachtet der Frage, wann ein klinischer Tod eintritt.

Noch schwerer zu vermitteln ist Angehörigen freilich der Umstand, dass heilerische Karmabefreiung oft gerade den Weg frei macht für den Wechsel der Seiten. Das geschieht oft dann, wenn ein Körper beispielsweise durch Krebsbefall derart geschwächt oder zerstört ist, dass eine organische Gesundung unmöglich geworden ist oder zuviel Kraft und Zeit benötigte. Hier ziehen die Seelen, die in solchen Fällen auf der anderen Ebene mitentscheiden, oft das Sterben und eine unbeschwerte Wiederkehr vor.

Ich denke an einen schwerkranken Mann, den wir vor Jahren in mehreren Sitzungen von heftigen, auch schuldhaften karmischen Lasten befreien konnten. Beim letzten Besuch in der Praxis stand er mit den Worten auf: »Noch nie im Leben habe ich mich so gut und so leicht gefühlt.« Eine Woche später schlief er »friedlich« ein, wie man zu sagen pflegt. Im Hinblick auf den Seitenwechsel und die Entwicklung der Seele war dies ein richtiger Zeitpunkt. Ob die Angehörigen das so empfinden konnten, steht freilich auf einem anderen Blatt. Wenigstens scheint es, als hätten sie ihm seinen Willen lassen können.

Es wird noch dauern, bis wir von unseren Kollektivzwängen bezüglich des Todes ablassen lernen. Sie entspringen der Mischung von Unwissenheit, individueller und kollektiver Angst und Ideologie, die unsere prägenden Weltanschauungen und Religionen verbreiten. Die Drohung mit dem Fegefeuer hat dabei keine andere Qualität als der dem »heiligen« Krieger im Todesfall versprochene sofortige Einzug ins Paradies oder die atheistische Variante, die Stress bereitet, indem sie das Leben als einzige und letzte Gelegenheit darstellt.

Menschen, auch in meinem Freundeskreis, die einmal ein »Nahtoderlebnis« hatten, haben die Angst vor dem Sterben weitgehend verloren. Sie haben genug gesehen und gespürt, um zu wissen, dass sie auf der anderen Seite liebevoll willkommen sind. Das geht auch empathischen oder medialen Menschen so, die Sterbende begleiten.

Unser grobstofflicher Körper ist von der Erde geliehen. Ihn mögen wir in Würde und Dankbarkeit zurückgeben. Die Seele, die frei wird, ist göttlich. Doch wir neigen dazu, die Körper zu konservieren. Gegen die im Herbst welkenden Blätter hingegen nehmen wir einen Kampf auf, als gelte es, den Tod in der Natur zu verdrängen. Todesfeindlichkeit ist letztendlich Lebensfeindlichkeit.

Wie steht es um unsere Lebensfreude?

Gerade Heiler müssen heilen

Heilerinnen und Heiler betonen gern, jeder Mensch habe einen »Schatten«, also karmische Lasten – folglich auch Menschen mit Heilfähigkeit. Und sie heben hervor, wie wichtig die eigene »Schattenarbeit« sei, denn man könne doch an anderen Menschen nur heilen, was man bei sich selbst bewältige. Wie wahr.

Auch diese Wahrheit ist leicht dahingesagt und schwer umgesetzt. Wir haben über Jahre hinweg erfahren, wie unabdingbar es ist, eigenes Karma zu lösen, auch dasjenige, das andere uns über viele Leben hinweg hinterlassen haben. Und es ist wichtig, alle hemmenden Muster zu lösen, die uns auch dann oft genug noch quälen, wenn diese ersten Schritte längst getan sind.

Wiederholt mussten wir uns von Kolleginnen und Kollegen trennen, die ihre zur Selbstheilung notwendigen Schritte nicht taten. »Gib mir Zeit«, ist die häufigste Ausrede. Natürlich. Im Grunde haben wir »alle Zeit der Welt« dazu, nur eben nicht im jeweiligen Leben. Da gibt es Pläne, nach denen »alles seine Zeit« hat, auch ein Heilungsprozess, der in diesem Leben möglich ist. Für ihn gibt es Zeitfenster, die begrenzt sind. Wer dies nicht erkennt, gerät aus dem Tritt. Das ist in dem Fall besonders schwierig und gefahrenvoll, wenn diesen Menschen große Kräfte geschenkt sind, die plötzlich »kippen«, weil in ihrer Entwicklung Stagnation eintritt. Gefahren bestehen dann keineswegs nur für eine Heilerin oder einen Heiler selbst, sondern ebenso für den Patienten- und Kollegenkreis. Warum?

Heilende Menschen, die nicht einigermaßen in ihrer Mitte sind, schwanken oft heftig in ihren Energiepotentialen. In solchen Phasen werden sie besonders stark durch dunkle Kräfte angegriffen und sind, auch bei starken Schutzeinweihungen, keineswegs davor gefeit, sich selbst Besetzungen einzufangen. Reaktionen der Geistigen Welt bestehen in solchen Momenten darin, diesen Menschen zum Schutze Dritter unverzüglich die geschenkten Heilkräfte (auch Einweihungen) zu nehmen. Damit wird zwar ihr eigenes positives Energiepotential oft drastisch herabgesetzt, das aber ist erforderlich, bevor es umschlägt, sich also in ein negatives, linkspolares Potential verwandelt. Wenn ein solcher Umschlag durch Besetzungen und Energieverluste erfolgt, lenken solche Menschen oft unbewusst durch ihre Kanäle heftigste Angriffspotentiale, die sich gegen Kollegen und Patienten richten können. Da ich bereits beschrieben habe, wie sich schwarzmagische Kräfte verhalten, verzichte ich deshalb hier auf weitere Erläuterungen dessen, was dann geschieht. Leider haben wir solche Situationen mehrfach erlebt, bis an lebensgefährliche Schwellen.

Eine überaus traurige Begleiterscheinung sind in diesem Falle die Abwehrmechanismen jener Heilerinnen und Heiler, allen voran das Leugnen schwarzmagischer Anfechtungen, obgleich die Symptome klar erkennbar und fühlbar sind und diese Personen zuvor mehrfach selbst energetische Angriffe erlebt und bewältigt haben. Plötzlich aber verkürzt sich die Wahrnehmung drastisch, besser gesagt, der Wille zur Wahrnehmung und Selbstwahrnehmung. Die Wahrnehmung anderer wird polemisch kritisiert, Zweifel an der Medialität der Kollegen werden laut, jede Hilfe Dritter wird abgelehnt, von einigen Alibibehandlungen vielleicht abgesehen. Kritische Äußerungen von Patienten über nachlässige oder sogar schadende Behandlungen werden aggressiv bestritten. An diesem Punkt besteht, wenn man im Team heilt, keine Alternative mehr dazu, sich von Uneinsichtigen zu trennen.

Die Verdrängungskünste bei Heilerinnen und Heilern können erstaunliche Formen annehmen. So neigte eine Person beispielsweise dazu, sich durch Vorspiegeln rationaler Kategorisierung von Heilerinnen und Heilern davor zu schützen, ihr eigenes heftiges Karma anerkennen und bearbeiten zu müssen. Da wurde die Unterscheidung verkündet, es gebe energetische und mediale Heiler (im einander ausschließenden Sinne). Diese Person sprach von sich selbst als »energetischem Heiltalent«, war aber hoch medial, sah bei Behandlungen Filme ablaufen und nahm Gefühle auf. Was diese Person nicht verriet, war der Umstand, dass sie bei vielen Heilungen Patienten begegnete, denen sie in früheren Leben heftige Dinge angetan hatte. Sie wurde also mit eigenem, schuldhaftem Karma konfrontiert, das sie in diesen Situationen hätte lösen müssen und können, und sei es mit Hilfe des Kollegenkreises. So aber hielt diese Person sich selbst auf und gab sich am Ende auf. Die Behandlungen der Patienten halfen in vielen Fällen nur vorübergehend, weil eben nicht alles allein mit Handauflegen getan ist.

Leider werden unsere Patientinnen und Patienten (und wir über sie) recht oft mit Heilerinnen und Heilern verschiedenster Richtungen und Anschauungen konfrontiert, die Licht und Liebe predigen, jedoch weder ihren Patienten noch uns gegenüber mit Eifersucht, Wut, Lügen, Unterstellungen und verbalen wie auch energetischen Angriffen geizen. Wir wissen uns zu schützen, für Hilfe suchende Menschen können solche Angriffe jedoch zu Katastrophen führen.

Mir geht es keineswegs darum, eine ganze »Szene« schlechtzureden. Da gibt es so viele wunderbar wirkende und vom Wesen her ausgeglichene, angenehme, in sich und ihren Kräften ruhende Menschen. Dennoch wäre es grob fahrlässig, gegenteilige Entwicklungen zu verschweigen.

Weder Fachverbände noch Überprüfungen und Urkunden irgendwelcher Art bieten eine Gewähr dafür, den keineswegs nur sprichwörtlichen Schwarzen Schafen zu entkommen. Viele unserer Begegnungen und Erlebnisse sprechen drastisch dagegen. Einen wirksamen »Vollschutz« gibt es nicht. Wir können nur an Heilungssuchende appellieren, bei der Auswahl ihrer Heilerinnen und Heiler mit Herz und Verstand vorzugehen. Sie sollten den Mut aufbringen, Behandlungen in jedem Stadium abzubrechen, wenn auch nur der leiseste Verdacht auftritt oder Unbehagen entsteht. Wir selbst brechen Behandlungen ab, wenn wir das Gefühl haben, eine Patientin oder ein Patient möchte unsere Heilweisen oder eine bestimmte Person nicht annehmen und will sich selbst und uns dies aber nicht eingestehen.

Kolleginnen und Kollegen raten wir, Eitelkeiten zu überwinden und nicht blauäugig davon auszugehen, sich selbst allein zu jeder Zeit im Gleichgewicht halten zu können, wenn Probleme auftreten. Das ist eine Illusion, solange der Schatten noch deutlich in der Aura waltet und dem Herzen wenig Luft lässt oder uns lästige Muster und Ängste plagen. Natürlich braucht es Vertrauen, sich Kolleginnen und Kollegen zu öffnen. Worin aber liegt das Problem? Jede Heilung bedarf des Vertrauens aller Beteiligten zueinander, zu sich selbst eingeschlossen. Heilerinnen und Heiler sollten das beispielhaft vorleben lernen. Sie sind nicht in diese Welt geboren, sich in der Heilung zu opfern. Auch für sie steht Selbstheilung an erster Stelle. Heilerinnen und Heiler können sich durchaus heilend selbst heilen. Was sie zu lösen haben, spiegeln ihnen im Zweifel die aktuellen Themen ihrer Patientinnen und Patienten.

Patientenwille und Grenzen der Heilbefugnis

Zu den Rahmenbedingungen der Heiltätigkeit gehört das Bewusstsein der Eigenverantwortung des Patienten und den überwiegend daraus ableitbaren Grenzen unserer Heilbefugnis.

Patientinnen und Patienten, die ihre Eigenentscheidung scheuen, neigen dazu, Heilende (und insbesondere die gut Channelnden unter ihnen) in allen Einzelheiten zu befragen, was sie tun, wie sie sich verhalten sollten. In diesem Fall geht es nicht mehr darum, den Weg zu erkennen, sondern um die Weigerung, ihn im Vertrauen auf die Kraft des eigenen Herzens und der eigenen Willenskraft zu beschreiten. Wer nicht bereit ist, aus eigenem, freiem Herzen seine Entschlüsse zu fassen und sich auf den Weg zu machen, begibt sich in Abhängigkeit von anderen und deren Meinung. Diese Menschen möchten entweder gar nicht hören, was hinter ihren Erkrankungen steckt, hoffen aber, sie mögen ihnen ganz schnell im »Handstreich« genommen werden. Klappt das wieder einmal nicht, wechseln sie zum nächsten Heiler (»Heilerhopping«). Oder aber sie hängen täglich einmal oder gar mehrfach am Telefon, um dieselben Fragen zu stellen und dieselben Antworten zu hören. Nur ihr Schicksal in die eigene Hand nehmen möchten sie nicht. Wenn das erkennbar wird, ist Abgrenzung anzuraten, bis hin zum Ablehnen weiterer Behandlungen, gleich ob die Patienten für ihr Verhalten zahlen wollen oder nicht. Denn auch Heilerinnen und Heiler begeben sich, wie oben an Beispielen dargelegt, durch diese Spielchen ohne Ende in ermüdende Abhängigkeit.

Heilung sollte zudem bei vollem Bewusstsein erfolgen. Deshalb lehnen wir Hypnose ab, da es sich um eine Form der Manipulation handelt. Karmisch gesehen sind hypnotische Erfolge wirkungslos, denn der hypnotisierte Mensch hat in keiner Ebene seines Bewusstseins eigenverantwortlich entschieden und gehandelt. Hier verschwinden Symptome, nicht aber Themen, die der Mensch zu lösen hat. Die Formen geistigen Heilens, zu denen wir von der Geistigen Welt angeleitet werden, verlangen Bewusstheit des Patienten und der Patientin in allen Schritten. Sie müssen in jedem Moment eine Behandlung abbrechen dürfen und können, wenn sie sich durch die Heilerinnen und Heiler mit Grenzen und Themen konfrontiert sehen, denen sie sich im Moment oder ganz grundsätzlich nicht nähern wollen. Es ist und bleibt damit immer ihre Verantwortung, wohin sie sich begeben wollen. Das Helfersyndrom ist hier völlig fehl am Platz. Kein in der Heilarbeit tätiger Mensch sollte Patienten drängen oder gar über Schwellen tragen. Von nachhaltiger Wirkung ist stets nur das eigene Gehen.

Ebenso vermeiden wir konsequent Formen des Trance-Channelns oder der Volltrance bei Rückführungen oder »Innenreisen«. Patientinnen und Patienten müssen stets die Wahl haben, was sie zulassen möchten. Heilende haben das in ihren Anleitungen zu respektieren. Heilen aus Liebe anerkennt die Grenzen unserer »Heilbefugnis«.

Es kommt vor, dass wir nicht helfen dürfen, sei es aus der Entscheidung des Patienten heraus oder aus karmischen Gründen. Dann liegt es an uns, dies zu erkennen und zu akzeptieren. Dann ist es nicht mehr an uns zu helfen, sondern alleinige Aufgabe der Geistigen Welt, sich dieses Menschen anzunehmen. Jeder von uns hat dies erlebt oder wird das erleben. Sicherlich fällt es uns nicht leicht, dann nichts zu tun, »nur« zuschauen zu müssen, wie ein anderer sich quält: Wir *dürfen nicht* einschreiten, wenn ein Mensch nicht bereit ist, in die Liebe zu sich selbst zu gehen. Auch das gehört zu unserer heilerischen Verantwortung.

Teil II

Magisches Heilen und Weihe-Systeme

6. Die Bedeutung des Reikisystems

Warum gebe ich der Darstellung des Reikisystems an dieser Stelle so viel Raum?

»Handauflegen« gilt als älteste Heilweise der Menschen. Die Öffnung unserer Kanäle mit Hilfe des Reiki-Meistersymbols, in das Mikao Usui durch die Geistige Welt eingeweiht wurde, brachte uns in den letzten Jahrzehnten diesen Segen in großer Breite zurück. Das war und ist, wie es heißt, Teil eines Planes, der die Umkehr der Menschheit und Gaias, unseres Heimatplaneten, zum Ziel hat. Mit den Einweihungen Usuis durch die Geistige Welt begann ein Prozess der Wiedergewinnung kollektiver Heilkraft, der jetzt auf seinen Höhepunkt zusteuert.

Kaum ein energetisches Einweihungs- und Heilungssystem ist in den letzten Jahrzehnten zu einem vergleichbaren Massenphänomen geworden. Millionen von Menschen sind mittlerweile in Reikigrade eingeweiht, ganz zu schweigen von einer hohen zweistelligen Millionensumme an Menschen, die durch »Reikianer« Heilung erfahren hat und täglich erfährt. Damit ist das Reikisystem die grundlegendste magische Stütze heilerischen Wirkens in der Gegenwart. Reiki ist ein Geschenk der Geistigen Welt für alle, die ihren Weg im Bewusstsein der göttlichen Kräfte gestalten möchten. Sie müssen dazu weder im engeren Sinne Heilerinnen und Heiler sein oder werden wollen. Denn Selbstfindung und Selbstheilung stehen ohnehin im Vordergrund.

Der Reiki-Weg (Reiki-Do) ist nicht der einzige zurück zum Ursprung. Genau genommen ist Reiki kein Weg, sondern ein Instrument, den Weg zu weisen, unseren inneren Kompass zu entdecken und lesen zu lernen. Das gilt gleichermaßen für alle Methoden. Verwechseln wir sie mit dem Weg selbst, dann entsteht sehr schnell unnötige Abgrenzung gegenüber denen, die neben uns suchen und gehen.

Auch wir hatten anfangs Schwierigkeiten zu begreifen, in welchem Verhältnis die Reikikraft und die unterschiedlichen Grade dieses Einweihungs- und Transformationssystems zu denjenigen Heilenergien stehen, die uns die Erzengel und Gaia (unsere Planetenseele) und seit Ende März 2007 zusätzlich auch die Weiße Bruderschaft sowie die Wesen des Naturreichs mit Energiestrahlen und Symbolen unterschiedlicher Bedeutung schenken. Aus diesem Grunde stelle ich hier dar, was die Reikikraft ist, die Ziele, die die Geistige Welt mit diesem System der Öffnung menschlicher Energiekanäle verfolgt sowie die Funktion des Reiki im umfassenderen System der sogenannten geistigen oder spirituellen Heilung.

Aus den nachfolgend aufgenommenen Channelings zum Reikisystem und den Graden lässt sich außerdem das Verständnis für die Heilwirkung der Lebenskraft sowie die Begleitung unserer Leben durch die Erzengel über das schon geläufige Wissen hinaus grundlegend vertiefen.

Was bedeutet »Reiki«?

Der Begriff »Reiki« hat im Sprachgebrauch der Reiki-Szene vier Bedeutungen:

- Erstens steht Reiki für eine Kraft, die in den Energiebahnen der Erde und ihrer Wesen, also auch der Menschen, fließt.
- Zweitens ist Reiki ein Verfahren, das menschliche Energiesystem durch sogenannte Einweihungen künstlich für höhere Potentiale dieser Energie zu öffnen.
- Drittens steht Reiki im weiteren Sinne für die Lehren, die um dieses Weihe-System herum entstanden sind und in unterschiedlicher Weise einen »Reiki-Do«, einen Reiki-Weg für die spirituelle Entwicklung des Menschen beschreiben.
- Viertens wird Reiki als Heilmethode verstanden, da die in das Reikisystem eingeweihten Menschen eine erhöhte Heilkraft besitzen und folglich viele von ihnen nicht nur selbstheilend tätig sind. Menschen geben Reiki und lassen sich Reiki geben oder »machen« Reiki.

Diese Bedeutungsebenen werden miteinander so selbstverständlich vermischt, dass viele Unschärfen entstehen. Die Unübersichtlichkeit, die durch verschiedene Auffassungen und Lehren entstand, gebietet es, das Wesen der »Reikikraft«, das Einweihungssystem und das weltanschauliche Gebäude, das um beide herum entstand, getrennt zu betrachten.

Der Begründer dieses Einweihungssystems, der Japaner Mikao Usui, wählte für die Kraft, die er durch die in der Meditation erhaltenen Einweihungen in seinem Energiekörper verstärkt sah, die Bezeichnung »Reiki«. Das japanische Schriftzeichen »Rei« steht für Begriffe wie »heilig, Geist, Geheimnis, Gabe, Naturgeist oder unsichtbarer Geist«. Das Zeichen »Ki« umfasst Bedeutungen wie »Energie, Natur, Talent und Gefühl«.* Die gängige Übersetzung von Reiki lautet »universelle Energie«. In den meisten Veröffentlichungen wird diese Energieform als höchste Kraft bzw. Energieform bezeichnet, die dem Menschen verfügbar sei. Folglich gilt sie im Selbstbewusstsein der meisten Reikianer auch als höchste Heilkraft, mit der wir Menschen durch Handauflegen oder Fernbehandlung Heilkraft leiten und lenken können.

Manche Veröffentlichungen setzen die Reikikraft dem Begriff der »Lebenskraft« oder »Lebensenergie« gleich. Dies ist zutreffend, wie uns aus der Geistigen Welt bestätigt wird. Die wissenschaftliche Annäherung an die Lebensenergie ist bisher am herrschenden Wissenschaftsbegriff und seinen Denkmustern gescheitert. Wegweisend sind noch immer die Bemühungen Wilhelm Reichs, die Lebenskraft zu erfassen.** Er nannte die von ihm beschriebene »primordiale« (= vorrangig gestaltende, prägende) Kraft des Universums »Orgon«. Reichs Forschungen wurden 1952 von der amerikanischen Justiz jäh gestoppt mit dem Gerichtsbeschluss, es gebe keine solche Orgon-Energie. Sein Labor wurde zerstört, Reich selbst starb kurz darauf in

---

* In der Begriffsbestimmung folge ich hier Frank Arjava Petter: *Das Reiki Feuer. Neues über den Ursprung der Reikikraft. Das komplette Lehr- und Arbeitsbuch.* 4. Aufl. Aitrang 2004, S. 20.

** Das Spätwerk Wilhelm Reichs wurde erst in den 70er Jahren in den USA der Öffentlichkeit zugänglich gemacht, in deutscher Übersetzung Ende der 90er Jahre.

einem Gefängnis in »Gottes eigenem Land«, dem angeblich freiesten der Welt.*

Reiki wird außerdem zu einigen in anderen Kulturen früher oder heute noch geläufigen Begriffen in Beziehung gebracht oder mit ihnen gleichgestellt. So mit dem chinesischen »Chi«, auf dem unter anderem die Lehren des Feng Shui gründen, die davon ausgehen, dass die Lebenskraft insbesondere durch Wind und Wasser transportiert und durch eine geschickte Nutzung oder gar Lenkung dieser Naturkräfte sowie der fünf »Elemente« optimiert werden könne. Auch der in den überlieferten Lehren des Jesus verwendete und vom Christentum verbreitete Begriff »Licht« meint ursprünglich diese Energie. »Ihr seid das Licht der Welt« bedeutet, dass es die Menschen als Hüterrasse sind, welche die Lebensenergie in besonderer Weise zu lenken ausersehen sind.

In der Reiki-Literatur gibt es aber auch irrtümliche Zuordnungen. So bezeichnet das ägyptische »Ka« keineswegs diese Lebenskraft. Das Ka-Symbol bewirkt allerdings ein erheblich höher transformiertes Potential der Lebensenergie, das viele Menschen nicht oder nur kurze Zeit aushalten, ohne in Wallung oder Atemnot zu geraten.

Mit »Licht« ist jedoch nicht allein die untransformierte Lebenskraft gemeint. Die Eingeweihten Hawaiis, die Kahunas, sprachen von der einfachen Lebenskraft als Mana, von der im Potential durch bestimmte Techniken gesteigerten Lebenskraft als »Mana loha«.** In den Systemen des Yoga steht das »Pranayama« für solche Techniken, den »Prana«, die universelle Trieb- und Gestaltungskraft, einzufangen und im Organismus zu erhöhen. Die Kulturen verfügen also über unterschiedliche Begriffe für die Lebenskraft selbst sowie für ihre Methoden, sie zu stabilisieren oder zu steigern.

Wilhelm Reich, der sich mit diesen Erfahrungsfeldern nicht auseinandersetzte, sondern einen wissenschaftlichen Ansatz in der von

---

* Eine gute Einführung in die energetischen Forschungen Wilhelm Reichs gibt Bernd Senf: *Die Wiederentdeckung des Lebendigen. Erforschung der Lebensenergie durch Reich, Schauberger, Lakhovsky u. a.*, 3. Auflage, Aachen 2010.

**Dazu siehe: Max Freedom Long: *Kahuna Magie. Das Wissen um eine weise Lebensführung.* 1. Aufl., Darmstadt 2004.

ihm so benannten »Orgonomie« suchte, erfand unter anderem ein technisches Gerät, mit dem sich die Lebenskraft zu Heilzwecken einfangen ließ, den »Orgon-Akkumulator«.

Zu den Methoden, die Lebensenergie gestaltend und heilend zu nutzen, gehörten und gehören zu jeder Zeit Einweihungen. Das sind »künstliche« Öffnungen des Energiekanals mittels eines magischen Schlüssels, bestehend aus einem Mantra und einem Symbol, in das man als Lehrerin oder Lehrer dieses Systems oder durch die Geistige Welt direkt eingeweiht wurde. Die Lehrerweihe des Reikisystems ist Voraussetzung dafür, »Grade« (d.h. höhere Potentiale) dieses Systems an Dritte weiterzugeben.

Einweihungen gibt es keineswegs nur im Reikisystem, sondern beispielsweise auch in einigen Yoga-Systemen. »Weihen« gab es innerhalb der Priesterschaft aller Hochkulturen. In der Blütezeit der Atlantischen Kultur wurden Heilerinnen und Heiler, die immer zugleich Priesterinnen und Priester waren, in verschiedenen Stufen eingeweiht, d.h. auch ihre Kanäle wurden geöffnet und stabilisiert, so dies notwendig war. Im wesentlichen erhielten sie Einweihungen in Kräfte und Symbole aus der Geistigen Welt, die weit über das heute bekannte Reikisystem hinausreichten und, je nach Bestimmung in der Priesterhierarchie und der individuellen Bereitschaft zu dienen, Steigerungen des Potentials zur Energieaufnahme und -lenkung bewirkten. Diese Befähigung zur Weihe gründete auf anderen Formen der Öffnung und Einweihung, die unmittelbar von der Geistigen Welt vorgenommen wurden. Einigen aus unserem Kreis wurde Anfang 2007 aus der Geistigen Welt nach entsprechenden Schwingungserhöhungen eine Methode wiedergegeben, Weihen auch ohne Anwendung des Reiki-Schlüssels vorzunehmen.

Weihen »von oben« gehören also keineswegs der grauen Vergangenheit an. Auch das Reikisystem als Einweihungskanon für »Energiearbeiter« ist nicht neu. Es bestand, wie uns durch die Erzengel mitgeteilt wurde, bereits seit etwa 28.000 Jahren vor der Zeitenwende in der atlantischen Kultur und hielt sich noch einige Zeit dort, wohin atlantische Priesterinnen und Priester nach dem Untergang vor rund 16.500 Jahren flüchteten. Am längsten bis etwa 3.200 vor der Zeitenwende in den Kreisen ägyptischer Eingeweihter und bis etwa 130 danach in der Gemeinschaft der Essener, zu der auch Jesus (= der jetzige Aufgestiegene Meister namens Sananda) gehörte. Das Cho Ku Rei-Symbol des heutigen Reikisystems ist identisch mit dem ursprünglichen atlantischen Kraftverstärkungs-Symbol, alle weiteren Symbole wurden bei der Rückgabe des Systems an uns Menschen ausgetauscht.

»Reikikraft« – Eigenschaften und Funktion der Lebensenergie

Welche Eigenschaften hat nun die schon mehrfach erwähnte Lebensenergie?

In der Reiki-Literatur wird darauf hingewiesen, die Reikikraft sei im elektrischen Verständnis nicht polar. Solche der Elektrizitätslehre oder dem Magnetismus entliehene Erklärungsmuster werden dem Charakter feinstofflicher Energien auch nicht ansatzweise gerecht. Um ein wenig Verständnis für das Wesen dieser grundlegenden Triebkraft der materiellen Schöpfung zu ermöglichen, unternehme ich einen kurzen Ausflug in unsere geomantischen Forschungen und erkläre einige Grundlagen in den Begriffen der Radiästhesie.*

Alles, was ist, hat, wie schon erläutert, eine eigene Schwingung und außerdem ein bestimmtes energetisches Potential. Zum einfacheren Verständnis dessen sei das zunächst am Beispiel des Wassers erläutert:

Wie Rutengängern geläufig ist, hat Wasser (gemessen mit der Lecher- oder H3-Antenne) die Schwingung 3,1. Dabei handelt es sich um die charakteristische Eigenschwingung. Diese Werte darf man nicht

---

* Lehre von der Strahlenfühligkeit des Menschen, die sich in Wünschelruten und anderen biophysikalischen Wahrnehmungseffekten ausdrücken kann. Lateinische Sprachwurzeln *radius* = Stab, Speiche, Strahl bzw. *radiare* = aussenden und griechisch *aisthetikós* = wahrnehmend.

in physikalische Begriffe übertragen und etwa mit Maßeinheiten wie Hertz* messen.

Nun ist aber bekannt, dass Wasser Informationsträger für andere Manifestationen der Schöpfung sein kann. Denn es kann – so in der Homöopathie geläufig – energetische Informationen aufnehmen und »transportieren«. Es gibt einfache Methoden, dem Wasser solche Informationen hinzuzufügen. Wir nennen das »Imprägnatur«. Dabei kann es sich allerdings nur um solche Schwingungen handeln, die Wasser unabhängig von seiner Eigenschwingung 3,1 aufnehmen kann. Dies bestimmt sich durch das »Schwingungsspektrum« des Wassers.

Analog zu Eigenschwingung und Schwingungsspektrum hat Wasser ein Eigenpotential, das wir in »Boviseinheiten« bemessen, und ein Potentialspektrum. Beide Spektren sind es vor allem, die das Zusammenwirken mit anderen Manifestationen bzw. ihr Einwirken ermöglichen.

Neben anderen Charakteristika, die wir hier vernachlässigen, spielt noch die Drehung oder Polarität eine wesentliche Rolle. Sprechen wir von rechtsdrehendem Wasser, so meinen wir ein kraftspendendes, aufbauendes Energiefeld unterirdischer Wasseradern. Linksdrehendes Wasser hingegen raubt dem Organismus Energie, fördert Krankheit. Bei Linksdrehungen liegen Schwingung und Potential spiegelbildlich im negativen Bereich. Obgleich beide Wasserpolaritäten in der Natur durchaus notwendig sind, regelt sich über das Potential, ob linksdrehende Wasseradern dem Ökosystem verträglich sind oder es schädigen. Eigen-Potentiale können also – im Gegensatz zur Eigenschwingung – unter bestimmten Umständen variieren. Das ist eine zentrale Eigenschaft zur Erklärung magischer Systeme. Damit zurück zur Lebenskraft:

Für die Lebens- oder Reikikraft misst man mit der Lecherantenne den Wert +/- 6,0. Das bedeutet, Lebenskraft kann rechts- und linksdrehend vorkommen. Wesentlich ist deshalb der Hinweis darauf, dass

---

* Nach dem Physiker Heinrich Rudolf Hertz benannte Messeinheit der Frequenz eines periodischen Vorgangs.

sie in ihrer frei pulsierenden Form vor dem Einwirken in die grob-stoffliche Welt grundsätzlich rechtsdrehend ist. Nicht nur dies unter-scheidet sie von anderen Substanzen und Kräften. Auf der Bovis-Skala messen wir als Eigenpotential dieser Kraft den Wert +/- 5.000 Boviseinheiten (= BE). Dann aber gibt es Überraschungen: An ver-schiedenen Orten und in verschiedenen Situationen wird dieser Wert scheinbar bis ins Unendliche übertroffen! Die Besonderheit der Reiki-kraft (ich bleibe jetzt bei dieser Bezeichnung) besteht also darin, dass das mit der Schwingung +/- 6,0 transportierte energetische Potential variabel ist. Es gibt noch mehrere »Anormalitäten«, doch bleiben wir beim Potential. Aus seiner Veränderbarkeit erklärt sich leicht, dass das Potential der Reikikraft durch Atmung (z. B. Pranayama im Yoga), technische Systeme (z. B. Reichs Orgon-Akkumulator) oder Einwei-hungen erhöht werden kann. Das durch Aktivieren von Mantren und Symbolen des Reikisystems verfügbare Potential lässt sich mental messen. Für das Meister-Symbol (Dai Komio) lautet die energetische Formel + 6,0 / + 8.500 BE. Die Reikikraft wird mit der Aktivierung dieses Symbols also um 2.500 BE verstärkt. Außerdem wird deutlich, dass das Reikisystem sowohl Schwingung also auch Potential rechts-polar ausrichtet, also gleichsam aufbauend konditioniert und somit auf Heilung und Beseitigung von Energiedefiziten ausrichtet. Doch ist dies immer so?

Messen wir die Werte für den 6. Reikigrad (die Große Teilung/Dai Fa Shu), sieht die Sache anders aus: + /- 6,0 / +/- 9.450 BE. Ein noch stärkerer Wert an Boviseinheiten, aber die Kraft wird mit die-sem Symbol bipolar aus dem Kanal abgegeben und in einen anderen Körper geleitet. Warum das? Die Energie der »Großen Teilung« hat die Aufgabe, Aussagen über Probleme aus der Aura zu gewinnen (im Sinne von »Mitteilen«) und negative Energien ausscheiden zu helfen, zu trennen (im Sinne von »Abteilen«).

Ich hoffe, dieser knappe Ausblick in die Grenzbereiche wissen-schaftlich tolerierter Messverfahren konnte eine grobe Vorstellung vermitteln, wie es um die im feinstofflichen Bereich wirkenden En-ergien bestellt ist und wie sie die Wirkungsweise des Reiki-Einwei-hungssystems prägen.

Das Wissen um diese Eigenschaften der Lebensenergie ist grundlegend für das Verständnis ihrer Einwirkung in der Materie. Linksdrehende Strukturen sind – wie bereits erwähnt – nicht in jeder Hinsicht schädlich. Sie dienen in einem bestimmten Rahmen dem Abtransport von Energien im Energiesystem der Erde und ihrer Wesen. Die Lebenskraft und ihre verschiedenen Potentialstufen spielen die zentrale Rolle in der energetischen Heilung. Werden bestimmte Schwingungen und Potentiale umgekehrt, schadet dies allen Empfängern dieser linkspolaren Energie. Das ist dann die sogenannte »Schwarze Magie«, unabhängig davon, ob Menschen sich ihrer bewusst oder unbewusst bedienen. Halten wir an dieser Stelle fest, dass Lebensenergie beim Einritt in die bzw. Einwirken auf die Materie nicht »neutral« bleibt, sondern polarisiert wird.

Links- oder rechtsdrehend ist nicht die einzige »polare« Eigenschaft der Lebensenergie. Eine andere Funktion hat, wie bereits im Zusammenhang mit Krankheitsbildern dargelegt, die Polarität des **Yin und Yang** im Universum. Fragt man mental mit Pendel, Tensor oder Lecher- bzw. H 3-Antenne danach, ob die Reikikraft Yin- oder Yang-Eigenschaft habe, ergibt sich sowohl eine Rechts- wie eine Linksdrehung. Um dies verständlich zu machen, ziehe ich das Modell der Schöpfung in den Yoga-Philosophien heran. In dem Moment, wo die Schöpfung aus der Einheit beginnt, wirkt die erste Schwingung der Lebenskraft (Prana) auf ein energetisches Potential ein (Akasha), das durch die Kraft geformt und gestaltet wird. Prana gibt den Impuls (Yang), Akasha empfängt (Yin). Daraus entsteht Bewegung, Schöpfung, am Ende das Leben in der Materie, wie wir es täglich erfahren.*

Dies führt zu einer Korrektur des geläufigen Weltbildes, auch des durch esoterische und geomantische Literatur geprägten:

Erstens ist Rechts- und Linksdrehung keineswegs gleichzusetzen mit den Grundqualitäten Yin und Yang. Man kann das unter anderem darin erwiesen sehen, dass bei Linksdrehungen in aller Regel keine Yin-Yang-Qualität auftritt!

---

* Sehr klar dargestellt wird dies in Swami Vivekanandas Schrift *Raja-Yoga* (2. Aufl. Freiburg i. Br. 1990) und in den im Anhang von ihm kommentierten Yoga-Sutras des Patanjali.

Und zweitens beginnt Polarität oder »Dualität« nicht erst in der Materie. Wenn wir unseren Körper verlassen und in die geistige Welt, das »Jenseits«, entschwinden, befinden wir uns nicht in der »Einheit«. Wäre dies der Fall, dann gäbe es in der Geistigen Welt kein eigenständiges Bewusstsein zwischen den Inkarnationen oder nach ihrem Abschluss (Aufstieg, Auferstehung). Auch »drüben« ist Dualität, keineswegs schon die Wiedervereinigung mit dem Einen. Die Schöpfung beginnt im Himmel, nicht auf Erden, d. h. der Verkörperung in Dimensionen, die wir als »Materie« erfahren.

Die Lebenskraft ist in allen Schwingungs- und Potentialebenen sowohl eine gestaltende Kraft (Yang) als auch eine formend aufnehmende (Yin). So wie sich im mäandernden Wasserlauf Yin- und Yangfelder abwechseln, fließt beispielsweise in einem gewundenen Labyrinth das Chi (die Lebenskraft) im Wechsel der Yin- und Yangqualität.

Auf diesem Hintergrund ist das Reikisystem folglich ein Schlüssel, das Energiepotential der Lebensenergie zu erhöhen und zu modulieren. Nicht eine Veränderung der Schwingungsfrequenz geht mit den verschiedenen Reikigraden einher, sondern eine Veränderung des Potentialspektrums, unserer energetischen »Leitfähigkeit«.

In dieser Zeit des Aufstiegs der Erde verändert sich vieles – auch das Reikisystem. In unserem Behandlungsalltag machen wir seit geraumer Zeit die Erfahrung, dass die Reikisymbole immer vielfältiger anwendbar sind. In der Heilmagie, die wir derzeit erforschen, bilden sie einen wichtigen Baustein für Heilzauber, für das Formen spezifischer Wirkungen von Heilenergien. Diese haben oft nichts mehr mit den Themen oder ursprünglichen Wirkungsweisen der einzelnen Symbole zu tun. Durch die Kombination verschiedener Symbole, auch solcher außerhalb des Reikisystems im Rahmen eines Heilzaubers, entstehen gänzlich neue Wirkungen – das Ganze ist mehr als die Summe der Teile.

Irreführend ist die Bezeichnung »Großmeistergrade für die Grade 5 bis 12«. Sie kam auf, als einige Schüler Usuis, die jene Grade formten, sich über den Meister erheben wollten – es war das Ego im Spiel, weshalb eben jene Schüler und Schülerinnen in Japan selbst kaum Ansehen genießen. »Lichtgrade« ist die bessere und treffendere Bezeichnung.

So besteht auch deshalb keine feste Einweihungsreihenfolge für die Lichtgrade, weil sie schlicht eine nützliche Ergänzung zu den drei ursprünglichen Graden sind. Eigentlich sind sie Bestandteil des dritten Grades, wenn man so will: Sie bieten uns die Möglichkeit, die Kraft des großen Lichtes zu spezifischen Wirkungen zu formen, unser Potential voller auszuschöpfen. Sie helfen uns, Zugriff auf spezielle Spektren und Schwingungen der Heilkräfte zu erlangen.

Die Abspaltung der Lehrereinweihung als vierten Grad erklärt sich so ebenfalls: Die Fähigkeit einzuweihen ist der Abschluss, nachdem die gesamte innere Heilung durch die elf anderen Einweihungen abgeschlossen wurde. Daher steht in unserem überarbeiteten Ausbildungssystem die Lehrerweihe auch ganz am Ende – und zwar für jene, die sich zum Lehren berufen fühlen. Denn nicht jeder möchte diese Gabe und die damit zusammenhängende Verantwortung. Nicht jeder unserer Schüler hat die Lebensaufgabe, zu lehren oder zu heilen. Einige möchten nur heilen aber nicht lehren.

Die Zuordnung der Reikigrade zu den Erzengeln

Jeder Mensch wählt vor seiner ersten Inkarnation einen der zwölf göttlichen Aspekte zum Schwerpunkt seines Seins und Wirkens in der Materie und damit einen der Erzengel als Energiespender und Begleiter. Von da an kehrt er stets »auf« dessen Strahl wieder. Wenn wir Heilkräfte geschenkt bekommen, so erhalten wir ebenfalls zunächst (oder auch ausschließlich) die Energie desjenigen Strahles, auf dem wir inkarniert sind. Er wird durch unseren »Reiki-Kanal« geleitet und kann uns wieder genommen werden, wenn wir mit unserem Verhalten vom Plan, unserer Aufgabe, abweichen.

Die Erzengel und auch die Planetenseele der Erde, Gaia, sind es also, die uns die kräftigsten Heilstrahlen zur Verfügung stellen – kräftiger als die Reikikraft. Um Missverständnissen vorzubeugen: Die Erzengelenergien sind nicht per se stärker als die Reikikraft, die ja die Urkraft allen Lebens darstellt. Vielmehr heben sie sich durch ihre spezifischen Wirkweisen als Kräfte der Schöpfung ab. Die Reikikraft ist das uns am Leben Erhaltene und uns Heilende. Doch können wir allein mit dem Reikisystem nur begrenzt schöpfend tätig werden – und für diese unsere Aufgabe als Hüterrasse kommen die Kräfte der Erzengel, also die Grundkräfte des entfalteten Universums ins Spiel. Mit ihnen erst können wir unser volles Potential ausschöpfen. Damit wird dieses wundervolle Geschenk weder herabgesetzt noch überflüssig. Im Gegenteil: Denn auch die zwölf Reikigrade sind jeweils einem der zwölf Erzengel zugeordnet. Dazu folgende Übersicht zum Verständnis der weiteren Erläuterungen:

Zuordnung der Reikigrade zu den Erzengeln und ihren weiblichen Aspekten

Reikigrad	Erzengel	Strahl	Farbe	Inhaltliche Aspekte
1. Symbolfrei	Omniel	12.	opal	Wiedergeburt, Umwandlung
2. 3 Symbole	Michael	1.	blau	Wille Gottes, Mut, Kraft, Schutz
3. Meistergrad	Anthriel	9.	magenta	Ausgleich, Harmonie, Gleichgewicht
4. Lehrergrad	Zadkiel	7.	violett	Vergebung, Hingabe, Transformation
5. Dai Cho Wa	Uriel	6.	rubinrot	Frieden, Heilung, Harmonie, Dienen
6. Dai Fa Shu	Raphael	5.	grün	Konzentration, Wahrheit, Heilung
7. Dai Kiro Se	Jophiel	2.	goldgelb	Weisheit, Erleuchtung
8. Herz-Symbol	Valeoel	10.	gold	innere Ruhe, Fülle, Reichtum, Geborgenheit
9. Hals-Symbol	Aquariel	8.	aquamarin	Unterscheidungsvermögen, Klarheit
10. Große Freiheit	Gabriel	4.	weiß	Reinheit, Disziplin
11. Großer Friede	Perpetiel	11.	pfirsich	Freude, vollkommener Plan, göttliche Aufgabe
12. Chok Ka Ku	Chamuel	3.	rosa	Göttliche Liebe, Freiheit, Toleranz

Um Verwirrung auszuschließen, sei darauf hingewiesen, dass zwischen der Ausrichtung der Erzengelstrahlen auf die menschlichen Chakren und der hier vorgestellten Zuordnung der Reikigrade zu den Erzengeln kein Zusammenhang besteht. Auch bezieht sie sich nicht auf die »Verleihung« der Heilstrahlen an heilende Menschen.

Die den Erzengeln zugeordneten zwölf Reikigrade bilden, wie wir sehen werden, sowohl eine Hilfe bei der Eigenentwicklung aller Menschen als auch ein spezielles energetisches Instrumentarium für die Heilarbeit. In der nachfolgenden Kurzbeschreibung beziehe ich mich auf das Channeling Erzengel Gabriels (Seite 171).

Je nach dem individuellen Weg eines Menschen können Einweihungen in diese Grade helfen, sich zu zentrieren und stärkeren göttlichen Kräften zu öffnen. Für Heilerinnen und Heiler dienen die »höheren« Grade des Reikisystems dazu, ihre Kanäle zu reinigen, zu stabilisieren, ihre energetischen wie medialen Potentiale zu erweitern, gleich ob sie als Reiki-Therapeuten wirken oder Strahlen der Erzengel geschenkt bekommen.

Zum 1. Grad

Die Grundöffnung des **1. Reikigrades** benötigen keineswegs alle Menschen, die den Wunsch nach Einweihungen bekunden. Wenn man in der Lage ist, das energetische Potential anderer Menschen zu erspüren, stellt man fest, dass Einweihungen vielfach mit dem 2. Grad beginnen können. Wer bei sich keine mediale Begabung spürt, lege die Hand eines anderen Menschen auf eines der Chakren in einer Armbeuge. Reagiert die Hand des anderen Menschen mit nur geringer Verzögerung und strahlt dann anhaltend spürbare Wärme aus, dann steht es gut um den Fluss der Lebenskraft.

Wird eine Einweihung in den 1. Grad dennoch gewünscht, so schadet sie auch nicht. Manche Menschen haben einen noch weitaus besser geöffneten Kanal. Sie können heilen, ohne jeweils eine Einweihung erhalten zu müssen. Aber auch für sie können Einweihungen in höhere Grade unter bestimmten Umständen nützlich sein. Geboten ist die Einweihung in den 1. Grad in jedem Fall dann, wenn kaum oder wenig Lebenskraft aus den Handchakren austritt, obgleich vorher Blockaden heilerisch entfernt wurden.

Aus eigenem Erleben und bestätigt durch die Geistige Welt bieten wir ausschließlich **Einzeleinweihungen** (bei allen Graden) an.

Wir sind der Auffassung, dass die Aufmerksamkeit eines Reikilehrers/einer Reikilehrerin für den gesamten Zeitraum einer Einweihung ausschließlich dem Schüler/der Schülerin gelten möge, ungeteilt mit anderen Menschen gleichen Anliegens. Einweihungen mehrerer Menschen in einem Raum gibt es bei uns nicht, da wir immer wieder gewahr werden, dass in solchen Situationen freigesetzte negative Energien zu Beeinträchtigungen und Besetzungen führen können. Zwar sind das Situationen, die wir in unserem Kreis beherrschen, dennoch wollen wir nichts provozieren. Außerdem erfolgen in Verbindung mit den Einweihungen oft auch tiefgreifende Heilungsschritte, bei denen wir mit ganzer Aufmerksamkeit dabei sein wollen.

Risiken während einer Einweihung bestehen vor allem darin, dass viele von uns aus alten Leben noch Karma und Schwarzmagie in sich tragen, die dann aktiv wird und gegen die Stärkung des Lichts im jeweiligen Menschen ankämpft.

Außerdem können gestaute Emotionen aufbrechen. Das sind Prozesse, die die volle Konzentration eines Lehrers erfordern, sodass der Schutz zugleich anwesender Schüler nicht immer gewährleistet ist.

Was das Lernen anbetrifft, so machen wir die Erfahrung, dass fast alle Schülerinnen und Schüler in der Lage sind, nach kurzer Anleitung und Ermunterung ihre intuitiven Fähigkeiten zu entdecken und anzunehmen, wenn sie sich selbst und andere behandeln. Folglich legen wir bewusst kein Gewicht auf die in der Reikiszene übliche Vermittlung »richtiger Positionen«. Wer sich davon angesprochen fühlt, wird so verfahren. Warum aber sollten wir Intuition schon während der Einweihungen im Kern ersticken, wo doch Reiki das Ziel verfolgt, diese Tür zu öffnen?

In der Reikiszene wird ein überdehnter Lehrer- und Lernbegriff gepflegt. Gut und seriös ist nur, was lange dauert, Anstrengung und intellektuelle Aufmerksamkeit verlangt, über den Kopf geht und – letztlich kostet. Denn das Seminarwesen der Reikianer ist vielfach nicht gerade den Preis wert.

Beim ersten Reikigrad gibt es insgesamt vier Einweihungen (Öffnungsschritte), die nach demselben Muster ablaufen. Das ist nötig, wenn die Reikikraft am Ende in der erreichbaren Stärke und stabil fließen soll. Anderenfalls ist nicht auszuschließen, dass es bei den kleinsten energetischen Beeinträchtigungen im Leben Störungen gibt oder die Kraft wieder nahezu versiegt. Dies wird zwar von vielen Reikilehrerinnen und -lehrern heftig bestritten, begegnet uns aber in der Praxis immer häufiger. Oft müssen wir Einweihungen in mehrere Grade wiederholen. Das kann auch daran liegen, dass einzelne energetisch wichtige Positionen nicht oder unvollständig geöffnet werden.

Dieser 1. Reikigrad ist **Erzengel Omniel** zugeordnet. Sein opalfarbener Strahl begrüßt uns bei der Geburt auf Erden, aber auch bei einer »Wiedergeburt«, wie man auch manches Einweihungserlebnis in den ersten Reikigrad bezeichnen kann. Es ist eine bewusste neuerliche Rückverbindung mit dem Göttlichen in der Tiefe, wie sie individuell erfahrbar und vorgesehen ist. Wer sich auf die erste Einweihung vorbereitet, möge diesen Schritt in der Bereitschaft wagen, sich neu zu verbinden, zu empfangen. Klopfe an, so wird dir aufgetan, heißt es. Diese Einweihung, aber auch die folgenden, sind jeweils ein Anklopfen an die Tür eines der Erzengel mit der Bitte, uns die Geschenke zuteil werden zu lassen, die »sein« Grad beinhaltet.

Im Zusammenhang mit dem ersten Grad gehe ich auf einige Themen ein, die in Diskussionen über die Anwendung immer wieder im Mittelpunkt stehen und teilweise sehr umstritten sind.

Selbstbehandlungen

Wie oft treffen wir Eingeweihte, die von der Reikikraft für sich selbst keinen oder nur sehr wenig Gebrauch machen. Bei einer Reiki-Schülerin, die ein Vierteljahr nach dem ersten Grad zur Einweihung in den 2. Grad erschien, war die zu Beginn stark fließende Kraft nahezu versiegt. Auf meine Frage, ob sie sich denn nicht selbst behandle, kam ein schüchternes: »Eher nicht« – die geschönte Antwort für unterdrückte Selbstliebe. Erst nach einer Behandlung, bei der die Tränen flossen, war auch die Reikikraft wieder spürbar. Ist es so schwer zuzulassen, dass wir uns mit Reiki-Einweihungen selbst die Freude gönnen, diese schöne Energie zu genießen, uns zu stärken, unsere eigenen Blockaden zu spüren und so weit selbst zu lösen, wie es irgend geht? Uns Kraft zu geben, die Orte zu schützen und zu energetisieren, an denen wir uns aufhalten? Menschen mit Helfersyndrom bringen es fertig, vom ersten Grad an immer nur andere zu behandeln und nie sich selbst.

Besonders hilfreich für die Selbstheilung ist der in der Reiki-Literatur und in Einweihungsunterlagen beschriebene **Chakrenausgleich**, die Harmonisierung unserer bisher sieben Haupt-Energiezentren. Auch unsere heilerische Tätigkeit findet in dieser Form der Eigenbehandlung eine wunderbare Ergänzung, wenn es darum geht, ein gerade von heftigen Blockaden befreites Energiesystem wieder zu stabilisieren. Hierbei ist es wichtig und richtig, alle sieben Chakren miteinander auszugleichen, auch das Kronenchakra. Leider gibt es Bücher, in denen behauptet wird, das Kronenchakra sei immer hinreichend geöffnet und mit dem Göttlichen, dem Licht verbunden oder aber seine Öffnung ausschließlich der Geistigen Welt vorbehalten. Es könne oder solle daher nicht in den Charkenausgleich einbezogen werden. Verhielte es sich tatsächlich so, dann riefen wir mit einem derart reduzierten Chakrenausgleich in vielen Fällen Kopfschmerzen hervor. Das gesamte feinstoffliche System einschließlich der Chakren gehört zu unserem Körper und kann damit uneingeschränkt Gegenstand von Heilung und Selbstheilung sein.

Das **Ausstreichen** bzw. **Glätten der Aura** ist ein weiteres Thema in diesem Zusammenhang. Wir wenden es nicht mehr an, was zweifellos mit unserer Hellsichtigkeit und Hellfühligkeit zusammenhängt. In der Regel ist das ein Brauch, den wir als störend empfinden. Auch aus der Geistigen Welt wird betont, dies sei ein überflüssiges und sehr oft sogar den Energiekörper destabilisierendes Ritual. Auch hier gilt es, Feingefühl zu entwickeln und keine Schemata abzuspulen.

Zu »**Behandlungstechniken**« wurden beeindruckende Lehrgebäude errichtet. Wer beispielsweise meint, seine Kraft fließe am besten, wenn die Finger aneinandergelegt sind, möge so verfahren. Ich selbst habe von Beginn an diesen Lehrsatz nicht befolgt und die Finger gespreizt. Misserfolge habe ich nicht zu verzeichnen. Diese und die meisten anderen Lehrmeinungen höre man sich an oder lese sie durch – dann entscheide man selbst, ohne schlechtes Gewissen und Ängste, wie man es halten mag. Reiki-Lehrerinnen oder -Lehrer mögen auch ihrem Schülerkreis die Freiheit lassen, den eigenen Behandlungsstil zu finden.

Zwingende Behandlungsvorgaben gibt es im Reikisystem kaum. Offenheit gegenüber Erfahrungen Dritter tut gut; besser ist ein sicheres Gefühl für die eigene Wahrnehmung. Vorschriften, wie eine ordnungsgemäße Reiki-Behandlung abzulaufen hat, sind jedoch beliebt. Sie mögen demjenigen Orientierung geben, der zu wenig Erfahrung hat, um sich an sich selbst oder andere Menschen heranzutasten, die eigene »Fühligkeit« zu entwickeln. Einen bestimmten Ablauf als Vorschrift zu betrachten, führt jedoch nur dazu, die eigene Wahrnehmung zu unterdrücken oder unnötig im Zaum zu halten. Ich verkenne nicht die Unterschiede zwischen den Menschen. Es gibt viele, die sehr unsicher sind, die Anleitungen benötigen und die sich zunächst eher »mechanisch« der Sache nähern. Aber auch sie gelangen an einen Punkt, an dem sie loslassen sollten, um ihrer Intuition zu trauen. Schwierigkeiten mit dieser Übung haben diejenigen, die ihren Kopf nicht verlassen und ihr Drittes Auge nicht öffnen mögen. Sie trauen am Ende ihrem eigenen Herzen, also sich selbst nicht. Es ist ihr Recht, in diesem Zustand der »Verkopfung« zu verharren. Aber fördern sollten wir das nicht auch noch durch starre(s) Lehren.

Zum 2. Grad

Der 2. Reikigrad ist **Erzengel Michael** zugeordnet, dessen blauer Strahl für den Willen Gottes, für Mut, Kraft und Schutz steht. Dieser Grad ist für viele Menschen, die das Reikisystem oftmals nur bis zu diesem Punkt nutzen, eine überaus wichtige Hilfe. Und er genügt auch vielen Menschen, denen es darum geht, ihren individuellen Weg im göttlichen Plan zu erspüren und zu beschreiten. Sie benötigen dafür Schutz gegen negative Energien aller Art, Kraft und eine Unterstützung dabei, Blockaden zu erkennen und zu lösen. So können sie ihren Wesenskern freilegen, ihren Weg mutig beschreiten und zu sich stehen. Eben dies sind die Gaben, die uns Erzengel Michael verleihen kann.

Beginnend mit den drei Teileinweihungen in den 2. Reikigrad erhält man nun **Symbole und Mantren**. In der Reikiszene ist es üblich, zusammenfassend von »Symbolen« zu sprechen. Deshalb zunächst einige Erläuterungen dazu.

Symbole sind Zeichen, die für einen bestimmten Inhalt stehen. Der Begriff ist aus dem griechischen »symballein« (= zusammenwerfen) abgeleitet. Symbole sollen bewirken, dass aus einem »Sinnbild« oder einer Teilbotschaft (z. B. eines Gegenstandes oder eines Systems) das Ganze erkennbar oder erfühlbar wird. In Einweihungssystemen können Symbole aus Schriftzeichen oder deren Abwandlungen bestehen, ebenso aus stark vereinfachten grafischen Darstellungen, die nach Möglichkeit gut erkennbar für eine bestimmte Botschaft oder Kraft stehen (»Symbolgehalt«). Oftmals sind Symbole trotz allem nur zu deuten, wenn entsprechendes Hintergrundwissen »Eingeweihter« vorhanden ist.

Unter einem **Mantra** werden zunächst bestimmte Silben, Wörter, Laut- und Tonfolgen verstanden, deren Aufgabe es ist, unseren Geist zu beruhigen und zu zentrieren. Der Begriff »Mantra« besteht aus zwei Teilen, dem »man«, was soviel wie »Geist«, und dem »tra«, was übersetzt »Projektion« bedeutet. Die Wirkung von Mantras (oder Mantren) besteht aus einer Serie von Klängen, die das Bewusstsein heben oder verändern sollen, indem sie ständig wiederholt werden. Neben ihrer konzentrierenden Wirkung besitzen Mantren die Fähigkeit, unser Bewusstsein gezielt zu beeinflussen. Ein Mantra ist in solchen Zusammenhängen keine willkürlich gewählte Tonfolge, sondern wird als Klangstrom eingesetzt, der mit einem ganz bestimmten Inhalt in Verbindung steht. So gesehen, stellt es eine Brücke dar, die wir für unseren Geist nutzen können.

Im Reikisystem und anderen energetischen Weihen dienen Mantren und Symbole als Schlüssel. Wer in ein »Symbol« eingeweiht ist, verfügt über die Berechtigung, mit der Nennung des Mantras oder dem Zeichnen des Symbols über die mit der Weihe verbundene Kraft zu verfügen.

Die Notwendigkeit, Symbol und Mantra anwenden zu müssen, ist in der Reikiszene so heftig umstritten wie fast alles, was dort gelehrt wird. Eine Schule behauptet, man müsse zwingend das jeweilige Symbol zeichnen und das zugehörige Mantra sprechen, um eine Kraft korrekt zu aktivieren, andere wiederum streiten dafür, Reikianern ihre Mantren und Symbole auszutreiben, da ja doch alles mental und mit dem bloßen Gedanken in Gang zu setzen sei. Mit den Regeln halte man sich nur von der Entwicklung der Intuition ab.

Maßgeblich für uns sind die eigenen Erfahrungen und die Hinweise der Geistigen Welt hierzu. In den Channelings wird immer wieder von Übereinkünften gesprochen in der Wahl der energetischen Schlüssel. Folglich ergibt es keinerlei Sinn, die Kraft der Reikisymbole aus ihnen selbst oder etwa ihrer (sprachlichen) Entwicklungsgeschichte abzuleiten, wie es einige Interpreten tun. Kräfte, die uns Menschen aus der Geistigen Welt bzw. mit ihrer Zustimmung gegeben werden, erhalten wir überwiegend (jedoch nicht nur) durch Weihen und aufgrund von Übereinkünften. Übereinkünfte zum Auslösen einer energetischen Wirkung bestehen letztlich darin, dass wir in eindeutiger Weise um eine bestimmte Energie bitten. Dann wird sie uns gegeben.

In der Praxis machen wir die Erfahrung, dass unsere Reikischülerinnen und -schüler fast ohne Ausnahme unmittelbar nach der Einweihung in der Lage sind, mit dreimaliger Nennung des Mantras eine Kraft zu aktivieren. Unterschiede liegen in der mentalen Begabung begründet. Einigen gelingt die Aktivierung deshalb bereits mit dem bloßen Denken an ein Mantra oder Symbol. Und bei vielen Eingeweihten entwickelt sich genau dies mit der Zeit. Sie sollten dann den Mut haben, sich auch von diesen Regeln zu lösen. Schnelles mentales Aktivieren von Kräften ist nicht *ver*boten, sondern in vielen Fällen sogar mehr als *ge*boten. Wenn wir bei unserer Heilarbeit schwarzmagisch angegriffen werden, kommt es auf Sekundenbruchteile beim Aktivieren von Schutzsymbolen an. Minutenlanges Herunterbeten von Mantren und Herumzeichnen an Symbolen hätte fatale Folgen. Schlussfolgerung: Auch bei diesem Thema ist die Beteiligung an Glaubenskriegen müßig und das Vertrauen auf die Selbstwahrnehmung und Höherentwicklung eigener Kräfte und Fähigkeiten wärmstens anzuraten. Mantren und Symbole dienen dem Einstieg ins magische, dem Gedanken und dem Wort gehorchende Lenken der Heilenergien.

»Sauber« zu verwenden sind Symbole hingegen bei Einweihungen. Hier gibt es beispielsweise bei den Mental- und Fernbehandlungssymbolen des 2. Grades erhebliche voneinander abweichende Varianten. Sie funktionieren trotzdem. Anders sieht es die Geistige Welt beim Meistersymbol des 3. Grades, wo bestimmte zeichnerische Abweichungen oder gar die in Mode gekommene Verwendung ganz anderer Symbole nicht akzeptiert werden.

Nun aber zu den **Symbolen des 2. Grades**. Das Symbol der ersten Teileinweihung, *Cho Ku Rei*, dient der Verstärkung der energetischen Kraft. Zugleich hat es die Macht, besser zu schützen. Es ist nur in Liebe anzuwenden, um Schutz zu erlangen, nicht mit dem Ziel, anderen zu schaden. Im Alltag schützt das *Cho Ku Rei* sehr vielfältig: vor zu dicht auffahrenden Rasern auf der Autobahn, vor tätlichen Angriffen (so man sich selbst jeder Provokation enthält), vor Menschen, die uns spürbar energetisch angreifen usw. Dieser Schutz ist situativ. Das bedeutet, er wirkt nur dann, wenn er in einer konkreten Situation zu einem bestimmten Zweck mental aktiviert wird. Unabdingbar ist, in solchen Schutz zu vertrauen, mutig zu handeln und somit beizutragen, Negativem die Stirn zu bieten. Dieses Symbol schafft die nötigen Freiräume, den eigenen Weg zu beschreiten und Neues auch gegen Widerstände zu entwickeln.

Dort, wo dennoch Hindernisse und Blockaden lauern, kann das zweite Symbol, *Sei He Ki*, wirken. Es hilft, Blockaden zu lösen, die sich körperlich manifestiert haben, oder eigene hindernde Gefühle und energetische Blockaden von außen. In einigen Fällen ist es ratsam, zuerst das *Sei He Ki* zu aktivieren und dann das *Cho Ku Rei*, manchmal funktioniert es umgekehrt besser.

Deutlich wird daraus, dass diese Symbole nicht nur beim Hand-auflegen oder Fernheilen eingesetzt werden können, sondern auch dazu, sich selbst in hilfreiche Schwingungen zu begeben. Eine in den 2. Grad eingeweihte Patientin, die unbewusst unsere Heilkraft nicht annehmen mochte, bat ich einmal, das *Sei He Ki* zu aktivieren. Sofort kamen wir »hinein«, da sie sich öffnete.

Zu erwähnen bleibt, dass das *Cho Ku Rei* neben der Kraft und Schutz spendenden noch eine Versiegelungsaufgabe hat. So kann man beispielsweise einen Raum oder ein Bahnabteil mit dem *Cho Ku Rei* energetisch in allen Ecken »versiegeln«, um sie dann mit Hilfe aller drei Symbole des 2. Grades »aufzuladen«.

Mit großer Spannung erwarten alle Reikischülerinnen und -schüler die Einweihung in das dritte Symbol dieses Grades, das *Hon sha ze sho nen*. Das bezieht sich zunächst nur auf den Gedanken, sich selbst die Rückenschmerzen zu behandeln oder die Leiden der einige hun-dert Kilometer entfernten Eltern zu lindern – zweifellos eine wun-derbare Erfahrung und Erleichterung in der Heilarbeit. Das *Hon sha ze sho nen* hat aber auch eine andere Komponente, die viele Menschen erschrecken kann. Es »durchbricht« bei seiner Anwendung die Schranken von Raum und Zeit, macht sie zur Illusion. Reiki können wir in Vergangenheit und Zukunft senden, aber nicht nur das: Es ist möglich, dass wir »Erscheinungen« bekommen, sich unsere Intuition spürbar erweitert oder sich gar Formen von Medialität entwickeln. Außerdem erreichen unsere Reikigaben Orte auf anderen Ebenen. So beginnt mit dem zweiten Reikigrad die »Zauberei«. Schon der Um-stand, dass man Reikikraft in die Zukunft und die Vergangenheit sen-den kann, ist gewöhnungsbedürftig. Die Vergangenheit ändert damit nicht ihren Ablauf, wohl aber ihre Auswirkungen auf die beteiligten Menschen. Ein Schwall Reiki in die Zukunft kann dafür aber den Lauf der Dinge sehr wohl positiv beeinflussen. Und wie angenehm kann eine »Reiki-Dusche« über unserem Arbeitsplatz sein!

Die Reikikraft folgt dennoch nicht ausschließlich unseren Vorga-ben. Sie tut es nur dann, wenn unsere Bitten im Einklang sind mit unserem Weg, mit der Liebe zu uns selbst und zu anderen Wesen.

Wenn man den sprichwörtlichen Splitter im eigenen Auge nicht sieht, dann handelt die Reikikraft nach den Regeln des Gesetzes der Liebe und macht sich selbständig. Dann geht sie beispielsweise dorthin in einem Körper, wo heftigere Blockaden sitzen oder Ursachen verborgen sind. Dann gibt sie zuweilen unliebsame Anstöße, sich mit dem »Schatten« auseinanderzusetzen. Einen Heilungsautomatismus gibt es nicht, wir müssen schon mittun, ansehen, zum Lösen bereit sein.

Zum 3. Grad

Der »Meistergrad« wird oft sehr einschränkend unter dem Gesichtspunkt betrachtet, dass man mit dem Meistersymbol, dem *Dai Komio*, dem Großen Licht, andere Menschen (in Verbindung mit dem 4. Grad, der symbolfreien Lehrerweihe) in die vier »Usui-Grade« einweihen kann. Damit erhält man aus der Sicht vieler Aspiranten einen Schlüssel, mit dem man Geld verdienen kann. Auch das ist legitim, aber eben nicht alles. Die Reikiszene neigt dazu, hohe Schwellen zu montieren. Sie bestehen in den überzogenen Einweihungspreisen, in mehr oder minder hilfreichen Ratschlägen, was man alles tun sollte oder müsse, bevor man die Reife zur Einweihung erreicht habe, oder in grotesken Beschreibungen hoch komplizierter Einweihungstechniken, die allenfalls dazu geeignet sind, jedem Neugierigen den Mut zu nehmen, jemals andere Menschen einzuweihen.

Der 3. Reikigrad steht unter der Obhut **Erzengel Anthriels**. Damit geht es um Harmonie, Ausgleich, Erlangen inneren Gleichgewichts, Frieden, Liebe zu sich selbst und anderen. Nach dem Stressprogramm des 2. Grades gibt es hier »nur« eine Einweihung. Aber die hat es in sich, wenngleich in anderer Weise als von manchen erwartet. »Meistern« soll man lernen mit diesem Grad – allerdings sich selbst und sonst erstmal nichts und niemanden.

Die Energie des Dai Komio gewährt in einem noch höheren Maße Schutz und Frieden. Sie hüllt ein und verbindet zutiefst mit allem, was um uns herum existiert, gibt uns einen weiteren Schlüssel zu allen Ebenen in uns selbst und unserer Umgebung. Dies gilt es zuzulassen, loszulassen, was noch an Hindernissen in uns spürbar ist und um die Bedingungen unserer Existenz. Es geht darum, nicht mehr abzuschweifen, sondern unseren Wesenskern, unsere Aufgabe freudig anzunehmen, Kraft aus ihr zu ziehen, bevor wir uns anschicken, anderen die Reikikraft zu verleihen. Der 3. Grad ist der Schritt zur Wahrheit, der Rückkehr zu, die Einkehr bei uns selbst.

Die Praxis freilich ist nicht so gnadenlos hart, wie diese Zeilen klingen. Niemand wird von uns verlangen, eine Art spirituelle Reifeprüfung abzulegen, bevor wir den Meistergrad annehmen oder vom Meistergrad zum Lehrergrad schreiten.

Zum 4. Grad

Unbestritten ist, dass der 3. und 4. Reikigrad im Zusammenhang zu betrachten sind. Für manche Reikischulen besteht er schon deshalb darin, dass sie beide zu einem Einweihungsschritt verbinden. Die Geistige Welt akzeptiert die Verknüpfung in diesem Fall, da auch hier unser freier Wille akzeptiert werden kann. Doch schon aus meinem Text zum 3. Grad sollte deutlich werden, dass ein Zusammenführen problematisch sein kann. So schlägt die Geistige Welt hier aus guten Gründen keinen »Doppelgrad« vor, sondern hält zwei zumeist auch zeitlich getrennte Schritte für verträglicher.

Die Hüterschaft über den Lehrergrad, der aus einer symbolfreien Weihe besteht, hat **Erzengel Zadkiel** übernommen. Damit wirkt eine andere Energie als bei der Meistereinweihung, womit dieser Schritt mit einer eigenständigen Erhöhung des Energiesystems verbunden ist. Was hat die Weitergabe des »Lichts der Welt« mit Zadkiels Themen zu tun, die da sind: Hingabe, Transformation und Vergebung?

Die **Transformation** ist beinahe »technisch« zu erklären: Denn mit dem Vorgang der Einweihung öffnet, stärkt und stabilisiert man die Energiekanäle der Einzuweihenden. Diese Umwandlung macht sich in der Folge auch physisch bemerkbar. **Hingabe** meint die Leidenschaft, die wir dazu benötigen, die Freude an der Aufgabe der Lehrerschaft. Sie beinhaltet zugleich einen doppelten Abstand, den wir wahren lernen sollten: zu uns selbst und zu unseren Schülerinnen und Schülern. Liebe bedeutet nicht, sich zu verausgaben, unsere

Kräfte anderen zu opfern. Wir sind keine Opfer und nicht hier, uns opfern zu lassen, uns zu verausgaben durch Einweihen oder Heilen. Bei aller liebevollen Öffnung für den anderen gilt es, einen energetischen Abstand zu wahren, der verhindert, dass Energiesauger uns auslaugen. Denn immer wieder werden wir Menschen begegnen, die unsere Liebe voll auskosten wollen, da sie sich die Liebe zu sich selbst verweigern. Wer unsere Hilfe zur Selbstliebe und Selbstfindung nicht annehmen möchte, dem sollten wir auch nicht als Ersatz dienen. Es würde uns am Ende unsere Kraft kosten.

Halten wir die Kraft, um in Liebe und Freude handeln zu können. Wie sagt Erzengel Gabriel im Channeling hierzu so treffend: »Denn Pflicht ohne Liebe macht Euch verdrießlich.«

Der dritte Schritt, für den Zadkiels violetter Strahl steht, ist die **Vergebung**. Sie ist eine Grundbedingung der Liebe. Nur Vergebung im Lichte Zadkiels löst, was bindet. Zadkiel ist es, der die Auflösungsgebete und Bitten um Vergebung begleitet, aufnimmt und am Ende das Karma löst. So löst manche Einweihung Prozesse karmischer Läuterung aus, die zur Vergebung führen. Durch die Hüterschaft über den Lehrergrad ist Zadkiel bei Bedarf stets gegenwärtig, wenn wir uns anschicken, andere Menschen auf eine weitere energetische Stufe zu helfen. In diesem Sinne ist jede Einweihung ein Schritt, der Heilung und Vergebung darstellt.

Auch bei diesem Grad einige Anmerkungen zu wichtigen Themen:

Innerhalb des sogenannten Usui-Systems ist die **Reihenfolge der Einweihungen** fest vorgeschrieben. Den 1. bis 3. Grad (Meister) kann man nur in dieser Reihenfolge durchlaufen. Dabei steigt, wie schon erwähnt, nach unserer Beobachtung die Zahl derjenigen Menschen, bei denen man auf eine Einweihung in den 1. Grad verzichten kann, da der natürliche Fluss der Lebenskraft stark genug ist.

Um das Reikisystem weiter zu durchschreiten, ist es nicht erforderlich, den 4. Grad gleich nach dem 3. zu absolvieren. Ich kenne viele Reikianerinnen und Reikianer, die alle sonstigen Grade haben, aber nicht lehren möchten. Das ist legitim und entspricht dem Grundsatz der freien Entscheidung der Menschen.

Sehr unterschiedlich kann und darf die Reihenfolge der Einweihungen in die sogenannten »Lichtgrade« 5 bis 12 erfolgen. Wir halten uns mit unseren Ratschlägen an Reikischülerinnen und -schüler an das eigene heilerische Gespür für die Entwicklung des Energiesystems und an die uns gechannelten Ratschläge der Geistigen Welt. In der Praxis beobachten wir zwei Verlaufstypen: entweder folgt nach dem 3. oder 4. Grad der »Großmeister«, d.h. die Einweihung in den 5. und 6. Grad (wenn das Energiesystem sehr robust ist), oder es wird empfohlen, zunächst getrennt oder an einem Tage den 7. und 12. Grad einzuweihen, später dann den 5. und 6. Grad. Die Grade 5 und 12 fördern vor allem die Sensitivität und mediale Entwicklung und werden dann vorgezogen, wenn es sinnvoll erscheint, dass die Menschen sich zunächst ein wenig mehr zentrieren. Die Grade 8 und 9 sowie 10 und 11 werden meist später und stets paarweise eingeweiht.

Wir erteilen Rat, erzwingen aber nicht. Dennoch kann es vorkommen, dass wir in Zweifelsfällen die Einweihung in bestimmte Grade von unserer Seite aus ablehnen, wenn wir den Zustand des Menschen oder den Zeitpunkt für ungünstig halten. Wie weit ein Mensch sich in das von uns verbreitete Reikisystem einweihen lassen mag, sollte nicht zuletzt auch davon abhängig gemacht werden, welchen Raum die energetische Arbeit in seinem Leben einnehmen soll.

Missverständnisse liegen im Begriff der »Reinigung« und der **Reinigungsphase**. Auch wir beobachten, dass es in den ersten 21 Tagen nach einer Einweihung in einen neuen Grad zu besonders deutlichen körperlichen und seelischen Reaktionen kommen kann. Manchmal spontan und eruptiv, in anderen Fällen eher sanft, auch von Grad zu Grad unterschiedlich. Andere Menschen wiederum integrieren die neuen Schwingungen ganz sanft. Schließlich hängt die Reaktion davon ab, welche Blockaden vorhanden sind und wie es um die Bereitschaft bestellt ist, sich ihnen zu stellen. Bei uns treten diese Themenblöcke meist an den Einweihungsterminen ins Licht, weshalb wir vielen Eruptionen vorbeugen können. Auch unter diesem Gesichtspunkt mag es einleuchten, dass es von Bedeutung ist, den richtigen Zeitpunkt für eine Einweihung erspüren zu lernen. Das gilt für beide

Seiten. Manchmal ist eine Einweihung »fällig« oder gar überfällig, manchmal ist der Zeitpunkt noch nicht gekommen.

Was uns und viele Reikianerinnen und Reikianer zunehmend bewegt ist die Frage, ob Einweihungen immer »wirken« oder ob auch **Einweihungsfehler** vorkommen. Wenn die Kraft nicht, unzureichend oder immer weniger fließt, so kann das zunächst mehrere Gründe haben. Unzureichend gelöste Blockaden verringern immer den Energiefluss, gleichgültig bei welcher Einweihung. Der Zusammenhang zwischen dem Erhöhen der Energiepotentiale im Körper und der Notwendigkeit, Blockaden zu lösen, ist vielen in der Szene nicht wirklich bewusst. Vorzugsweise scheinen ihn diejenigen zu verdrängen, die gern Einweihungen sammeln. Sie kommen den provozierenden Energien nicht hinterher. Andere gönnen sich selbst nicht das, was sie geschenkt bekommen.

Falsche oder fehlerhafte Einweihungen gibt es aber auch, so sehr und so heftig das abgestritten wird. Das beginnt mit **falschen Symbolen**. Hier meine ich nicht die zahlreichen Varianten, die mittlerweile von vielen Reikisymbolen im Umlauf sind. Sie werden von der Geistigen Welt überwiegend als Schlüssel akzeptiert und »funktionieren«. Für das Meistersymbol gilt das allerdings nur bedingt, wie uns gesagt wird und wie wir in der Praxis erfahren. Hinzu kommt, dass es mittlerweile »Ersatzvornahmen« für das *Dai Komio* gibt. Das heißt, nicht nur abstruse Malereien, sondern ganz neue Symbole, die angeblich ursprünglicher sein oder umfassender wirken sollen. Es häufen sich in unseren Kontakten die Fälle, wo wir feststellen, dass die Wirkung solcher Meistereinweihungen weitgehend ausbleibt, was auch Folgen für die Weitergabe von Reiki hat. Hinter dieser Entwicklung stehen zwei in der Reikiszene beliebte Grundirrtümer. Das ist einmal die Auffassung, dass es wichtiger als alles andere sei, in der »richtigen Linie« von Usui an die Meister- und Lehrereinweihung empfangen zu haben. Daraus sind die beliebten Reiki-Stammbäume geboren worden, die man oft mit der Großmeistereinweihung erhält. Diese Auffassung ist unhaltbar und am Ende nur von dem Bestreben gespeist, sich hervorzutun. Es gibt kein richtiges und falsches Reiki. Und auch Meisterinnen und Meister, die sich damit brüsten, in einer angeblich direkten Dynastie seit Usui zu wirken, begehen in manchen Fällen die abenteuerlichsten Einweihungsfehler. In diesem Zusammenhang steht zweitens die Auffassung, die Kraft des Reiki gehe von den Symbolen und Mantren selbst aus. In einigen Fällen begründet das eine Art sprachgeschichtlich verbrämter Symbolforschung, deren Folge im Extrem die synthetische Schaffung neuer Symbole und ihre weiß- oder schwarzmagische »Aktivierung« durch selbst entworfene Rituale ist.

In Mode gekommen sind auch Kurzeinweihungen (der erste Reikigrad in 10 Minuten) oder Kompakteinweihungen (Grade 1 bis 3 an einem Tage). Ein solches Vorgehen als Regelfall ist verantwortungslos. Angesagt sein kann es in Ausnahmefällen bei Menschen, die energetisch und medial weit fortgeschritten sind. In solchen Fällen erhalten wir klare Hinweise und Bitten aus der Geistigen Welt. Sie bilden die Ausnahme, nicht die Regel.

Schließlich ist es keineswegs unerheblich, in welche Positionen eingeweiht wird. Auch hierzu bekommen wir klare Standards aus der Geistigen Welt und stellen in der Praxis fest, dass so manche Einweihung unvollständig und wenig wirksam ist, weil Grundpositionen ausgelassen werden.

Alle diese Faktoren wirken oft zusammen. Gleich aus welchem Anlass: Bei uns häufen sich die Nach-Einweihungen, für die uns die Geistige Welt einige Methoden geschenkt hat, damit nicht alles (kostenträchtig) wiederholt werden muss, was nachweislich nicht funktioniert hat. Nachweislich deshalb, weil die Eingeweihten selbst es in aller Regel spüren und allemal Heilerinnen und Heiler, die die Energieströme in den Körperebenen wahrnehmen können.

Zurück zum Reikiweg:

Zum 5. und 6. Grad

Mit diesem »Doppelgrad« beginnt innerhalb des Reikisystems eine neue Etappe. Dies gilt weniger dem Umstand, dass wir das »Usui-

System« verlassen und uns Symbolen zuwenden, die durch andere Kanäle gechannelt sind. Die Kräfte, die vom »Großmeistergrad« bis zum 12. Grad gegeben werden können, dienen der Heilung und dem Wirken auf »höheren« Ebenen. Das umfasst die Heilung des Menschen ebenso wie die Heilung der Erde und ihrer Wesen. Energien und Fertigkeiten, der oftmals sogenannten »Lichtgraden« erhöhen ganz erheblich die Kraftpotentiale, die wir leiten können, und sie verleihen uns Techniken, die über das Instrumentarium der von Usui gechannelten Grade bei weitem hinausreichen.

Es besteht keinerlei Veranlassung, Menschen zur Einweihung in diese Grade zu drängen. Denn »höher« bedeutet nicht, sich auf einen Weg zu begeben, um überheblich auf andere herabzusehen, sich über sie zu erheben. Wer sich der Aufgabe öffnet, umfassender zu heilen, sei sich bewusst, dass damit zugleich erhöhte Ansprüche verbunden sind. Großmeister/Großmeisterin – das ist keine Vorgesetztenrolle, kein Schritt zu einem Reiki-Papsttum. Im Kern bedeutet es, sich selbst noch gründlicher zu meistern, sein eigenes Leben beherrscht und in Harmonie gestalten zu lernen, zu »dienen«, indem wir unseren Kanal den heilenden Wesenheiten und ihren Kräften öffnen. Darum geht es bei der Kombi-Einweihung in die Grade 5 und 6.

Der 5. Grad beinhaltet die Einweihung in die Große Harmonie, das *Dai Cho Wa*, und die Einführung in das Verfahren der Kanalreinigung. Dies ist eine Methode, den Haupt-Energiekanal mit Hilfe eines gebündelten Reiki-Strahles zu reinigen, indem man versucht, Blockaden der einzelnen Chakren von innen zur Auflösung zu bringen oder wenigstens auf die dahinter liegenden Themen zu stoßen. Schon hieraus wird deutlich, dass diese Einweihung neue Handwerkszeuge vermittelt. Das ist ein gesonderter Einweihungsbestandteil, der sich auch auf den 6. Grad erstreckt.

Der Hüter des 5. Grades ist **Erzengel Uriel**. Sein rubinroter Strahl steht für Harmonie. Sie umfasst Frieden, innere Ausgeglichenheit, innere Freude sowie die Harmonie und Einheit der Kräfte dieser Welt schlechthin. Der Fluss hoher Energien setzt Harmonie in uns selbst voraus, um Frieden und Heilung in die Welt bringen zu können.

Unser Kanal muss rein sein, die Blockaden gelöst, wenn wir uns in den Dienst höherer Kräfte stellen. Dienen bedeutet nicht Unterwürfigkeit oder Abhängigkeit, sondern Bereitschaft zum Zusammenwirken. Es ist eine Verabredung auf Gegenseitigkeit: Wir erhalten Kräfte und Schutz durch die Geistige Welt. Die hohen Energiepotentiale, die wir jetzt leiten, wirken auch auf uns. Sie klopfen an jede Tür, die wir noch geschlossen halten, weil wir nicht sehen möchten, was sich dahinter verbirgt.

Ein wesentliches Ziel der Lichtarbeit besteht in der Heilung der Erde und der Unterstützung ihrer damit verbundenen Wandlungsprozesse. Es geht darum, die Verletzungen unseres Planeten auf energetischer Ebene zu heilen, die Kraftströme wiederherzustellen, die in den vergangenen Jahrtausenden ausschließlich durch menschliche Verantwortung gestört oder gar zerstört wurden. Diese Heilung ist möglich, aber sie bedarf wesentlich unserer Kanäle, der »Lichter der Welt«. Nur wir Menschen sind in der Lage, mit ihren gereinigten Kanälen und aufgelöstem Karma umfassend die Ströme heilender kosmischer Energien zu lenken sowie die Energien zur Heilung der Wesenheiten aufzunehmen, die uns unsere Erde selbst spendet. Dennoch: Die Große Harmonie dient im ersten Schritt dazu, uns selbst und wechselseitig zu heilen.

Auch der 6. Reikigrad dient mit dem Symbol der Großen Teilung, *Dai Fa Shu*, vorrangig dem Ziel der Selbstläuterung. **Erzengel Raphael**, dem dieser Grad zugeordnet ist, steht für die Konzentration auf das Wesentliche. Was also ist wesentlich in unserem Leben? Spüren wir unsere Aufgabe, unsere Berufung? Und sind wir auf dem Weg, ohne uns abzulenken und ablenken zu lassen?

Technisch gesehen dient die Große Teilung der Konzentration unserer Kräfte und der Fähigkeit, Energien zu unterscheiden und voneinander zu trennen, vorrangig positive und negative. Beide Symbole, *Dai Cho Wa* und *Dai Fa Shu*, haben hohe Energiepotentiale und bilden daher einen erhöhten Schutz gegen negative Kräfte. Die Große Teilung insbesondere dient der Trennung, der Abspaltung negativer Energien in Behandlungen und auch dazu, schwarzmagische Angriffe abzuwehren, karmische Verstrickungen aufzulösen und neue verhindern zu helfen.

Konzentration und Klarheit, wie sie das *Dai Fa Shu* fördert, sind nicht immer gern gesehen und gut gelitten. Zum geistigen Heilen gehört, wie schon beschrieben, die klare Botschaft, mit der wir selbst konfrontiert werden und andere konfrontieren. Mit der Einweihung in diesen Doppelgrad erhöhen sich die medialen Fähigkeiten. Es bleibt jedem Menschen überlassen, diese Befähigungen als Geschenk anzunehmen oder zu verdrängen. Gleichermaßen ist dies das Recht derer, die wir behandeln. Wir können ihnen die Botschaft vermitteln, sie aber nicht zu Schritten zwingen, die sie nicht vollziehen mögen. Nehmen sie von uns nichts an, werden auch unsere Energien nichts ausrichten, so stark sie sind. Unabdingbar für den Umgang mit diesen Kräften ist es deshalb, wie Erzengel Gabriel betont, bereit zu sein, der Wirklichkeit zu begegnen, Angst zu besiegen, mit Schmerz umgehen zu lernen, das Wissen, das wir erhalten, offen, ohne Lüge oder Dogmatismus anzuwenden.

Zum 7. Grad

Erzengel Jophiel steht mit seinem gelben Strahl für Weisheit und Erleuchtung. Dazu, reine Erkenntnis zu fördern, unterscheiden zu lernen zwischen Wahrheit und Lüge, Schein und Wirklichkeit, dient auch das von ihm gehütete *Dai Kiro Se*, das Weisheitssymbol. Es hilft uns, Weisheit und das Wissen des Universums speziell für unseren Weg zu erschließen. Es ist ein starkes Symbol für die Meditationen, für die Rückverbindung im täglichen Handeln und Behandeln, beinhaltet aber auch eine besondere Fernheil-Komponente, die sich in der Wirkung von der des 2. Reikigrades unterscheidet. Fernbehandlungen mit der *Dai Kiro Se* können heftige Reaktionen auslösen, da sein Schwingungspotential eine klare Sicht auf die Blockaden fördert. Auch der 7. Grad erhöht die sensitiven und medialen Fähigkeiten. Je nach individueller Entwicklung weihen wir ihn oft vor dem Großmeistergrad ein, auch zusammen mit dem 12. Reikigrad. Beide gewähren sensiblen Menschen einen leichteren Einstieg in die Potentiale der Lichtgrade.

Zum 8. und 9. Grad

Die Grade 8./9. und 10./11. markieren wiederum Doppeleinweihungen. Dies erklärt sich in beiden Fällen aus dem harmonischen Zusammenwirken der Symbole in der meditativen Wirkung, der Eigenbehandlung und der Behandlung Dritter.

Viele Menschen sind »verkopft«. Sie stützen sich bei ihren Beschlüssen und in ihrem Handeln ausschließlich auf Kopf und Verstand und betonen zudem gern, auf ihren Bauch zu hören. Wenn wir nachfragen, was denn »Bauch« bedeute, zeigen sie in aller Regel auf den Unterleib. Diese gekünstelte, unheilige Allianz zwischen Unterleib und Kopf führt dazu, dass der sensible Bereich des Solarplexus aus dem Empfinden ebenso ausgeklammert wird wie das Herzchakra. Damit folgen diese Menschen nicht ihrem spirituellen Herzen, ihrer »Mitte« zwischen den Kräften der Erde und des Himmels. Verstandesmenschen handeln gegen ihr Herz bei nahezu allen Entscheidungen, die sie in Bezug auf sich selbst treffen müssen.

Sich selbst in Liebe anzunehmen und der Stimme des eigenen Herzens zu folgen – besonders dann, wenn der Verstand schwankt –, ist über diesen Kreis der speziell begabten Kopfmenschen hinaus auch für andere Menschen eine wiederkehrende Herausforderung. Viele scheitern auf ihrem Weg, weil sie aufgrund äußerer Umstände und vermeintlicher Zwänge dem Verstand Vorrang vor der Stimme des Herzens einräumen. Ihr Lieblingsspiel ist, sich selbst »Erst-wenn-dann-Bedingungen« zu stellen, wunderbare Ausreden dafür, dass leider zum aktuellen Zeitpunkt keine wirkliche freie Entscheidung möglich sei, gleich ob dies eine Trennung oder einen Arbeitsplatzwechsel betrifft.

Mit der Missachtung der Stimme unseres Herzens geht die Unterdrückung unserer eigenen Stimme, unseres Ausdrucks und Handelns einher. Die meisten dieser Menschen haben wechselnde oder chronische Krankheitssymptome an der Stimme, im Bereich des Kehlkopfes, der Schilddrüse, der Wahrnehmungsorgane oder an den Armen. Dies ist Ausdruck der Selbstverstümmelung durch unterdrückte Eigenliebe. Herz- und Halschakra sind also beim Thema Eigenliebe und Selbstausdruck unauflöslich miteinander verknüpft. Dieser Zusammenhang ist es, der dem Doppelgrad der Symbole für das Herz- und das Halschakra Sinn verleiht. Beide sollen uns und anderen helfen, die Öffnung der Herzen und den Ausdruck unserer selbst zu fördern.

Erzengel Valeoel mit seinem goldenen Strahl ist es, der die Hüterschaft über das Herzsymbol übernommen hat, das uns unserer »goldenen Mitte« zuführen soll. Er steht für Fülle, Reichtum und Geborgenheit. Dabei geht es in erster Linie um inneren Reichtum. Das *Shi Ka Se Ki* hilft uns und unseren Patientinnen und Patienten, das Herz zur Ruhe kommen zu lassen in den Anspannungen, die von innen und außen auf uns einströmen. Es dient der Harmonisierung der Gefühle und schafft so die Voraussetzung, in einem ausgewogenen Miteinander zwischen Gefühlen und verstandesmäßig erfassbaren Faktoren seinen Weg festzulegen.

Hüter des Halssymbols, des *Chi Ka So*, ist **Erzengel Aquariel**. Sein aquamarinfarbener Strahl steht für Unterscheidungsvermögen und Klarheit. Das offene Herz ist die Bedingung dafür, sich selbst und anderen gegenüber Klarheit zu schaffen. Dies beinhaltet, sich (s)einer Sache gewiss zu sein und den Mut zu fassen, sich und anderen diese Erkenntnis offen und ehrlich einzugestehen bzw. mitzuteilen. Das verbreitete Problem, mit sich selbst und anderen Menschen klar zu kommunizieren, wurzelt in den verschlossenen Herzen. Falsch interpretierte Liebe führt zu dem Drang, sich selbst Illusionen hinzugeben und anderen Menschen die Wahrheit vorzuenthalten, die wir für uns als solche empfinden.

Ein offenes Halschakra bedeutet, selbst aus freiem Herzen zu handeln, bereit zu sein, seine Wünsche ohne Selbstzensur oder Unterdrückung durch Dritte zu äußern und zu leben. Offenheit kann dazu führen, dass andere sich verletzt fühlen. Wenn das so ist, verwechseln sie zumeist Klarheit mit Bosheit. Klarheit ist immer die Stunde der Wahrheit. Wahrheiten haben Folgen, insbesondere dann, wenn Wünsche und Vorstellungen zwischen Menschen nicht zur Deckung gebracht werden können. Ich rede hier nicht der Kompromisslosigkeit und Härte das Wort. Wirkliche Herzensbotschaften wollen nicht verletzen. Wer sich verletzt fühlt, möge zuerst bei sich selbst nachfühlen, warum dies so ist.

Menschen, die gelernt haben zu schlucken und zu schweigen, neigen zuweilen freilich zu heftigen Ausbrüchen. Herz- und Halssymbol schenken uns Schwingungen, das Zusammenspiel beider auszugleichen, Offenheit und Friedfertigkeit im Umgang gleichermaßen zu fördern. Beide Symbole dienen jedoch nicht dazu, Verdrängung und Scheinharmonie zu fördern. Sie setzen unsere Bereitschaft voraus, anzusehen, was uns selbst hindert und anderen im Bedarfsfall Botschaften zu überbringen, die ihnen Schmerz bereiten könnten.

Wirkliche Liebe bedarf unabdingbar solcher Klarheit, ohne klare Unterscheidung und präzise Botschaften gibt es am Ende keine Heilung. Botinnen und Boten sind sehr oft nicht gut gelitten. Es bleibt die Verantwortung des einzelnen Menschen, sich Botschaften zu Herzen zu nehmen oder nicht, sie anzunehmen oder von sich zu weisen. Unsere schöpferische Freiheit umfasst die Freiheit, im Handeln dem Herzen zu folgen oder sich ihm zu verschließen. Schließlich erfolgt auch der Schutz, den Erzengel Gabriel gewährt, nur auf unsere Bitte.

Zum 10. und 11. Grad

Diese beiden Grade bauen auf den Harmonisierungen des Herz- und Halssymbols auf, denn Freiheit und innerer Friede sind ohne ein offenes Herz und aus ihm heraus fließende Kommunikation nicht denkbar.

Das *Dai Ji Yu*-Symbol, die Große Freiheit, wird von **Erzengel Gabriel** betreut. Sein weißer Strahl steht für Reinheit und Disziplin. Dieses Symbol soll helfen, unseren Weg frei von Ängsten und umklammernden Bindungen aller Art zu gehen. Das umfasst Reinheit von karmischen oder schwarzmagischen Bindungen, aber auch von solchen, die wir zwar freiwillig eingegangen sind, die aber am Ende unsere Freiheit einschränken. Innere Freiheit ist Voraussetzung dafür zu erkennen, wovon und von wem wir befreit sein möchten. Diese Reinheit ist nicht erreichbar ohne innere Disziplin im Umgang mit Gedanken und Emotionen und in dem Umgang mit anderen Menschen. Diese Disziplin ist so freiwillig wie unsere Entscheidung, dem Herzen zu folgen.

So errungene innere Freiheit ermöglicht Vertrauen und inneren Frieden. Aus dieser Verfassung heraus können wir schließlich in Freude unsere selbst erwählten und die uns übertragenen Aufgaben leben und ausgestalten. Das *Dai Hei Wa*, der Große Friede, liegt deshalb in der Hand **Erzengel Perpetiels**. Sein pfirsichfarbener Strahl steht für Freude, die göttliche Vorsehung und die göttlichen Aufgaben unserer Seelen. In einer Stimmung inneren Friedens können wir die Schwelle überschreiten, vor der wir noch zögern.

Perpetiel steht auch für den Ausgleich der Energien. Für die Freude, die aus dem Miteinander entsteht, aber auch für das, was wir aus der Geistigen Welt an Ausgleich erhalten, wenn wir auf unserem Weg sind. Dieser Weg ist nicht starr, wie alles, an dem mehrere Menschen beteiligt sind. Pläne können geändert und auf sehr verschiedene Weise ausgeführt werden. Wichtig allein ist, dass alle unsere Schritte in Freiheit und Frieden erfolgen, von den Kräften der Herzen gespeist.

Zum 12. Grad

Der letzte Reikigrad mit dem *Chok Ka Ku*, dem Stirnchakra-Symbol, gehört **Erzengel Chamuel**, dessen rosafarbener Strahl sich auf das Herzchakra richtet und für göttliche Liebe, Freiheit und Toleranz steht. So schließt sich der Kreis der Einweihungen wieder im spirituellen Herzen, denn darauf ist Chamuels Strahl zur Unterstützung unserer Entwicklung gerichtet. In diesem Schritt, den das *Chok Ka Ku* unterstützt, geht es darum, die allumfassende göttliche Liebe zu erspüren und selbst walten zu lassen. Denn »Erleuchtung« ist das Ziel unserer Lichtarbeit für uns und die Schöpfung. Ihre Bedingungen sind Freiheit von Vorurteilen, Unvoreingenommenheit gegenüber allen Wesenheiten.

Allerdings ist das *Chok Ka Ku* kein Symbol für das Herzchakra, sondern erklärtermaßen für das **Stirnchakra**. Dies ist weder identisch mit dem sogenannten Dritten Auge noch mit dem Scheitel- oder Kronenchakra, sondern eines der fünf neuen Chakren, die sich beim Menschen langsam entwickeln. Wenn wir das Mantra aktivieren, spüren wir, dass das Symbol physisch überwiegend im Hinterkopf und im Bereich der Medulla Oblongata wirkt.

In der Anwendung verstärkt das *Chok Ka Ku* Mentalbehandlungen und löst alte Blockaden auf, so auch Kopflastigkeit, die den Energiefluss und unsere Freiheit behindert. Es stärkt unsere Fähigkeit zur Rückverbindung und zum Channeln und lenkt so den Strom kosmischer Gedanken in unser feinstoffliches Energiesystem.

Somit bildet der 12. Reikigrad die Brücke in eine spannende Zukunft und lässt diejenigen, die sich der Lichtarbeit öffnen, erfühlen, wohin wir uns in absehbarer Zeit bewegen.

7. Channelings der Erzengel zum Reikisystem in der geistigen Heilung

Erzengel Raphael: Die Funktion des Reikisystems

Gechannelt von Werner Hartung am 13. und 16. Oktober 2005

Die Entstehung des Reikisystems und der »Aufstieg« der Erde

Mikao Usui weihten wir am 21. Juni 1917 in die Schwingungen der ersten Grade ein. Wir gaben ihm Symbole und Mantren seines Kulturkreises, damit er sie aktivieren könne. Das Reiki Usuis erscheint Euch als ein System, das an die japanische, im weiteren Sinne asiatische Kultur fest geknüpft ist. Das ist mitnichten so! Bereits in älteren Kulturen, allen voran der atlantischen, gaben wir Euch Energieimpulse in Form von Einweihungen, die an Mantren und Symbole dieser Kultur geknüpft waren.

Mit unseren Erzengel-Symbolen, die wir jetzt zum Anbruch des neuen Zeitalters wieder an Euch zurückgeben, nutzen wir die atlantische Sprache und die damaligen Symbole. Denn Ihr wisst, Atlantis wird wieder erstehen. Und viele von Euch Lichtarbeitern, die die Blütezeit und auch den Untergang von Atlantis erlebt haben, werden mitwirken, die alten Schwingungen wieder zu verbreiten, und den Aufstieg der Erde vorbereiten durch die Heilung Gaias und ihrer Wesen. Und auch Ihr selbst seid Wesen der Mutter Erde, doch Euer Kern ist göttlich. Seid Euch Eurer schönen Aufgabe in der Epoche des Übergangs bewusst. Erkennt in diesem großen Zusammenhang die Entstehung und Ausbreitung des Reikisystems. Es kam zu Euch, als noch die Dunkelheit Triumphe feierte, am Vorabend eines schrecklichen Krieges, den einige Eurer Seelen noch miterleben wollten, um am Ende den Hass von sich zu lösen und ihr Karma zu bereinigen. Der Weg führt zurück ins Licht und Reiki ist ein machtvolles Instrument, all diejenigen Menschen zu heilen und zu öffnen, die bereit sind, den Weg zu gehen, sich aufzuschließen.

Reiki und die Lenkung der »göttlichen Strahlen«

Mikao Usui ist hier oben als Mitglied der Weißen Bruderschaft. Als Auf-
gestiegener Meister wirkt er an Heilungsaufgaben auf dem roten, gelben
und dem grünen Strahl mit. An dieser Stelle sei gesagt, dass wir die zwölf
göttlichen Strahlen der Heilung und der Harmonie in diejenigen Kanäle
einspeisen, mit denen vereinbart ist, dass sie unsere Energien in Eurer
Sphäre lenken und zum Wohle Eurer Entwicklung gebrauchen wollen. Öff-
net Ihr Euch und werdet Ihr Euch Eurer übernommenen Aufgabe bewusst
und verbindet Euch mit uns, dann schenken wir Euch unsere Strahlen,
die wir aus der umfassenden Energie Gottvaters in für Euch erträgliche
Schwingungen transformieren. Denen, die bewusst und verantwortungs-
voll handeln, verleihen wir symbolisch unsere Schwerter als Zeichen dafür,
dass sie auf Erden dieses Licht lenken dürfen. So ist es zu verstehen, wenn
Jesus-Sananda der Satz zugeschrieben wird: »Ihr seid das Licht der Welt.«

So unterscheidet bitte zwischen der herrlichen Reikikraft einerseits, die
Eure Kanäle durchströmt, und der Energie, die wir zusätzlich einspeisen,
wenn es Eure Entwicklung und Euer Lebensplan erlauben. Dies geschieht
nicht zwangsläufig. Ihr müsst beschließen, Euch zu öffnen und dies auch
tun. Euch der Aufgabe bewusst werden, Euer Karma auflösen und liebevoll
handeln im Bewusstsein des Gesetzes des Einen, das über allem steht –
über Euren Religionen ebenso wie über Reiki-Organisationen. Engt Euch
durch sie nicht ein, nicht durch Regeln, Schwüre, Glaubenssätze, Gelübde
und anderes. Bindet Euch nicht, wo Bindungen keinen ersichtlichen Grund
haben, verengen oder gar großen Schaden anrichten. Ihr wollt und sollt
frei sein. Warum also habt Ihr das Bedürfnis, Euch zu binden? Schafft
Einengung etwa die Sicherheit und das Selbstbewusstsein, das Ihr braucht?
Vertraut, und es wird Euch gegeben, was Ihr benötigt. Ruht in Euch und
in Eurer Aufgabe. Und seid in der Liebe zu Euch selbst, den Menschen
und allen Wesen. Das Gesetz ist einfach und klar. Es braucht keine Reiki-
Regeln.

Reiki und Magie

Das »Usui-System« ist nicht das Ende der Entwicklung. Seine Schwingun-
gen gaben Euch die Möglichkeit zurück, magisch zu wirken. Weißmagisch,
aber auch schwarzmagisch. Wesen der Magie ist es, dass Ihr eine energe-

tische Fähigkeit besitzt, selbst Symbole zu wählen, sie energetisch aufzu-laden und ihre Kräfte zu nutzen. Es ist wieder sehr in Mode gekommen, diese Befähigung zu nutzen und zu »zaubern«, so, wie es auch in alten Zeiten einmal war. Der Gefahren und Grenzen seid Ihr Euch leider selten bewusst. Das solltet Ihr ändern, denn der Drang zu zaubern – und letztlich zur schwarzen Magie – hat unendlich viel Leid über die Menschheit und die Erde gebracht, viel mehr Schaden, als Ihr derzeit mit Euren begrenzten Technologien anrichtet.

Heutzutage ist ein Wirrwarr an Symbolen und Mantren in Umlauf. Kaum einer von Euch überschaut noch, welche Einweihungsangebote es gibt. Euer Internet quillt über davon. Viele Menschen öffnen sich diesen Kräften, sammeln Grade und Diplome auf der Suche nach dem Stein der Weisen. Es ist ein trauriges Bild. Wir wollen nicht zu scharf urteilen, doch sei gesagt, dass viele Reiki-Meisterinnen und -Meister ihren Unterhalt damit bestreiten, fortwährend neue Energien zu aktivieren und zu verbreiten. Nicht alle davon sind schädlich. Einige rufen sogar schöne Schwingungen in Euch hervor. So genießt sie halt, wenn Ihr Befriedigung darin findet. Auf den Weg führen sie keineswegs schneller oder gründlicher. Vieles aber schadet, es ist Scharlatanerie. Da wird Euch vorgegaukelt, Ihr könntet in »die Engelstrahlen« eingeweiht werden! Mitnichten! Das ist und bleibt uns vorbehalten, keinem menschlichen Wesen.

Euch ist die Öffnung vorbehalten, unser ist das Geschenk der heilenden und harmonisierenden Strahlen.

Lehrereinweihung und das Gespür für den richtigen Zeitpunkt

Dabei ist es unerheblich, wie Ihr den Meister- und Lehrergrad bezeichnet. In jedem Falle ist es wichtig, dass die Meistereinweihung und die sym-bolfreie Lehrereinweihung getrennt vorgenommen werden. Es sind zwei Schritte, die, wie Ihr selbst erfahren habt, in aller Regel in einigem zeitli-chen Abstand voneinander erfolgen sollten. So ist es den in den Meistergrad eingeweihten Schülern möglich, die Energien des Dai Komio ausreichend zu erfahren, bevor sie sich zu dem weiteren Schritt, Lehrer zu werden, entschließen. Freilich, da gibt es bei Euch unterschiedliche Schulen in der sogenannten Reiki-Bewegung, und wir zögern nicht, anders zu verfahren, wenn es geboten ist, letztlich zum Wohle der Schüler. Wenn Meister und

Schüler den Entschluss gefasst haben, beruht das auf ihrem freien Willen, den wir auch bei Einweihungen zu akzeptieren haben.

Nicht immer jedoch wählt Ihr den richtigen Zeitpunkt. Oft richtet Ihr sogar gesundheitlichen Schaden an, wenn der Zeitpunkt der Einweihung der Entwicklung der Persönlichkeit, der Seele und dem Energiehaushalt des Schülers nicht entspricht. Wer von Euch ausgeprägtere Heilfähigkeiten besitzt, spürt dies sofort und wird erst zur Einweihung bereit sein, wenn keine seelischen und gesundheitlichen Schäden drohen.

Wisset, dass höhere Stufen der Lebensenergie eine Heilung dringlicher machen, auch in der Form, dass die unerledigten Themen und Aufgaben hervortreten und zur Auflösung zwingen, keinesfalls nur in der Frist, die Ihr »Reinigungsphase« nennt! Manche Reikimeisterinnen und -meister gehen nicht sehr hilfreich mit solchen Erscheinungen um. Darum: Werdet Euch, ob Schüler oder Lehrer, der Motive klar, die hinter Euren Wünschen und Entscheidungen stehen. Nicht immer sind sie rein oder Euch wirklich bewusst. Verbindet Euch mit der Geistigen Welt und den elementaren Kräften der Mutter Erde und des Himmels, um Gewissheit und Hilfe zu erlangen.

Nur wenige, die mit Reiki arbeiten, tun dies in hinlänglicher Tiefe. Manche von Euch hören uns nur einmal zu, dann aber nie wieder. Sie wähnen oder behaupten, verbunden zu sein. Tatsächlich aber channeln sie sich selbst, ihre Urteile, Ängste, Dogmen, die sich auf diese Weise halten oder erst herausbilden. Der unwürdige Streit zwischen den »Schulen« und Organisationen spiegelt wider, wie es um Eure »Religio«, die Rückverbindung mit uns, tatsächlich steht. [Anmerkung: Raphael bezieht sich in dieser Anspielung auf das lateinische »religio«, aus dem unser Wort »Religion« abgeleitet ist.]

Höhere Grade des Reikisystems

Es gibt weitere Reikigrade, die das ursprüngliche System in der Weise ergänzen, wie es dem Plan entspricht. Zu diesem zählen insgesamt diejenigen bis zum 12. Grad, die Ihr auch als »Lichtgrade« bezeichnet.

Der sogenannte »Großmeistergrad« beinhaltet in der Tat eine große Erweiterung Eurer Fähigkeiten und Eurer Macht, sofern Ihr wirklich offen seid, sie zu erkennen und sie verantwortungsvoll einsetzt. Dasselbe gilt für die Schwingungen oder Frequenzen der weiteren Grade, die Euch zur

Meditation und Heilung dienen sollen. Die Impulse, diese Grade zu aktivieren, gaben wir fast zeitgleich unterschiedlichen Menschen. Meist konnten wir diese Symbole nicht unmittelbar einweihen, wie wir es mit Usui taten und auch heute wieder tun. Da es »Kanalprobleme« gab, mussten Impulse und Intuition genügen. Auch akzeptierten wir, dass die Energie mit selbst gewählten Mantren und Symbolen aktiviert wurde.

Bedeutung der Mantren und Symbole

An dieser Stelle sei etwas zur Bedeutung der Mantren und Symbole gesagt. Sie sind nicht beliebig, aber auch keine zwingenden und unablösbaren Übereinkünfte, bestimmte Energiefrequenzen zu aktivieren. Symbole und Mantren betrachtet bitte als verbale und visuelle Übereinkünfte zwischen uns und Euch, die Ihr als Signale sendet, wenn Ihr Euch in eine bestimmte Schwingung begeben wollt, die den jeweiligen Zweck fördert, sei es in der Behandlung, der Meditation oder anderen Absichten. Symbole werden durch Einweihungen in Eure Aura gepflanzt, als Zeichen der »Berechtigung« und von uns verliehenen Befähigung, bestimmte Kräfte zu empfangen und zu lenken. Dieser energetische Zugang wird bei der Einweihung gelegt und dann durch uns selbst oder einen zur Einweihung befähigten Menschen in der Aura manifestiert.

Mit dem Zeichnen des Symbols oder seiner Visualisierung aktiviert Ihr den Zustrom dieses speziellen Schwingungsmusters oder der Energiestärke und -qualität. Auch das Mantra dient als Auslöser. Nun gibt es Menschen, die sehr bald bemerken, dass das Zeichnen von Symbolen für sie entbehrlich ist und dass das Mantra genügt. Anderen wieder genügt der bloße Gedanke an ein Symbol oder Mantra, und schon fließt die Kraft bei ihnen ein. So ist es, so soll und darf es sein. Deshalb nehmt es so, wie es ist, schafft keine »reinen Lehren« und Dogmen zum Gebrauch handwerklicher Hilfsmittel. Lehrt zu Beginn allen Eingeweihten, Symbole und Mantren »ordnungsgemäß« zu gebrauchen, damit sie sich mit der Handhabung der Lebenskraft vertraut machen und sich selbst ohne Stress erfahren können. Sagt ihnen aber auch, dass es sich anders entwickeln kann. Begleitet Eure Schülerinnen und Schüler liebevoll und lehrt sie, auf ihre Selbstwahrnehmung zu achten, ihr zu vertrauen. So muss kein Weg dem anderen gleichen. Diese Haltung lässt den guten Lehrer erkennen.

Gründe für Dogmen und Irrlehren

Weder gibt es also einen unauflöslichen Zwang zu Symbolen und Mantren noch ist es gerechtfertigt, Eingeweihten ihren Gebrauch ausreden zu wollen. Diejenigen, die sich mit solchen Lehrmeinungen auf uns berufen, hören uns nicht oder meinen, uns zu hören. Sie haben oft allen Anlass, ihren Kanal kritisch zu prüfen, sich Hilfe zu holen und zuzulassen. Dogmen und Irrlehren entstehen, weil viele Menschen uns nur einmal im Leben wirklich zuhören und dann meinen, für den Rest ihrer Zeit alles verstanden zu haben. Andere wieder hören sich selbst, hören in sich hinein, wenn sie channeln. Wir aber sind draußen!

Freier Wille und Einweihungen

Welche Vereinbarungen die Geistige Welt mit Euch trifft, ist nicht fest vorbestimmt. Manche Energieeinspeisungen und Kräfte werden durch Symbole aktiviert, die Ihr selbst ausgewählt habt und die wir als Zeichen Eurer Bereitschaft akzeptieren. Wisset auch, dass Ihr frei seid in Euren Entscheidungen. Wir verweigern daher die Einweihungen in das Reikisystem nicht, wenn Meister und Schüler sich einig sind. Auch dann nicht, wenn wir wissen, dass der Stoß der Energie Schaden anrichten könnte. Uns steht nicht das Recht zu, hier einzugreifen. Manches lenken wir gemäß Eurer Lebensplanung. Wenn Ihr aber den Nutzen unserer Impulse und Zeichen nicht erfasst, so gelten Euer Wille und Eure Verantwortung allein.

Es gibt Ausnahmen davon. So schreiben wir bei den Schwingungen, die wir Euch zur Zeit mit den »Erzengel-Symbolen« wieder zugänglich machen, gewisse Regeln vor. Manche Symbole dürft Ihr erst ab gewissen Schwingungsgrundlagen des Reikisystems einweihen. Andere, wie der Große Thorshammer, erhalten nur ausgewählte Menschen, die sich uns in besonderer Weise den gemeinsamen Aufgaben widmen und ihre Funktion mit uns vor ihrer aktuellen Inkarnation vorbereitet haben. Auch ihnen steht es offen, in freiem Willen anzunehmen oder nicht. Wenn sie es tun, messen wir sie an ihrer Bereitschaft, sich zu öffnen, mit uns in Kontakt zu stehen, ihren Willen, ihren Mut und ihre Kraft, den Weg unbeirrt zu gehen, klar zu sein und liebevoll zu handeln.

Klarheit und Heilung

Klarheit bereitet vielen von Euch Probleme. Ihr verwechselt sie sehr schnell mit Bosheit und Lieblosigkeit, denn Ihr flieht das offene Wort der anderen und den Spiegel, den sie Euch vorhalten. Spiegelt er nicht Eure verzerrte Sichtweise, die Ihr von der Eigenliebe habt? Wir fordern Klarheit von Euch. Nur durch sie, durch Ansehen und Bewusstwerden aller Blockaden und Hindernisse führt der Weg zur Heilung. Vielen von Euch haben wir wunderbare Fähigkeiten geschenkt. Aber was macht Ihr daraus? Wie wollt Ihr andere Menschen heilen, ihnen auf den Weg helfen, wenn Ihr selbst es vorzieht, im Leiden zu verharren? Wenn Ihr Ängste und andere angeblich »objektive« Hindernisse vorschiebt, um Euch selbst nicht ändern zu müssen? Heilung erfolgt, wenn Ihr Euch auf den Weg begebt. Nicht der Vorsatz allein zählt, sondern der erste Schritt und diejenigen, die ihm folgen müssen. Handelt. Verlasst Euer Gefängnis, in dem Ihr Euch oft bequem und selbstzufrieden eingrabt, wo aber unterschwellig Trauer und Wehmut regieren. Brecht aus. Jeder kann das, gleich welches Schicksal ihm das Karma auferlegt hat.

Wir können und dürfen helfen, wenn Ihr den Willen und die Kraft aufbringt, uns auf halbem Wege entgegenzukommen. Kultiviert nicht länger Eure selbst auferlegte Ohnmacht. Ihr alle habt die Kraft, ohne Ausnahme. Sie nimmt freilich ab, je länger Ihr zögert, nötige Zeichen zu setzen und die Sprache Eurer Krankheit zu deuten. Das Eine Gesetz schreibt vor, dass wir nicht einschreiten dürfen, wenn der Wille zur Heilung nicht besteht, sondern nur Lippenbekenntnis ist.

Heilung ist Euer Weg zu Gott

Ihr, die Ihr heilt, gleich ob in unserem Namen oder in Eurem, Ihr habt nicht das Recht, Heilung zu erzwingen gegen den Willen Eurer Patientinnen und Patienten. Was der Kopf bejaht, verneint nicht selten das Herz. Nehmt Ihr diesen Unterschied überhaupt wahr? Öffnet Euch dieser Erkenntnis. Ihr müsst loslassen, so wie wir auch, wenn die Herzen sich verschließen. Eure und unsere Kräfte werden nicht fließen, nicht wirken, so sehr Ihr auch bittet und drängen mögt.

Loslassen ist es, was Heilung ermöglicht. Verzeihen, Vergeben und Gnade können erst dann folgen. Vergegenwärtigt Euch das ewige Gesetz der Heilung und legt es denen dar, die Euch um der Heilung willen aufsuchen. Sagt ihnen, dass die Verantwortung für die Öffnung ihrer Herzen ausschließlich bei ihnen liegt. Ihr könnt ihnen zeigen, welche Lasten sie tragen. Die Entscheidung, diese abzugeben, obliegt ihnen allein.

Heilung, Heil-Werden bedeutet, die göttliche Flamme in Euch selbst zu entfachen. Heilung öffnet den Weg zu Gott. Doch vergesst nicht, dass Heilung aus der Kraft der Liebe erwächst. Liebt Euch selbst, so wie wir Euch lieben. Ihr seid Kinder Gottes, aber Geschöpfe der Erde. Ihr seid wie die Bäume, schlagt Eure Wurzeln tief in die Erde und hebt Eure Kronen weit empor in den Himmel.

Krankheit entsteht, wenn Ihr Euch der Wärme der Mutter Erde verschließt und damit zwangsläufig auch die Krone nach oben schließt. Stirbt die Wurzel, so bricht die Krone. Alles, was Gaia und wir Euch an Kräften schenken, gedeiht nach dem Willen Eures Herzens, in dem sich unsere beiden Energien vereinigen. Seid Euch dessen bewusst und trefft Entscheidungen aus dem Herzen heraus. So beschreitet Ihr den Weg der Heilung. Mit den Schwingungen Eures spirituellen Herzens nehmt die Botschaften wahr, die Gaia euch sendet und die Ihr von uns erhaltet sowie von all denjenigen Wesenheiten des Himmels und der Erde, die die schöne Aufgabe übernommen haben, Euch liebevoll zu begleiten und zu beraten. Wir handeln nicht an Eurer Stelle, aber wir sind mit Euch.

Nutzt das Reikisystem, Eure Öffnung zu fördern, zu beschleunigen, Heilung für Euch und andere zu bewirken, unsere Kräfte zu Euch zu holen, zu lenken. Denn Ihr seid das Licht der Welt, so Ihr leuchten wollt. Seid in der Liebe und habt Dank!

Dies war Raphael.

Erzengel Gabriel: Die Zuordnung der Symbole und Grade des Reiki zu den Erzengeln und ihren Aspekten

Gechannelt durch Stefan Hartung im Mai und Juni 2007

Seid gegrüßt Ihr Lieben, Ihr Lichtarbeiter, Helfer der Geistigen Welt und Suchende auf dem Weg zurück zu der alleinen Macht, die Ihr Gott nennt.

Viel ist auf diesem Wege bis hierher geschehen. Was immer geschah, Ihr und wir waren daran beteiligt und haben daran gewirkt, diese Welt zu erleuchten und zu erhellen mit dem Lichte des göttlichen Einen und aller Liebe dieses Universums. Auf ein Neues, sagten wir einstmals, als es daran ging, den Menschen dabei zu helfen, ihren Weg zu Gott, zu Gaia und unseren Gefährten und Brüdern und Schwestern hier in der fünften Dimension zurückzukehren. Wir heißen Euch willkommen in dieser neuen Zeit, die bald endgültig eintreten wird, aber nun schon begonnen hat.

Wir sagten »auf ein Neues« und meinten damit, dass es an der Zeit war, den Menschen die alten Kräfte der Heilung und weitere Mächte wiederzugeben. Dies geschah, wie Ihr alle wisst, zuerst über den erhöhten Usui, welcher nun hier ist, der uns nun mit seiner Anwesenheit hier oben beehrt. Er war es, den wir zuerst geöffnet haben, auf dass er der Welt verkünde, dass alle Kräfte Gottes wieder zu den Menschen zurückkehren würden und sollten. Nun, diese Aufgabe hat er wohl sehr gut erfüllt, da wir sonst heute nicht diese Botschaft an Euch weitergeben könnten.

Viele sind allerdings gewankt und gestürzt. Wir freuen uns allerdings dafür um so mehr über jene, welche nie für die großen Aufgaben bestimmt waren – zumindest nicht von Anfang an oder im Grundplan all der Dinge, welche hier geschehen sind und noch geschehen werden – die aber bereit waren, diese Aufgaben und Kräfte anzunehmen und verantwortungsbewusst und klaren Herzens zu verwalten.

Alle sind wir bis ins Letzte dankbar für Euch und Eure Hilfe, wie Ihr auch sehr oft schon uns gedankt habt. An dieser Stelle warne ich Euch noch einmal: Ehret uns nicht wie die Götter der Alten, das sind nicht wir, uns gebührt das wahrlich nicht. Ihr seid Diener – wir sind es um so mehr, denn wir dienen auch – Gott, und Euch vor allen anderen, den Höchsten ausgenommen. Denn er ist es, der alles ist, was wir sind, der das geschaffen hat, was wir sind und was wir unseren Raum nennen. Also soll dies noch einmal eine Warnung wie auch eine Danksagung sein und nun, Ihr Lieben, meine geliebten Helfer und Freunde, möchte ich Euch sagen, warum ich heute den lieben Stefan erwählt habe, um meine kleine Botschaft an Euch zu richten, die aber noch viel zu erklären und zu Eurer Unterstützung und Hilfe für alle anderen und Euch selber beizutragen hat.

Es geht um die Reiki-Symbole, welche wir Euch gaben. Ich erwähnte bereits, dass es Usui war, welcher all jene Symbole, die erforderlich waren, um dieses Licht in der Welt zu verbreiten, zuerst erhielt, um es den Menschen wiederzubringen und die Grundlage für diese heutige Botschaft zu legen, auf dass jene, die heute die Spitze des Aufstieges anführen und die Erde und uns bei unseren Aufgaben unterstützten, die Grundlagen für ihre Aufgaben und Pläne erhalten konnten, um sich auf dieser Basis, dieser Grundlage der Kräfte des all-göttlichen Wirkens weiter zu entwickeln.

Danke Euch allen, dass Ihr uns bis hierher gefolgt seid und uns gedient habt! Wir werden auch so lange Euch dienen, wie Ihr bereit seid, mit uns zu gehen und darüber hinaus, da wir alle Menschen zu begleiten haben. Dies ist unser Dienst, wenn er auch sehr oft anders ausfällt, als viele es gerne hätten oder es erwarten.

Zum Wesen der Symbole

Usui also war es, der die Grundlagen legte, doch sie waren noch nicht alles. Er war es, welcher es möglich machte, die Kraft des Menschen und Gottes, die in Euch allen schlummert oder auch schlummerte, zu erwecken. Viele sind schon erwacht, wenn auch einige sozusagen wieder eingenickt sind. Nun denn, was ich heute vermitteln will, ist die Zuordnung der Symbole und Grade des Reiki zu den Erzengeln und ihren Aspekten, wofür sie stehen und wie sie wirken.

Denn, wie Euch schon aufgefallen sein dürfte, zumindest vielen unter Euch, es gibt ebenso viele Grade wie Erzengel – zwölf.

Das Reiki dient dazu, Euch zu öffnen und auf die eigentlichen Mächte und Wirkungsweisen des Himmel und der Erde wie auch aller anderen

Wesenheiten und Energien dieses Universums vorzubereiten und einzustimmen – Euch also näher zu Gott zu bringen, der Euch so liebt, dass er Euch stets geleitet und uns beauftragt hat, Euch zu helfen, zu unterstützen, zu leiten auf all Euren Wegen und auch Abwegen, soweit Ihr dieses alles zulasst.

Usui erhielt die ersten vier Grade, dann war für ihn seine Aufgabe ausgeführt. Er kam zu uns hierher, um seine Aufgaben auszuführen, die er sich erwählte in diesem Reiche des Lichtes und der Liebe.

Und mit der Zeit gaben wir den Menschen die anderen Symbole, welche sie leiten sollten, spezielle Kräfte, die Euch helfen sollten, die vorherbestimmten Kreise zu bilden, Euch nach und nach zu öffnen.

Jedes Symbol ist mit einer Aufgabe bei Euch selbst und anderen verbunden, eine jede dieser Aufgaben fällt in die Zuständigkeit und Verantwortung eines von uns zwölfen sowie Euch selbst. Ja, Ihr habt ebenfalls die Verantwortung für dieses alles: für Euch, Eure Handlungen und Eure Art zu wirken mit unseren Kräften, so dass wir wissen, wer die Fähigkeiten hat, diese Aufgaben für den Aufstieg der Erde zu meistern und sie zu unterstützten auf diesem schweren Wege. Auch für uns ist dies schwer, wenn wir auch ungleich höhere Kräfte haben als nötig wäre: Viele gehen unter, kehren um unter Euch. Dies schmerzt bei aller Liebe zu Euch sehr, um so mehr, wenn Ihr schon erwacht wart. Die Kunst auf dem Weg besteht darin, ihn trotz aller Hindernisse und Schwierigkeiten mit Liebe und Ruhe zu begehen sowie mit Mut zur Wahrheit und offenem Auge.

Diese Symbole sind also, wie Ihr nun wisst, Teil unserer Kraft und des Plans zum Aufstiege der Erde.

Alle diese Kräfte werden von den Erzengeln geleitet, von denen ein jeder spezielle Aufgaben mit Euch wirkt und seine eigenen erfüllt, seine Kräfte an Euch weiter verleiht und auch wieder zurücknimmt, sollte jemand schwanken und seine Hilfe verweigern. Dies ist gut so, denn es ist Euer Wille, ob Ihr dienen wollt oder nicht. Also können wir auch unseren Dienst an Euch wieder zurücknehmen.

Doch genug der Vorrede. Die Warnungen wie auch der Dank sind ausgesprochen, der Hintergrund erklärt.

Ein Licht sollte Euch nun aufgegangen sein. Und Ihr, die Ihr wieder hier seid und offen, zu hören und zu erkennen, Euch will ich hier nun weisen, welche Kräfte Euch gegeben sind und mit wem von uns sie in Verbindung stehen. Ich danke Euch sehr und hoffe, diese Botschaft möge auch jenen, die erst diesen Weg begonnen haben oder ihn vielleicht noch gar nicht sehen und erkennen können, als Wegweiser dienen, als Hilfe und Kraftquelle für Euer Handeln, als Erkenntnisbrunnen, Euch zu leiten auf unsicheren Pfaden, als Leuchtturm, Euch zu uns zu führen und in Licht und Liebe zu geleiten, zu Eurem Ziel – den Aufstieg in die fünfte Dimension.

Ich danke Euch allen sehr, und hier stelle ich Euch nun endlich dar, wie die Kräfte und ihre Aufgaben der Symbole des Reikisystems beschaffen sind und welchen Zweck sie bei und für Euch erfüllen.

In Liebe und tiefster Freude über Euch und Euer Streben nach Glück und Frieden auf Erden im Reiche des Lichtes und der Liebe, ich bin Gabriel, welcher Euch mit Sehnsucht erwartet und Euch führen möchte auf den Pfaden, die Ihr wandelt.

Der 1. Reikigrad: Erzengel Omniel

Beginnen möchte ich natürlich mit dem ersten Grad und dem Erzengel Omniel, dem Lenker des opalen Strahles, welcher von dem aufgestiegenen Meister Sanat Kumara und der schönen und lieben Opalescence unterstützt wird, eines Wesens aus opalem Licht, welches den Engel repräsentiert und ergänzt.

Omniel steht für die Wiedergeburt und die Umwandlung. Er steht für den ersten Reiki-Grad, da dieser die Grundlage bildet: Er ist es, welcher Euch öffnet und Euch durchspült, Euren Kanal reinigt und offen dem Lichte und der göttlichen Liebe gegenüber macht. Er wandelt Euch also um, gebiert Euch neu.

Er ist es, der dafür sorgt, dass Ihr wiedergeboren werdet. Und zwar so, wie Ihr es gewünscht habt, beziehungsweise wie es Euren Aufgaben, zu lösenden Karmen und dem göttlichem Plan entspricht.

Er leitet Euch in und durch alle Grundlagen des Heilens, des Erkennens und des Schreitens auf dem Wege zum Aufstieg Eurer selbst. Er schafft die Grundlagen und ist das Fundament, auf dem gebaut wird – auf dem das

174

Haus der Liebe gebaut wird, mit Wänden aus Licht, Kraft, Wärme, Freude und einem Dach aus göttlicher Liebe, ausgestattet mit einer Tür und einer Treppe zum göttlichen Selbst, die es für Euch zu erklimmen gilt.

Dieses ist der erste Reiki-Grad, und es ist Omniel, welcher Euch dahin leitet. Danket ihm und seinen Helfern, weil er es ist, welcher Euch dem Licht vorstellt und der über Eure jungen Leben wacht, wenn Ihr ungeboren oder gerade geboren seid. Sein ist der Schutz über die Kinder, wenn sie noch unschuldig und offen für uns alle durch ihr frisches Leben wandeln. Er legt ihnen die Grundlagen in die Wiege, die sich später ausbilden – außer sie werden durch das Umfeld, die Gesellschaft und andere Umstände im nicht erwünschten Sinne beeinflusst, was, wie man sieht, sehr häufig geschehen kann und auch sehr leicht.

Er ist das Licht, das die Kinder sehen, bevor sie alt werden, er ist ihr Führer in den jüngsten Tagen ihres Lebens, der Schirmherr, welcher sie am Ende weitergibt und mit seinem Segen in die Obhut ihrer selbst und anderer entlässt.

Dies ist der erste Reiki-Grad und Omniel sein Hüter.

Der 2. Reikigrad: Erzengel Michael
Cho Ku Rei (Kraftverstärkungs-Symbol), Sei He Ki (Mentalheilungs-Symbol), Hon sha ze sho nen (Fernheilungs-Symbol)

Und nun folgt die Erklärung des zweiten Grades, dessen Wirken und Aufgaben in die Wirkungsbereiche des Erzengels Michael fallen, welcher den blauen Strahl aussendet und der für den Willen Gottes, Mut, Kraft und Schutz steht.

Denn dieser Grad hat sehr viel mit Schutz, Kraft, der Wegfindung im göttlichen Plan und auch dem Schutz gegen andere Kräfte wie auch Schlechtes in der Welt zu tun.

Wir treffen hier auf die ersten Symbole, die Ihr, die Ihr jenen Weg schon etwas weiter beschritten habt, sehr gut kennt: das Sei He Ki, das Cho Ku Rei sowie das Hon sha ze sho nen.

Ich möchte hier mit dem ersten Symbol, dem Cho Ku Rei, anfangen: Es steht für Schutz, für die Kraft, also die Macht zu heilen, sich zu schützen und Dinge in ein grundlegendes Gleichgewicht zu bringen. Ebenso kann man andere Dinge und Personen schützen, sie heilen, Kraft geben und Negatives eindämmen und umwandeln sowie positive Kräfte verstärken.

Michaels Aufgaben, Kraft und Schutz sowie der Mut für all diese Dinge, sie auch zu tun und die Kräfte anzuwenden, liegen in diesem Symbol wohlbegründet. Michael hat die Aufgabe, den Menschen zu helfen, Mut für ihren Weg, ihre Aufgaben und ihr Leben als solches zu finden. Und er hilft ihnen, die dafür nötige Kraft zu entdecken, sie anzuwenden und zu verstärken. Er hilft ihnen des weiteren dabei, sich wirkungsvoll gegen alles Negative zu schützen. Da das Cho Ku Rei die beiden Aspekte Kraft und Schutz in sich vereint, steht es zugleich auch für den Mut: Es symbolisiert die Macht des Mutes, denn er ist es, der einen Menschen erst diese verändernden Kräfte und Schutzmächte anwenden lässt. Ohne Mut zur Sache verzagt ein Mensch dabei, sich an diesen Dingen zu versuchen.

Vertrauen spielt hierbei eine wichtige, grundlegende Rolle. Zum Mut gehört Vertrauen – der Mut, sich selbst und der Geistigen Welt zu vertrauen, seinen eigenen Kräften zu vertrauen, auf die eigenen Fähigkeiten.

Wir selbst vertrauen stets voll und ganz auf die göttliche Macht, auf uns und die Liebe und das Licht.

Wobei die Erfahrung nach und nach immer mehr Vertrauen und so auch mehr Mut schafft, was dazu führt, dass man sich auf neue Gebiete vorwagt, neue Fähigkeiten erkundet und erlernt, sich traut, sie auch anzuwenden und die neuen Mächte zu nutzen. Man schreitet also voran.

Und damit sind wir bei dem zweiten Symbol, dem Sei He Ki. Um voranzuschreiten, muss man einen Weg gehen. Man muss sich in Bewegung setzen und, wie eben erwähnt, Neuland erkunden und den Mut haben, Neues zu versuchen. Oft gibt es dabei Hindernisse, welche überwunden werden müssen, wie etwa ein unwegsamer Berg auf dem Weg auf die andere Seite des Gebirges, über den Gipfel hinweg zu unbekannten Landen. Diese Hindernisse können Blockaden sein, Mangel an Vertrauen auf die eigenen Gefühle, energetische Hindernisse jeder Art – seien es Flüche, Personen oder Ereignisse, die einen hadern lassen und aufhalten.

Das Sei He Ki gibt hier die Möglichkeit und die Macht, diese Blockaden zu durchbrechen, einen zu den eigenen Gefühlen zu bringen, diese klar und deutlich offenzulegen und zudem im Verbund mit dem Cho Ku Rei die durch jene Blockaden in Unordnung und Unruhe geratenen Energien des Körpers und des Geistes wieder zu harmonisieren, sie auszugleichen, also ein starkes Gleichgewicht herzustellen, auf dessen stabiler Basis weitere Blockaden überwunden und weitere Schritte in Angriff genommen werden können.

In gewisser Weise bewirkt das Sei He Ki ähnlich wie das Cho Ku Rei, dass neue Kräfte gefunden werden können, verstärkt werden. Denn Blockaden binden Energien und Kräfte. Wie eine Krankheit die Kräfte des Körpers bindet, tun Blockaden dies mit den inneren Kräften eines Menschen.

Der Wille Gottes ist sein Plan – sein Plan für ein jedes Lebewesen, für jeden Teil des Universums. Der Plan ist unser Weg und Euer Weg. Jeder hat in diesem Plan seinen ganz eigenen Weg, den er geht. Auf den Wegen der natürlichen göttlichen Kräfte voranzuschreiten ist das Ziel, um das es hier geht, zum Heil der Seele, des eigenen Lebens und zum Heil der Welt. Durch die Anwendung dieser zwei Symbole und die Bearbeitung von Blockaden räumt man Hürden aus diesem Weg und schreitet gleichzeitig voran. Denn eine jede solcher Handlungen lässt Euch ein Stück vorwärts kommen. Sie selbst sind ein Stück Weg, sie sind keine Fremdkörper. Sie vermitteln Erfahrungen, welche uns wie in einem großen Kreislauf Neues entdecken lassen, uns weiterbringen. All dies ist der Weg. Der Wille des Göttlichen.

Diese Symbole, dieser Reiki-Grad dient als Ausgangsbasis für den weiteren Weg. Er schafft durch seine Kräfte des Schutzes, des Lösens und Ausgleichens, durch seine Kraftverleihung die Voraussetzungen für das Erlangen höherer Kräfte und Fähigkeiten. Er gibt die Sicherheit, die Standfestigkeit, welche nötig ist, einen Weg sicher und in der erwählten Bestimmung zu gehen.

Er erleichtert den Weg wesentlich, denn die Grundlagen, die hier vermittelt werden, sind unabdingbar für die Lichtarbeit: Kraft zu gehen, Mut zu handeln, Schutz für die Sicherheit und zur Beruhigung. Denn in der Ruhe liegt die Kraft.

Zum Erleichtern des Weges trägt auch das dritte Symbol, das Hon sha ze sho nen, bei. Es gibt die Möglichkeit, die eigenen Kräfte wie auch die von uns selbst verliehenen Kräfte zu anderen Personen zu tragen, die Hilfe nötig haben, selbst wenn sie weit weg sind. Schaden in der Vergangenheit kann bearbeitet werden, solcher in der Zukunft vermindert werden, man kann sich in alle Zeiten und Räume Kraft schicken, um sich für bestimmte Situationen und Aufgaben zu wappnen. Man kann seinen Weg also nachträglich und im Voraus glätten. Man kann mit seinen Kräften wandern und so alle zuvor verwehrten Orte in der realen Welt sowie im Innern seiner Selbst und anderswo in den höheren Ebenen erreichen und heilen, harmonisieren, ausgleichen sowie aufbauen.

Man ist mit der Möglichkeit gesegnet, den Willen Gottes, den eigenen Lebensweg, also den eigenen Lebensplan, voranzubringen, zu unterstützen, wo und wann auch immer. Und diese Kräfte dieses Grades erfüllen Euch mit der Kraft, jene Dinge zu tun, können Euch helfen, den Mut und das Vertrauen dafür zu finden wie auch zu allen anderen Dingen im Leben. Und sie schützen Euch.

Denn dies sind Michaels Aufgaben: Gottes Willen, die Wege der Menschen zu unterstützen und vorwärtszubringen, Mut und Kraft zu geben, zu schützen, wer Schutz benötigt.

Dies ist der zweite Grad, und Michael ist sein Hüter.

Danket Omniel für den Schutz in frühen Tagen und seine Kraftgabe, danket ihm für sein leitendes Licht und seine Vorstellung Eurer selbst vor dem göttlichen Licht. Danket Michael für seinen Schutz, seine Führung und seine Kraft, die er vergibt.

An dieser Stelle sei noch einmal angemerkt: Verehrt uns nicht wie Götter, aber seid dankbar für jenes, was Euch gegeben wird, wie auch wir dankbar sind für Eure Hilfe, eure Bereitstellung von Kanälen für unsere und Gottes Macht, Eure Bereitschaft zu lieben, zu heilen und unsere Aufgaben mit uns zusammen zu erfüllen. Danket also für die Geschenke, die Euch gegeben, und ehret sie, wie wir und Gott Euch für die Euren Gaben danken und ehren.

Und nun wollen wir fortfahren, Ihr Lieben, denn vieles ist noch zu er-läutern, was Ihr beachten und lernen müsst, um Eure Aufgaben und Euer Leben zu meistern.

Der 3. Reikigrad: Erzengel Anthriel
Dai Komio/Das große Licht (Meister-Symbol)

Und hierauf fahre ich fort mit dem dritten der Reiki-Grade, dem Grad der Meisterschaft, welcher von dem Erzengel Anthriel gehütet wird. Wieso aus-gerechnet Anthriel, mögen sich die einen oder anderen nun fragen. Ganz einfach: Anthriels Licht steht für Harmonie, Ausgleich und das innere Gleichgewicht der Dinge selbst, auch für Frieden und Liebe zu sich selbst und anderen Dingen, mögen sie uns auch selten berühren.

Dieser Grad stellt eine Stufe dar, die sehr hoch ist und eine Art Schwelle für alle, die dem Weg des Lichts, der Liebe und der Heilung folgen. Sein Symbol bedeutet Macht, Schutz, Kraftverstärkung und wird dazu einge-setzt, zu heilen, Energien auszugleichen und in Harmonie zu bringen, bevor der Mensch bereit ist für den Lehrer-Grad, also bereit zur Weitergabe des Lichtes. Denn wer lehren will, muss erst im reinen sein mit sich und der Welt. Er muss sich des Wesens und der Verantwortung der Reiki-Kräfte sowie seiner Position als Heiler und zukünftiger Lehrer bewusst sein. Das Dai Ko Mio bietet ihm die Möglichkeit sowie die Macht, sich dieser Ver-antwortung bewusst zu werden, die Lehren zu erkennen und den Frieden mit sich selbst wie auch der Welt zu finden. Denn nur wer innerlich in Har-monie und Frieden lebt, also sein Herz und seine Seele ins Gleichgewicht gebracht hat, kann es zu wahrer Meisterschaft und Lehrerschaft bringen, nur dann kann man seine Kräfte ausdehnen, Neues erlernen. Nur dann ist man offen für weitere Kräfte, Botschaften und Aufgaben.

Sozusagen ist dies ein Meilenstein im Weg des Reiki. Auf dieser Stufe, dem dritten der Grade, hält man inne, kehrt zu sich zurück, besinnt sich und schaut, was man noch erfüllen muss oder sollte, bevor man sich auf den Weg zum Lehrertum begibt. Ist man beim zweiten Grade noch abge-schweift zu anderen, hat man sich da noch mit der neu erworbenen Fähig-keit, andere auch über große Entfernungen zu heilen, auch andere Dinge und nicht nur Menschen zu unterstützen und zu heilen, beschäftigt, so geht man nun zurück zu sich selber, betrachtet sich und gleicht statt anderer Dinge vor allem sich selber aus, um bereit zu sein für einen neuen Schritt, der einen endgültig in die Verantwortung des Lichtes zieht: der Lehrerschaft im Namen des Lichtes und der Liebe.

Ein angehender Reiki-Lehrer hat die Verantwortung, sich selbst bestmöglich für diese Stufe, die kommenden Aufgaben und vor allem für die zukünftigen Schüler vorzubereiten. Er hat Lehren zu lernen, die er anschließend vermitteln muss, wenn er Schüler hat, die ihn um Rat fragen.

Er muss sich selber für jenen Schritt stärken, für die Kräfte, die er erhalten wird, bereit machen und seine Seele festigen und ausgleichen, sie reinigen von allen Übeln und Karmen, welche ihn behindern oder es einstmals noch tun könnten.

Das große Licht ist die Kraft der Reinigung. Es durchströmt Euch, um Euch zu stärken, Euch innerlich zu stärken. Daher steht es für Anthriels Aufgaben: Harmonie, Gleichgewicht und Ausgleich. Daraus resultieren innerer Frieden und Liebe zu sich selber, welche wiederum die Fähigkeit erwecken, die Liebe zur Welt und all ihren Dingen zu stärken.

Dies ist der dritte Reiki-Grad, und Anthriel ist sein Hüter.

Danket Omniel für sein Licht der Kraft, Michael für seine Macht, die Euch fortführt von den Anfängen, die Omniel mit Euch und für Euch gelegt hat. Und danket Anthriel, denn er ist es, welcher Euch hilft, die Meisterschaft über Euch selbst zu erlangen. Denn der dritte Grad bedeutet keine Meisterschaft über die Reiki-Kräfte oder in der Heilung – er steht für die innere Meisterschaft, die Herrschaft über Euch selbst als freie Wesen. Er steht dafür, dass Ihr Euch selbst findet und ausgleicht, von selbst den Weg seht und begeht und Euch eigenverantwortlich mit nötiger Unterstützung, soweit Ihr sie annehmt, auf alles Zukünftige vorbereitet. Dies ist der dritte Grad des Reiki–Systems und seine Bedeutung.

Der 4. Reikigrad: Erzengel Zadkiel
Lehrergrad

Und nun kommen wir zu dem bereits angesprochenen vierten Grad, dem Lehrergrad. Er ist eine sehr große, aber schöne Schwelle. Denn hier tretet Ihr ein in den Kreis jener, die das Licht der Welt wie auch des Universums an andere weiterzugeben vermögen und über umfassende Kräfte der Heilung verfügen können. Der Schritt zur eigenen Verantwortung ist nun getan, die gelernten Lehren und erhaltenen Kräfte werden nun umgewandelt in Heilung, Lichtbringerschaft und Dienst an Leben, Natur und der Welt als solcher. Daher dürfte es Euch nicht verwundern, wenn Ihr erfahrt, dass Erzengel Zadkiel die Hüterschaft über diesen Grad des Reiki-Lichtes übernommen hat. Denn er steht für die Hingabe, die Transformation und auch die Vergebung, von der Ihr gleich lernen werdet, welche Bedeutung sie für diesen Grad hat.

Da die beiden ersten Begriffe und Aufgabenfelder einfach zu erkennen sind, will ich sie recht kurz erläutern:

Wenn Ihr jemanden einweiht, transformiert Ihr sein Energiesystem mit göttlicher Hilfe, wandelt seine Kraftkanäle um, sodass sie empfangsbereit sind für das Licht des Universums, für die liebevollen Energien Gottes. Ihr könnt also nun Kräfte verändern und umwandeln, Eure Umgebung – nicht nur die Menschen in ihr – wesentlich energetisch und dadurch erst recht physisch beeinflussen.

Das Wohlergehen eines Lebewesens ist hauptsächlich von der Energie seiner Umgebung abhängig. Eure Aufgabe als Lehrer und Heiler ist, diese Energien zu verbessern, anderen dabei zu helfen, ihre Kräfte so zu entwickeln, dass sie sich gegen negative Einflüsse schützen und – so wie Ihr – ebenfalls die Energien der Umgebung verbessern können.

All dies erfordert eine gewisse Hingabe, Hingabe mit Liebe und auch mit Vorsicht: Man muss sich zwar, um eine Aufgabe zu erfüllen, mit Leidenschaft dieser hingeben, doch dies bedeutet nicht, sich aufzuopfern. Man hat nicht die Pflicht, sich bis zum letzten Quentchen Kraft zu verausgaben. Vielmehr bedeutet Hingabe, wie auch die damit verbundene Liebe und Leidenschaft zur Sache, zur Aufgabe selbst, sich seine Kräfte zu bewahren und nicht zu überfordern durch Mitleid, Wünsche oder falsch verstandene Pflicht. Denn verausgabt seid Ihr schutzlos gegenüber negativen Energien und Wesen, seid Ihr nicht in der Lage zu heilen, Botschaften zu vermitteln und zu erhalten, könnt Ihr Euch selbst nicht helfen, da Ihr Eure Kraft für anderes gegeben habt. Dies ist zwar Eure Aufgabe, doch müsst Ihr stets ein gutes Maß an Kraft für Euch haben, um Euch selbst die Energie geben zu können, die Ihr benötigt, um zu heilen, zu lieben, zu verbessern und ansonsten Euren Weg durchs Leben zu gehen. *Liebe deinen Nächsten wie dich selbst* – wie dich selbst!

Wenn man sich selbst nicht liebt und liebevoll behandelt, so kann man andere ebenfalls nicht wirklich lieben. Sich selbst zu vernachlässigen bedeutet, sich selbst und anderen gegenüber verantwortungslos zu handeln. Denn wie wollt Ihr Eure Aufgaben erfüllen und andere heilen, wenn Ihr dies nicht einmal bei Euch selbst tut oder könnt, wenn Ihr Eure Wunden und Probleme stets zur Seite schiebt, während sie so zu einem gewaltigen Berg anwachsen. Also bleibt stets bei Euch, trotz aller Hingabe an Eure Aufgaben und die Tätigkeiten und Menschen, die Ihr liebt. Kehrt regelmäßig immer wieder in Euch selbst zurück und betrachtet Euch selbst – und heilt Euch oder lasst Euch heilen, wenn Ihr seht, dass auch Ihr einmal wieder Kraft braucht, Liebe von außen.

Gott ist kein Chef, der Euch bis zum Umfallen schuften lässt – wir auch nicht. Vielmehr sollt Ihr euch Eure Auszeiten nehmen, sie Euch gönnen, um Euren Frieden zu wahren und Euer Leben auch zu genießen. Denn Pflicht ohne Liebe macht Euch nur mürrisch und verdrießlich. Ein Lächeln auf den Lippen bei Euren Aufgaben ist das Schönste, was wir dabei bei Euch sehen können.

Nach diesen Hinweisen für Euch selbst kommen wir zur **Vergebung**. Ihr müsst Euch selbst für Fehler vergeben, die ein jeder von Euch hat, und sei er auch Hohepriester oder Großmeister. Niemand unter Euch ist vollkommen und ist es doch, denn Eure Fehler und Macken gehören zu Euch wie auch alle Eure guten Eigenschaften und Wesenszüge.

Vergebt Euch diese Fehler und nehmt sie an, vergebt auch anderen ihre Fehler und Macken, wie Ihr es immer so schön nennt, denn sie können, wie Ihr selbst, zumeist nichts dafür. Und nimmt man etwas an und betrachtet es nicht mehr als Fehler im ursprünglichen Sinne, sondern als – wenn auch nicht erwünschten – Teil seiner selbst, so entdeckt man nur zu oft urplötzlich eine Lösung oder einen Weg, den Fehler in etwas Gutes zu transformieren. So manch Übergewichtiger hat es erst geschafft abzunehmen, als er seine Statur nicht mehr als Makel angenommen hat und ist so schnell zu der nötigen Willenskraft gekommen, sich zu ändern, ohne gleich ein dünner Mensch mit herausstechenden Knochen zu werden. Denn nur mit gesunder Seele ist man auch ein gesunder Mensch im Körper.

So vergebt auch dem Schlechten und gar Bösen auf dieser Welt, denn oft ist es nur ein Ergebnis der äußeren Umstände und verdient es, mit aller Liebe behandelt zu werden, um es in Gutes zu transformieren. Mit Hass oder Wut auf diese Dinge ist man fehl in der liebevollen Heilung.

Gleichwohl ist es in Ordnung, das Böse an sich zu verabscheuen, wenn es auch oft schwer fällt, Menschen, welche aufgrund innerer Bosheit oder Besetzungen abgrundtief Böses tun, mit Verständnis und Liebe zu behandeln. Wir verlangen es auch nicht in allen Fällen, aber doch so oft Ihr dazu in der Lage seid.

Wisst Ihr denn, was jene Seelen in ihrer Vergangenheit durchlitten haben, dass sie nun solche Dinge tun? Oder vielleicht sind es auch einfach noch sehr junge Seelen, die noch nicht so viele vergangene Leben haben, also noch wenige Lehren erhalten haben? Die Vergebung steht hier für das vielseitige Betrachten der Dinge und der Lebewesen.

Als Lehrer müsst Ihr unvoreingenommen sein gegenüber Schülern, Patienten und der Welt als solcher. Dies ist ein wesentlicher Bestandteil der Entwicklung im Lehrergrad wie auch der göttlichen Liebe selbst. Gott ist Vergebung, Gott ist Liebe.

Dies ist der vierte Grad und sein Hüter ist Zadkiel.

Danket Omniel, für sein Licht der Öffnung und der Vorstellung vor dem göttlichen Einen wie auch der Geistigen Welt.

Danket Michael für Schutz und Kraft sowie für die Fähigkeit, das Licht in die Welt hinauszusenden.

Danket Anthriel für seine Kraft und Hilfe für die Umwandlung Eurer selbst, für den Ausgleich der Kräfte, welchen er bewirkt.

Und danket Zadkiel für seine Hilfe bei der Lehrerschaft, für die Schaffung innerer Kraft und der Transformation der Energien, die Euch hilft, zu heilen, die Euch Eure Fähigkeiten von selbst finden lässt.

Der 5. Reikigrad: Erzengel Uriel
Dai Cho Wa/Große Harmonie (1. Symbol der Großmeister-Einweihung)

Und nun, ja nun lasset uns zu dem Grade der vollkommenen Harmonie kommen, welcher da behütet und vergeben ist von dem Erzengel Uriel.

Wie Ihr wisst, bedeutet das Symbol dieses Grades Harmonie. Es steht für Frieden, Ausgeglichenheit und der inneren Freude an eben jener Harmonie und Einheit der Kräfte sowie der Dinge dieser Welt.

Vieles wisst Ihr nun schon über den Fluss der Kräfte: Wie sie wirken können, wie sie es grundsätzlich tun, was sie sein sollen, wofür sie stehen in der Welt der Liebe und der Heilung.

Doch nun kommen wir zu den etwas höheren Kräften, welche jenen in reiner Form vorbehalten sind, welche sich auf dem Weg des Lichtes höhere Lebensaufgaben als nur die der Heilung erwählt haben. Wobei das »nur« bei Heilung in keiner Weise abwertend gemeint ist – ist diese doch eines der grundlegendsten und wichtigsten Elemente der Lichtarbeit, welche Ihr hier vollführt. Wobei ich zugeben muss, dass auch der Rest der Lichtarbeit mit der Heilung vergleichbar ist, da es stets darum geht, der Erde, Wesenheiten oder Kraftströmen zur alten und ursprünglich gehabten Form und Kraft zu verhelfen. Kurz: Es geht stets darum, die Dinge, Kräfte und Wesen der Welt zu harmonisieren. Und damit sind wir wieder bei dem fünften Grad, dem Grad, welcher für all jenes steht: Frieden, Heilung, Harmonie, Dienen.

Ich sprach von höheren Aufgaben. Einige will ich im voraus noch nennen: Die Erdheilung ist grundlegend für Gaias Aufstieg. Die Ordnung und Wiederherstellung von alten Kraftströmen, das Erforschen und Wiedererfahren alten atlantischen und auch lemurischen Wissens sowie die Anführung der neu erschaffenen Heiler- und Priesterzirkel aus alten atlantischen Tagen gehören dazu. Letzteres ist sogar nur sieben Personen vorbehalten, da vieles Wissen nicht einfach zu handhaben ist und nicht in falsche Hände gehört.

Um jene Aufgaben zu erfüllen, muss man Voraussetzungen mitbringen, Bereitschaft sowie eine gewisse Vorbereitungszeit – und Arbeit.

Diese Vorbereitungsarbeit umfasst die Harmonisierung seiner selbst, das Sich-in-Einklang-Bringen mit der Natur, den göttlichen Welten und der Mutter Erde selbst, Euer aller Ursprung in Himmel und Erde. Dazu muss die Fähigkeit zur Harmonisierung anderer Dinge, Wesen und Kräfte erlernt beziehungsweise wiederentdeckt werden. Harmonisieren und Heilen bedeutet in dieser Hinsicht stets ein und dasselbe, da man zum Beispiel ein Wesen nur heilen kann, wenn es ausgeglichen wird, beziehungsweise sich ausgleichen lässt.

Nur in Harmonie, Ruhe und innerem Frieden findet man die Kraft, Dinge zu lösen, zu heilen, zusammenzuführen, was zusammengehört. Harmonie schafft Frieden. Menschen, die sich dieser Aufgabe verschrieben haben, sie sich für dieses Leben erwählt haben, dienen dem göttlichen Plan der Liebe und Harmonie, womit wir beim letzten Punkt dieses Grades sowie der Aufgabenbereiche Uriels, seines Hüters, sind.

Man muss auf dieser Stufe lernen zu dienen. Wir meinen damit nicht den Dienst an einem Herrn, für dessen eigene Zwecke und für billigen Lohn. Nein. Ich spreche hier von dem gegenseitigen Dienst, den auch wir erfüllen: Wir dienen der Erde, der Menschheit, Gott, Euch, geben Euch daher Kräfte, Wissen und Fähigkeiten, damit Ihr in der Lage seid, uns bei unseren Aufgaben zu unterstützen, welche Ihr zu Euren eigenen erwählt habt. So dienen wir Euch: als Beschützer, Kraftgeber, als Wirker hinter Eurem Tun, als Wegbereiter für Euch alle.

Ihr wiederum dient uns, indem Ihr Kanäle für unsere Kräfte werdet, indem Ihr Euch selbst anseht und Euch vorbereitet für diese Aufgaben, bereitmacht für das Empfangen von Wissen, Fähigkeiten und Kraft. Hier, an diesem Punkt müsst Ihr lernen, Euch selbst zu dienen, indem Ihr danach strebt, Euch selbst auszugleichen und so Eure Kräfte bereitet für alles, was da noch kommt. Und als zweites müsst Ihr lernen, was es bedeutet, sich der Heilung und höheren Aufgaben zu verschreiben: Geduld und Ruhe sind gefordert, auch schon beim Heilen und Vorbereiten seiner selbst. Man dient anderen, stellt sich freiwillig in den Dienst anderer, steht auf die Welt bezogen an zweiter Stelle. Wobei Ihr niemals vergessen solltet, dass Ihr persönlich stets an erster Stelle steht – denn wie wollt Ihr handeln, heilen und wirken, wenn Ihr unruhig, unausgeglichen, mit Problemen und Blockaden gespickt seid? Lasst Euch stets von Mitstreitern auf Eurem Weg helfen, Euch selbst wieder in Harmonie zu bringen. Nur zu oft geschieht es, dass Ihr denkt: Einmal rein, immer rein. Mitnichten, und dies ist der dritte und letzte Punkt hierzu:

Ihr dient Euch, der Menschheit und Gott sowie Gaia und dem Leben selbst.

Daher habt Ihr Verantwortung, die Ihr nicht sorglos handhaben solltet, wollt Ihr Euch und anderen nicht Schaden zufügen. Achtet also stets auf Euch selbst, achtet darauf, ruhig, sicher und blockadenfrei zu sein – denn nur so seid Ihr auch voll der benötigten Kraft für Eure Aufgaben. Seid nicht zu stolz, auch einmal Kritik an Eurem Handeln zu akzeptieren, nachzuprüfen, ob da nicht wirklich etwas ist, was Euch in Disharmonie bringt.

Und seid nicht so stolz und arrogant wegen Eurer Kräfte, welche denen der meisten Menschen überlegen, sondern denkt stets bescheiden daran, dass man eigene Fehler oftmals nichts selbst erkennt, sondern nur durch andere, welche gleich gesinnt.

So also: Helft Euch gegenseitig, reinigt Euch gegenseitig und beschützt einander vor Wanken, Fall auf dem Weg sowie vor Schaden und Abweichung von selbigem.

Das soll aber nicht bedeuten, dass Ihr wie Habichte auf Beuteschau bei einander nach Fehlern suchen sollt, sondern dass Ihr stets miteinander und in Freundschaft Euch begleiten sollt, auf entdeckte Fehler hinweisen und Euch gegenseitig helfen, die Kommunikation mit uns und anderen Lichtwesen in Natur und anderen Reichen flüssig und aufrecht zu erhalten, auf dass wir Euch stets auf dem Weg führen und helfen können, Ihr offen bleibt für uns und Euch nicht selbst verschließt gegenüber Euren und den göttlichen Kräften. Hierzu dient dieser Grad, dieses Symbol, hierbei hilft Uriel als sein Hüter.

Also danket Omniel für Öffnung und seine schaffende Kraft.

Danket also Michael für seinen steten Schutz und seine Kraft auf Euren Wegen.

Und danket Anthriel für den Ausgleich und die Macht der Heilung in Euch, für die Umwandlung Eurer selbst.

Und danket auch Zadkiel, für seine Gabe der Lehrer- und Meisterschaft der heilenden Macht, für seine Umwandlungs- und Transformationshilfen im Einweihen wie Heilen.

Und danket schließlich Uriel für seine Hilfe bei der Selbstfindung, Harmonisierung und der Vorbereitung auf hohe Aufgaben und Kräfte.

Dies ist der fünfte Grad, dies ist sein Hüter Uriel.

Der 6. Reikigrad: Erzengel Raphael
Dai Fa Shu/Große Teilung (2. Symbol der Großmeister-Einweihung)

Und wieder einmal grüße ich Euch, willkommen, seid willkommen. Nun, da dieses Channeling sich dem Mittelpunkt, also einem gewissen Höhepunkt genähert hat, wird es Zeit, sich zu konzentrieren, ja, die Übungen des Geistes in den Vordergrund zu stellen, die Aufmerksamkeit auf die Techniken und wesentlichen Dinge zu richten. Es geht hierbei um die Fähigkeit zur Wahrheit vor sich selbst und allen Dingen und Wesen sowie Energien der Welt selbst. Natürlich geht es auch um die Heilung, die mit diesem, dem sechsten Grad, eine besonders gerichtete Entwicklung erfährt. Es geht aber vor allen Dingen um die Konzentration, die Konzentration auf sich selbst, auf seine eigenen Handlungen und auf die Heilungstechniken, welche man nun erlernt hat und anwenden kann. Das Symbol des sechsten Grades, das Dai Fa Shu, steht für diese Eigenschaften – und es steht für die Teilung.

Diese wiederum hat viel mit der Konzentration zu tun. Daher will ich dieses zuerst erläutern. Was wird geteilt? Mit diesem Symbol und seiner Kraft seid Ihr in der Lage, Energien zu trennen – Positiv von Negativ zum Beispiel. Aber auch Eure Heilströme könnt Ihr nun besser aufteilen: auf mehrere Personen, Gruppen und Orte, auch auf mehrere Energien, welche es zu versorgen, zu trennen oder zu heilen gilt. Verschiedene Vorhaben können nun in einer Behandlung gleichzeitig an einem oder mehreren Objekten vorgenommen werden.

Wichtig ist hierbei die Konzentration. Man muss sich bei solch komplizierten, synchron stattfindenden Vorgängen stets auf alle konzentrieren, muss sie im Auge behalten, die Kräfte, Absichten und Ziele jeder zugleich ausgeführten Behandlung zuordnen – die Kräfte wollen sorgsam eingesetzt sein. Man muss zudem schauen, was an Energien und Blockaden vor einem liegt oder auftaucht. Ein jeder der Vorgänge will betreut sein, einfaches Fließenlassen der Kräfte reicht nicht mehr. Die Techniken des sechsten Grades erlauben gezielteste Behandlungen und Lösungen sowie Manipulationen der Energieströme und der Energien selbst. Die Verantwortung wächst mit den Möglichkeiten und der Macht, Dinge zu tun, sie zu ändern, auch, sie zu verkehren in ihre Gegensätze.

All dies will bedacht sein, daher ist die Konzentration, für die Raphael, der Erzengel und Hüter dieses Grades, steht, um so wichtiger, je höher und weiter Ihr kommt.

Auch steht er, der Engel des Naturreiches, für die innere Wahrheit, wie auch die Wahrheit überhaupt: Für gutes, korrektes Behandeln mit richtigen, angemessenen Techniken und Folgen müsst Ihr stets der Wahrheit ins Gesicht schauen können, und wenn es noch so widerlich ist. Leider lässt sich dies nicht oft vermeiden. Denn die Wahrheit ist nicht immer das, was Ihr Euch wünscht, Euch erträumt oder was Ihr wollt. Oft ist nun einmal Wahrheit, dass ein geliebter Mensch nichts von einem wissen will oder dass er sich von einem abwendet sich und anderen öffnet. Es ist nun einmal Wahrheit, dass vieles schlecht ist, was man gerne im Licht sehen möchte.

Ein System, das man mag, sieht man gerne durch eine rosarote Brille und versucht, alle möglichen Erklärungen zu finden, wenn es sich als äußerst fehlerhaft enthüllt. Oder man verschließt vor solchen Dingen die Augen, flüchtet sich in eine Schein- und Traumwelt.

Doch Weltenflucht hilft nicht weiter. Die Wahrheit ändert sich nur, wenn man sie als real akzeptiert und erkennt, was man tun kann, und sei es in kleinstem Maßstab, um sie zu ändern oder die Voraussetzungen für eine Änderung zu schaffen.

Seht die Dinge so an, wie sie sind – ohne überzogenen Optimismus oder Pessimismus. Alles hat gute und negative Seiten.

Wichtig ist, keine Angst vor Wirklichkeit zu haben. Oft ist es schmerzhaft, sich Lügen, Geheimnisse und Schmerzen ansehen zu müssen. Sie zu genießen ist keinesfalls der richtige Weg, wir raten davon sehr deutlich ab, da es ein verbreiteter Trend in der »modernen« Gesellschaft ist. Man sollte nur lernen – vor allem Ihr Lichtarbeiter – mit Schmerz jeder Art, vor allem aber dem seelischen, welcher der schlimmste sein kann, umzugehen, sich ihm gegenüber soweit – niemals vollständig! – abzuschotten, dass Eure Seele keinen bleibenden Schaden erleiden kann, Ihr stets Euer Gespür für Eure wahren Gefühle behaltet und der Schmerz Euch nicht Sinne und Verstand vernebeln kann.

Doch den Schmerz sollte ein jeder noch soweit an sich heranlassen, dass er Mitgefühl – nicht Mitleid! – empfinden, sich in die Lage anderer hineinversetzen kann.

Und es ist wichtig, den Schmerz ansehen und loslassen zu können. Nur durch das unerschrockene Ansehen des Schmerzes, eines Übels, kann man seine Ursachen und Lehren klar erkennen, nur so können die Konsequenzen gezogen und der Schmerz, das Karma, gelöst werden.

Wahrheit bedeutet also, nicht nur der Lüge zu entsagen, sondern vor allem, sich jede Wahrheit – die schönen wie die schlechten – offen anzusehen, um sie zu erkennen und entsprechend lösen oder bewahren zu können.

Wobei Ihr Euch vor Dogmatismus und enger Auslegung dieser Worte hüten sollt. Als kleines Beispiel hierfür: Wenn Ihr einem Freund ein Geburtstagsgeschenk oder eine Überraschungsfeier verhehlen wollt, sind erforderliche »Hinhaltungslügen«, wie man so schön sagt, keineswegs strafbar: Sie dienen dem guten Zweck, eine Freude zu bereiten, die nur dann ihre volle Wirkung erzielt, wenn der Beschenkte sie ohne Einschränkung überraschend erfährt.

Auch Lügen, um jemandem von Wissen fernzuhalten, das nicht offen sein darf, ist zu den angebrachten Lügen zu zählen, sofern es zur Abwendung von Schaden dient. Aber auch hier hütet Euch vor eigennütziger Auslegung: Einem Lebensgefährten die eigene Untreue zu verhehlen, um jenen nicht zu verlieren oder vor Seelenschmerz zu bewahren, ist sehr schlecht für alle: Der Zwist, die Wut, das entstehende Karma ist um so größer, wenn der andere dies von alleine herausfindet; man schafft sich selbst ein Karma, belastet seine Seele und die eigenen Gefühle.

Diese Beispiele und Lehren mögen Euch dazu dienen, den Umgang mit der Wahrheit und dem Schmerz zu erlernen und ihn so auszuüben, dass Ihr zu den Heilern werdet, wie sie benötigt werden, wie Ihr sein solltet und es auch sein wollt, laut Euren eigenen Worten und Wünschen bei der Festlegung Eures Lebensweges, welchen Ihr Euch zu beschreiten bereit erklärt habt. Natürlich steht es Euch frei, diesen Weg stets zu verlassen, wenn Ihr ihn nicht mehr haben wollt – auch wenn Ihr Euch dadurch eine spätere Rückkehr unweigerlich schwerer macht, als es sein müsste.

Dies ist ein anderer Aspekt der Wahrheit: Dieser Grad dient dazu, Euch erkennen zu lassen, ob es wirklich Euer fester Weg ist, den Ihr bis hierher eingeschlagen habt, Euch zu zeigen, welche Aufgaben auf Euch warten und wie weit Ihr schon in Euren Lehren gekommen seid.

All dies bedeutet Wahrheit, und es ist Euer Wille, der Euch hier leitet. Raphael gibt Euch die Hilfestellung und die Kraft und betreut Euch bei diesen Schritten, doch hier ist ein Scheideweg, an dem Ihr sehen müsst, ob Ihr Eurer Seele folgt, Eurer selbst gewählten Bestimmung, oder ob Ihr anderes zu Eurem Lebensinhalt macht.

Wir sind stets bei Euch, um Euch zu helfen, bedenket dies, wie auch andere Wesen wie Geistführer, Schutzengel und Naturwesen, die Euch Hilfen geben, wenn Ihr sie braucht, beziehungsweise Euch leiten und stützen, wie Schutzengel und Geistführer es vornehmlich tun.

Dies ist das Wesen des sechsten Grades, welcher Euch in die tiefen Wahrheiten des Heilens einführt, wie auch in die tieferen und mächtigeren Techniken der Heilung. Und der Euch zu Euch selbst zu führen vermag, um Euch in innerer Konzentration Euren Aufgaben widmen zu können.

Danket Omniel für seine Öffnung Eurer Kanäle und die Gabe des heilenden Lichtes.

Danket Michael für Kraft und Schutz in dunkelsten Zeiten und auf allen Euren Wegen.

Danket Anthriel für Euren Ausgleich, für das Licht der liebenden Heilung und für die Offenheit Euch selber gegenüber. Für Eure Reinigung als Vorbereitung für die hohe Meister- und Lehrerschaft im Reiki und den Wegen des Lichtes.

Danket also auch Zadkiel für seine Einführung Eurer Seelen sowie Euch selbst als wahrnehmendes Bewusstsein in die Meister- und Lehrerschaft der Wege, der Heilung und der Lichtarbeit.

Danket Uriel für seine Führung zu und in Harmonie, Einklang mit Euch selber und Eurem inneren Frieden.

Und danket schließlich Raphael für seine ausführliche Lehre und Führung in die verschiedensten Heiltechniken, zur Wahrheit und zur Selbstfindung Eures eigenen Bewusstseins.

Denn dies ist der sechste Grad, und Raphael ist sein Hüter.

Der 7. Reikigrad: Erzengel Jophiel
Dai Kiro Se/Weisheits-Symbol

Und nun möchte ich fortfahren mit dem siebten Grade des Reiki–Systems, dem Grad der Weisheit und der klaren, reinen Erkenntnis von Wahrheit und Lüge, der Realität, des Scheins und dem Wissen des Universums.

Wie es nicht anders sein könnte – dieser Grad »gehört« Jophiel, dem Erzengel, welcher für die Aspekte Weisheit und Erleuchtung steht. Dies ist rasch erklärt: Das Symbol und die Kraft dieses Grades ermöglichen es Euch, Eure Herzensmeinung rasch und klarer zu erfassen, sie zu erkennen und umzusetzen durch dieses Erkennen. Hinzu kommt die Möglichkeit, das Wissen der Welt und des Universums zu erlangen, Erkenntnis in der Meditation und Behandlung mit dieser Kraft und ihres Symbols zu gewinnen, Euch auf dem Pfade der Erkenntnis, also der Erleuchtung weiter fortzubewegen.

Jophiel steht für all diese Aspekte: Weisheit und Wissen erlangen, dem Pfad folgen – also ihn erkennen und auf ihm wandeln. Und für die Erleuchtung, die dieser Pfad bedeutet. Er ist also nicht nur Hüter dieses Symbols, dieses Grades und seiner Kraft, er ist zugleich dafür da, Euch auf Eurem Pfad zum Erkennen und erleuchtet werden zu begleiten, Euch zu leiten, wenn Ihr Hilfe braucht. Er ist sozusagen Euer »Wanderstecken«.

Dieses ist das Wesen des siebten Grades – des Grades der Weisheit. Kurz und einfach – denn dies ist Erkenntnis: Wahre Erkenntnis ist stets einfach zusammenzufassen, nie umständlich oder undeutlich: Erkanntes ist klar, abgrenzbar und lässt absolut keine Zweifel an der Sache an sich offen – ob sie neue Fragen und Zweifel an anderen Dingen aufwirft, ist ein anderes Blatt Papier. In Liebe lässt Euch Jophiel grüßen. Er freut sich schon auf all jene, die von Euch noch zu ihm kommen werden. Dies ist der siebte Grad und Jophiel ist sein Hüter.

So danket Omniel für Eure Öffnung zum Licht.

Danket Michael für Trutz und Kraft wider alles, was Euch gefährden kann.

Danket Anthriel für Eure Macht des Weges zur Meisterschaft und des inneren Ausgleichs, der Selbstfindung.

Danket Zadkiel für die Kraft der Lehrerschaft, für die Fähigkeit der Weitergabe des Lichtes der Welt.

Danket Uriel für Harmonie und Ausgleich in allen Dingen, die Ihr mit der Kraft des fünften Grades bewirken könnt.

Danket Raphael für die Fähigkeit, die Dinge und Energien so zu trennen, zu lösen und zu führen, dass sie das Licht in die Welt bringen und Euren Aufstieg beschleunigen.

Und danket schließlich Jophiel für die Fähigkeit, Weisheit und inneres Wissen und Reife zu erlangen.

Über Dankbarkeit

Und hier noch einmal ein warnendes, erinnerndes Wort: Ich weise Euch alle noch einmal darauf hin, dass mit der Aufforderung zur Dankbarkeit nicht unterwürfige Dankbarkeit gemeint und auch nicht gefordert ist, sondern die Form von Dankbarkeit von Euch erbeten wird, mit der man sich für gewöhnlich für schöne, hilfreiche Geschenke oder für Lebenshilfe bedankt – wie auch für gute Ratschläge und selbstlose Arbeit für andere. Es geht hier um das Prinzip der Energien und Gegenenergien: Für alles Gegebene muss etwas zurückgegeben werden, sonst wird Euch irgendwann etwas genommen – man kann nicht stets wie ein Parasit nur nehmen, ohne etwas wiederzugeben. Wir leben sozusagen in Symbiose. Auch wir danken Euch stets für Euer Bemühen, Eure Bereitschaft mit uns zu arbeiten und für Eure Weitergabe unserer Botschaften und Kräfte. Dies sei Euch noch einmal eine Warnung und ein Rat. Danket aber auch nicht nur uns. Dies soll Euch auch ein Deut sein, anderen Menschen für erwiesene Hilfe und Geschenke gebührend zu danken, damit sie sich nicht vor lauter Undankbarkeit abwenden und Euch am Ende ärmer zurücklassen als Ihr je wart.

Dies als Rat auf Euren Weg, möget Ihr niemals auf ihm fehlen. Vertrauet uns, wie wir Euch vertrauen, wie wir auf Gott vertrauen. Er leitet uns und Euch selbst wie auch durch uns. Stets ist er es, der am Ende und Anfang aller Fäden steht – den unsrigen wie den Euren.

Seid in Liebe und Licht und danket Euch selber für Eure Gaben, für Eure Offenheit.

Doch nun, lasset uns fortfahren.

Der 8. Reikigrad: Erzengel Valeoel
Shi Ka Se Ki/Herz-Symbol

Wie oft haben wir nun schon das Herz angesprochen und seine Wichtigkeit betont? Sehr oft, aber nicht oft genug. Denn es ist des Menschen Natur, stets an seinen Gefühlen zu zweifeln – insbesondere an den schönen und guten, wie auch an denen, die einem jeden sagen, was gut und was schlecht für ihn persönlich ist, was er tun und was er unterlassen sollte, um sich selber nicht zu schaden, sondern seinen Weg zu finden und zu gehen, sich selbst anzunehmen und sich selber Gutes zu tun, indem man seinem Herzen folgt.

Hierbei soll das Herzsymbol des achten Grades helfen – und Euch steht hierbei kein Geringerer als Valeoel zur Seite.

Er steht für die innere Ruhe. Diese benötigt man, um sein Herz verstehen zu können, zu fühlen, was es sagt, denn tobende Gefühle und ein unruhiger, nur auf den Verstand gestützter Mensch und kochende Ängste hindern einen daran, die Stimme des Herzens zu hören. So geschieht es oft, dass der Wunsch, der aus Gefühlen anderer Personen gegenüber oder aus einer Angst entspringt, als Stimme des Herzens angesehen wird. Wenn man zum Beispiel immer wieder fragt: »Liebe ich diesen Menschen?« oder: »Kann ich dieses und jenes?«, so meint man als Antwort oft das zu hören, was man am liebsten hätte. Im ersten Beispiel also häufig, dass man diesen Menschen eben liebt bzw., wenn sie bei uns nachfragen, hören viele nicht hin, sondern lassen ihren Wunsch die Antwort sein: Wenn man also fragt, ob der betreffende Mensch einen auch liebt und ob man mit ihm zusammenkommen wird, wollen viele von Euch ein »Ja, natürlich« hören.

Doch nicht immer ist dem so, denn weder liegt es an uns zu sagen, ob Ihr zusammenkommen werdet – wir können nur sagen, ob es in Eurem Lebensplan liegt – noch können wir anderen befehlen, Euch zu lieben. Am Ende sind es Eure Handlungen, die Euch zusammenkommen lassen. Wenn Ihr Euch nicht traut, weil Ihr ständig nachfragt und durch die Antworten, die je nach der Ruhe in eurem Herzen so auch verschieden ausfallen können (je nachdem, wie gut Ihr auf Euer Herz oder die geistigen Wesen hört), so werdet Ihr mit niemandem zusammenkommen, ganz einfach, weil Ihr nicht handelt. Wir könnten Euch tausendmal versichern, dass der Mensch Gefühle für Euch zeigt: Wenn Ihr dann trotzdem nur abwartet, bis dieser sich rührt – Ihr erreicht so nichts. Handeln müsst Ihr schon, dies können wir nicht für Euch tun, denn es ist Euer Leben und Ihr seid dafür verant-wortlich, auch für Euer eigenes Glück. Es hilft nichts, zu denken: »Aber wir sind doch laut der Geistigen Welt füreinander bestimmt, wieso kommt er nicht auf mich zu?« Diese Frage stellt Ihr häufig. Aber könnte dies nicht daran liegen, dass Ihr dem anderen durch lauter Warten vergesst zu signa-lisieren, dass Ihr Gefühle hegt, dass Ihr da und offen seid?

Warum wähle ich dieses Beispiel? Es ist simpel. Diese Fehler macht Ihr am häufigsten, es stellt sehr anschaulich dar, wie Ihr oftmals handelt, be-ziehungsweise eben nicht handelt. Dieses Beispiel ist für jeden von Euch leicht zu verstehen, denn wer sehnt sich nicht nach geliebten Menschen, wer fragt sich am Anfang und vielleicht auch später nicht, ob die Gefühle da sind, ob der andere auch Gefühle einem gegenüber hegt. Man traut sich nicht an andere heran, weil man gerne Gewissheit möchte, ob man auch Erfolg hat. Doch wenn Ihr andere nicht kennenlernt, keine Signale sendet und Euch nicht traut, Euch zuerst zu öffnen, wie wollt Ihr dann je Gewiss-heit erlangen?

Bei diesen Schritten – Öffnen, Ruhe finden, um auf sich und geistige Wesen richtig hören zu können, den Mut und die Sicherheit finden, aus sich heraus zu gehen, auf andere zu – dabei soll der achte Grad und sein Symbol helfen.

Valeoel steht dazu für Fülle, Reichtum, Geborgenheit.

Zuerst zum Thema Reichtum: Hiermit ist ausdrücklich der innere Reichtum, der geistige, der seelische gemeint, nicht etwa, wie leider so einige denken, der materielle.

Es geht hier um Liebe, Offenheit zu Gefühlen – den eigenen vor allem – sowie um Frieden und Kraft für sich selber. Dazu kommt noch die Harmo-nisierung zwischen den Menschen, zwischen Geliebten und den Gefühlen.

Viele sind reich an Geld, aber in Wahrheit bitterarm, da sie nicht den Schatz der Liebe kennen, nicht den Wert des Diamanten des Erkennens der Gefühle, nicht die Geborgenheit, welche die Sicherheit gibt, wenn man seine Gefühle genau kennt, sich von ihnen leiten lassen kann.

Hier eine Warnung: Es ist gut, sich von seinen Gefühlen auf dem Pfad des Lebens und der Liebe leiten zu lassen, aber man darf sich nicht von ihnen beherrschen lassen. Denn in diesem Falle wird man launenhaft. Während Freude und Liebe einen in einen Rausch versetzen, der einen vieles Wichtige vergessen lässt, so stürzen Trauer, Verlust und Einsamkeit einen schnell in tiefste Depressionen, in Schlappheit, Kraftlosigkeit.

Hier müsst Ihr stets darauf achten, dass Ihr zwar nach Euren Gefühlen handelt, also Liebe und Freude in Zärtlichkeit und Fröhlichkeit auslebt, aber dennoch auf Euer Leben achtet, dass es nicht vor lauter Freude übersehen wird.

Auch gute Freunde werden schnell an den Rand gedrängt, und man steht plötzlich liebend, aber einsam da. Ich gebe dies hier zu bedenken, da es vielen von Euch so ergeht. Auch bei Trauer ist es so, oder bei Wut. Wenn Ihr trauert, ist dies Euer gutes Recht, Abschied und Verlust sind schwer. Tränen reinigen oft den Geist und den Körper von Schmerz und schlechten Energien. Dennoch kann auch die Trauer schaden: Wenn man in ihr versinkt, sich gehen lässt und dann nicht wieder hochkommt, da man sich selbst die Kraft hat rauben lassen. Trauern, aber nicht sich selbst aufgeben dadurch. Das Leben geht stets weiter, es gibt immer einige kleine schöne Dinge, die Euer Herz erfreuen können. Und nichts hält ewig, sodass es keinen Sinn ergibt, wegen etwas Vergangenem alles Zukünftige als automatisch schlechter oder weniger freudvoll anzusehen, es stets mit dem Schatten des Alten zu vergleichen.

Wut kann Euch helfen, Euren Kopf erst einmal wieder freizubekommen, Eure angestaute negative Energie aus Euch abzulassen. Doch wenn Ihr Euch in Eure Wut über etwas oder auf jemandem hineinsteigert, so lauft Ihr häufig Gefahr, Eure Herzen zu verschließen und uns nicht mehr richtig zu hören.

Da Eure Herzen sehr empfindlich sind, geben wir Euch hier so viele Ratschläge und Warnungen mit auf den Weg, auf dass Ihr stets darauf achten könnt, innere Ruhe zu erlangen, um durch starke emotionale Schwankungen verfälschte Gefühle und Intuition zu vermeiden.

Gelingt Euch die Erlangung dieser inneren Ruhe, so erwarten Euch Gefühle, deren Fülle und Reichtum nicht abzuschätzen sind. So erlangt Ihr Geborgenheit in Euren Gefühlen und denen anderer.

Dieser Grad gibt Euch die Kraft und Möglichkeit, Eure Herzen zu harmonisieren, Ruhe zu schaffen und zu schützen. Auch dient er dazu, anderen

Menschen bei ihrem Weg zu ihrem Herzen und ihren Gefühlen zu helfen, sodass sie von sich aus ihre Regungen erkennen können und den gleichen Reichtum wie Ihr erlangen können.

Dies ist der achte Grad, und Valeoel ist sein Hüter.

Danket Omniel für Öffnung und Kraftgabe.

Danket Michael für Kraft, Schutz und Stärke.

Danket Anthriel für das Licht der Meisterschaft und die Erleuchtung Eurer selbst.

Danket Zadkiel für die Gabe der Weitergabe des Lichtes an die Welt und ihre Wesen.

Danket Uriel für die Kräfte von Harmonie und Teilung der Kräfte der Welt und der Energieströme.

Danket Raphael für die Erkenntnis von guten und schlechten Energien wie auch der Grauzonen der Kräfte und Eures Handelns – der Wahrheit.

Danket Jophiel für die Gabe der Erleuchtung und der Weisheit, der Bekanntmachung mit dem Wissen Eurer Welt.

Und danket Valeoel für die Hilfe und Kraftgabe bei der Erkenntnis Eurer Herzen und Eurer wahren Gefühle sowie die Gabe der inneren Ruhe, die Ihr mit seiner Unterstützung leichter finden könnt.

Der 9. Reikigrad: Erzengel Aquariel
Chi Ka So/Hals-Symbol

Kommunikation – wie wichtig ist sie doch! Wenn es darum geht, uns zu verstehen, wenn es darum geht, korrekt die Botschaften unserer Seite zu verstehen, klar und ungestört mit Euch zu kommunizieren, auch Ihr untereinander. Etwas aussprechen, was einem auf dem Herzen liegt, wie schwer es vielen fällt. Offen und klar sein, auch wenn die Wahrheit und das Gespräch schmerzhaft sein kann. Wie wichtig ist es dennoch, eben dies zu tun! Bei diesen Dingen soll Euch der neunte Grad, das Hals-Chakra-Symbol, helfen. Dieses steht unter der Obhut und Leitung des Erzengels Aquariel, dessen Aspekte Unterscheidungsvermögen sowie die Klarheit sind.

Was bedeutet dies? Klarheit meint hier, dass Dinge, die wichtig sind, ausgesprochen werden sollen – klar, ohne Lüge oder Verdrehung der Tatsachen, offen und ohne Furcht. Denn sie zu verschweigen hieße, Probleme nicht zu lösen, sie unausgesprochen stehenzulassen. Bei Problemen zwischen Partnern kann dies fatale Folgen haben. Denn eine Beziehung lebt von der Kommunikation, und damit sie funktionieren kann, muss man Vertrauen haben und Schwierigkeiten sofort ansprechen, damit sie nicht zwischen den Menschen stehen und zu Entfremdung und Trennung führen.

Klarheit bedeutet, Klarheit zu schaffen, keinem etwas vorzuenthalten, worauf er Anspruch hat, es zu wissen, weil es ihn betrifft. Es bedeutet aber auch, Leuten Dinge zu sagen, die sie vielleicht nicht hören möchten, weil es sich um Dinge handelt, die bei ihnen im Argen liegen. Dazu ein Beispiel, welches vielen Heilern bei ihren Patienten über den Weg läuft:

Der Patient bekommt aus der Geistigen Welt zum Beispiel die Botschaft: »Du hast noch immer eine Wut auf einen ehemals geliebten Menschen, bist aber nicht bereit, diese loszulassen. Werde ruhiger und lasse dieses Negative los.« Nun mag der Patient der Meinung sein, er sei doch ruhig und sehr wohl bereit, loszulassen – doch tut er dies nicht, er wünscht es sich nur. Aufgabe des Heilers ist, diese Botschaft an den Patienten so weiterzugeben. Ob dieser dann auch damit umgehen kann, ist seine Sache, der Heiler kann nichts für den Inhalt der Botschaft. Die Patienten müssen mit dieser klarheitlichen Ansage zurechtkommen und sie umsetzen, denn dazu geben wir diese Botschaften und entsprechende Hilfestellungen.

Ein weiteres Beispiel: Der Patient liebt einen Menschen, kann sich nicht von diesem lösen, hängt immer wieder energetisch an ihm, lässt sich davon herunterziehen. Der Heiler bekommt die Botschaft, der Patient solle diesen Menschen loslassen, die Energien, die ihn so negativ belasten, auflösen, um wieder frei zu sein, auch frei, andere Menschen an sich heranzulassen. Der Heiler muss diese Botschaft, auch wenn sie noch so schmerzhaft ist, an den Patienten weitergeben: Klarheit, keine Verhehlung von Tatsachen, sei es aus Mitleid für die Gefühlslage des Patienten oder aus dem Bestreben, Schmerz zu verhindern. Damit ist aber dem Patienten nicht geholfen. Oft ist es auch leider schon vorgekommen, Leuten zu sagen, »Wenn du wieder frei atmen willst, energetisch und im Leben an sich wieder frei und unabhängig sein willst sowie Kraft und Energie wiedererlangen willst, musst Du Dich von einem geliebten Menschen trennen.«

Der Zweck dieser Botschaft ist nicht, zwei Menschen dazu zu zwingen, sich zu trennen. Gott zwingt nicht. Vielmehr geht es darum, dem Patienten klarzumachen, wer ihm Kraft raubt, wie er sein Leben wieder für sich gewinnen kann, ohne Fremdbestimmung durch andere Menschen.

Oft ist dies schon vorgekommen, fast ebenso oft, wie die typische Reaktion von Euch Menschen: Die Gefühle in allen Ehren, aber sie dürfen Euch nicht die klare Sicht auf die Fakten rauben: Wenn geliebte Menschen Euch Energie abziehen, aber nichts zurückgeben, Ihr mit ergebener Liebe an ihnen hängt, sie Euch aber ausnutzen, wenn manchmal auch unbewusst (was allerdings sehr selten ist), ist es dann nicht so, dass man sich der negativen Aspekte entledigen sollte? Es sei denn, man will sich weiter berauben lassen. Viele von Euch wollen nicht einsehen, dass ein geliebter Mensch Ursache für die aktuellen Probleme ist. Verständlich, man liebt ihn ja und oftmals lässt man daher nichts auf den Partner kommen.

Klarheit bedeutet aber auch, klar und ehrlich mit sich selbst zu sein. Im achten Grade lernt man, auf sein Herz zu hören. Auch hier kann das Herz die Wahrheit sagen und so die Botschaften bestätigen, wäre da nicht ein Haken: Liebende hören gerne nur das, was sie hören wollen, was natürlich und verständlich, aber oft etwas anderes ist, als die Botschaft ausdrückt.

Hier geht es für den Heiler also darum, klar auch schmerzhafte Inhalte weiterzugeben. Mit Verheimlichung aus Mitleid ist niemandem geholfen. Der Schmerz wird oft nur noch verstärkt, der Heiler schadet sich selber, da so negative Karmen geschaffen werden. Er trägt dann Mitschuld an zukünftigen Problemen zwischen Menschen, da er problemlösende Ratschläge unterdrückt hat. Uns selbst tut es auch weh, solche Dinge sagen zu müssen. Aber Ihr fragt uns nun einmal danach, was am besten für Euch wäre. Und wenn dies nun einmal die Trennung zweier Menschen oder die Auflösung und Lösung von Energien und die energetische und körperliche Trennung von Menschen ist, sagen wir dies ganz offen, da Ihr eben danach fragt. Wenn Ihr mit so etwas nicht zurechtkommt oder gar wütend auf Überbringer von Botschaften und uns selbst seid – dies ist nicht unsere Aufgabe, es ist Eure Verantwortung, ob die Botschaften Euch gefallen oder ob Ihr mit ihnen zurechtkommt. Ihr fragt, wir antworten; es ist nicht unsere Aufgabe, Euch die schöne rosa Welt zu erzählen, wir lügen nicht. Die schöne Welt erreicht Ihr, wenn Ihr Botschaften umsetzt und Eure Herzen offen und klar haltet, nicht indem wir Euch Scheinwelten erzählen oder Ihr Euch welche schafft, in denen Ihr dann lebt, ohne der Wahrheit zu begegnen. Sie ist oft-mals unangenehm, ja. Aber durch die Flucht in schöne heile Scheinwelten lassen sich Probleme nur zeitweise unterdrücken, sie lösen sich dadurch nicht, das Glück ist erzwungen und bröckelt rasch.

Also ist es wichtig, klar zu sprechen, auch Ihr untereinander, und klar und bestimmt damit umzugehen. Hierbei helfen die Energien des neunten Gra-des, da sie Euer Kommunikations-Chakra reinigen und kommunikative Blockaden überwinden können. Bedenkt, dass niemand gezwungen wer-den kann, klar zu sein oder offen mit schwierigen Themen umzugehen, wir zwingen auch nicht. Es liegt nicht in jedermanns Kraft, dies zu tun, auch wenn dies Euch oft schmerzen mag. Wichtig ist, dass Ihr klar seid, Euch nicht verstellt und anderen Menschen sagen könnt, was Ihr denkt; nicht anderen zuliebe Eure Meinung versteckt oder um der Freundschaft willen Probleme vor Freunden verheimlicht. Dann ist doch die Freundschaft nicht mehr wirklich schön.

Nur wenn man Probleme offen anspricht, sich im wahrsten Sinne des Wortes ausspricht, können negative Energien und Probleme gelöst werden.

Unterscheiden zu können, ist hier wichtig: Zwischen dem, was man gerne hören würde oder sich wünscht, und dem, was tatsächlich ist; zum Beispiel eine Botschaft, die nun einmal nicht immer mit den eigenen Wün-schen übereinstimmt.

Aquariel steht auch für diesen Aspekt. Er und die Kraft des neunten Grades werden Euch helfen, diese nötige Klarheit zu schaffen, Eure Kom-munikationsfähigkeiten zu stärken und Euch helfen, zu unterscheiden.

Danket Omniel für Öffnung und die Vorstellung von der göttlichen Kraft.

Danket Michael für Kraft, Schutz und Stärke in allen Gefahren und Lebenssituationen.

Danket Anthriel für das Licht der Meisterschaft und die Erleuchtung Eurer selbst, für die Gabe der liebenden Heilung.

Danket Zadkiel für die Gabe der Weitergabe des Lichts Gottes und der Weitergabe der Heilkraft an die Menschheit.

Danket Uriel für die Fähigkeit zu harmonisieren, was zusammengehört, und zu trennen, was getrennt sein sollte.

Danket Raphael für die Gabe der Erkennung der Kräfte dieser Welt und die Offenlegung der Wahrheit.

Danket Jophiel für die Gabe der Erleuchtung und Eröffnung des Wissens dieser Welt und des Universums.

Und danket Valeoel für die Gabe der Gefühlsfindung, für die Gabe der Findung Euer Selbst.

Und danket schließlich Aquariel für seine Hilfe auf Eurem Weg zu Klarheit, Offenheit und mutiger Kommunikation, für die Hilfe bei der Bereinigung Eurer Energien und Probleme mit Euch selbst.

Beispiele aus Partnerbeziehungen

Am Rande eine kleine Ausführung. Warum geben wir so oft Beispiele, in denen es um das Verhalten und Leben von liebenden Partnern geht, um Wirkungen und Notwendigkeiten von Energien und nötigen Handlungen zu demonstrieren?

Ganz einfach: Jeder von Euch hat eben diese Probleme schon einmal beobachtet oder selbst durchlebt, daher versteht Ihr diese Beispiele am einfachsten. Sie sind für Euch am einfachsten zu erschließen.

Daher verwenden wir diese Art von Beispielen so häufig. Natürlich geht es bei den hier erklärten Entwicklungen, Handlungsmethoden und Energien nicht nur um die Anwendung auf Partnerschaften und entsprechende Gefühle. Es geht vielmehr um alle Felder Eures Lebens: Arbeit, persönliche Lebenseinstellung, Leben mit anderen Menschen und so weiter. Macht Euch dieses klar, dann könnt Ihr frei alles Gelernte auf alle Schwierigkeiten im Leben anwenden.

Und nun weiter im Text, wie Ihr zu sagen pflegt.

Der 10. Reikigrad: Erzengel Gabriel
Dai Ji Yu/Große Freiheit

Kommen wir also zum zehnten Grade, der großen Freiheit. Dies ist derjenige der Reikigrade, welchen ich selbst betreue, und ich freue mich stets aufs neue, dass ich diese Aufgabe erfüllen darf.

Sicherlich werden sich jetzt viele an dieser Stelle fragen, was denn bitte die große Freiheit mit meinem Aufgabenbereich, meiner Wesenheit, den

Elementen der Reinheit und Disziplin zu tun hat, wo Disziplin doch etwas offensichtlich Einschränkendes ist.

Ist dem wirklich so? Angenommen, Ihr würdet nur nach Lust und Laune leben, in den Tag schlendern ohne Planung und Organisation, völlig ziellos. Wäret Ihr dann frei? Oder wäret Ihr nicht gefangen in einem Käfig aus Unlust und Trägheit, Euer Wille zu schwach, Euch für wirklich wichtige Dinge, schwere Dinge aufzuraffen? Freiheit bedeutet, den Willen und die Möglichkeit zu haben, Dinge zu erreichen und Euren Weg fest und kraftvoll zu gehen. Doch um etwas zu erreichen – sei es Karriere, innerer Frieden, inneres Glück oder Glück und Erfolg jeder Art – ist Arbeit und Tat vonnöten. Und diese lässt sich nun einmal nicht ohne Disziplin und innere Ausgeglichenheit, also innere Kraft erledigen.

Nun soll dieser Grad Euch dabei helfen, innerlich Eure Freiheit zu finden. Vor allem die Handlungsfreiheit, indem Ihr Euren Willen stählt und befreit, damit Ihr ohne inneres Hindernis frei handeln und entscheiden könnt.

Und Ihr sollt frei von Ängsten, anderen Personen und sonstigen Einflüssen leben und handeln. Denn wenn Ihr zum Beispiel Euer Glück und Leben von einem geliebten Menschen oder einer maßgebenden Autorität abhängig macht oder bestimmen lasst, so seid Ihr nicht frei, könnt Ihr nicht glücklich werden: Denn der Fall dieser Person wird Euch mitziehen, Ihr werdet durch Anhänglichkeit und Aufgabe Eurer selbst unfrei und anderen Energie rauben, worauf jene versuchen werden, von Euch zu fliehen, was häufig zu gescheiterten Beziehungen führt – wo diese doch auf Belassung gegenseitiger Freiheiten beruhen. Durch Abgabe Eurer Entscheidungsgewalt über Euch selber an andere nehmt Ihr Euch die Freiheit, Euer Leben ganz nach Euren Aufgaben, Eurem Weg und Euren Bedürfnissen zu gestalten. Ihr macht nämlich die Bedürfnisse der anderen zu den eigenen, verliert also das Gespür für Euch selber.

Dieser Reiki-Grad hilft Euch, diese innere Freiheit zu erkennen, Eure Seele zu befreien und Euch den Willen und somit die nötige (Entscheidungs-)Kraft zu geben, um Euren Weg in Selbstbestimmung zu gehen, ohne dass Ihr andere Personen benötigt, um Euch aufrecht oder glücklich zu halten – wobei ein Weg natürlich schöner zu zweit ist. Doch gerade durch diese innere Unabhängigkeit, diese Freiheit, die Ihr so auch im Leben nach außen an andere Menschen weitergeben könnt, wird eine Beziehung erst vollkommen: Wenn man sich nicht seelisch fest auf Gedeih und Verderb an jemanden bindet, sondern in dem Wissen zusammenlebt, dass der andere nicht lebensentscheidend ist, man aber sich gegenseitig Stärke, Liebe und Hilfe für den jeweiligen Weg gibt, dennoch aber völlige Freiheit genießt und keiner dem anderen Energie und Kraft raubt, indem er sich an den Partner hängt und sein Leben genauso an diesem festhängt. Niemand kann das Leben eines anderen tragen. Daher, wie erwähnt, die häufigen Trennungen.

Um diese Freiheit zu erlangen und zu erhalten, ist die Disziplin wichtig: Stets muss man hierbei seine Handlungen beachten, seine innere Ruhe halten, rein sein von Zorn, Ängsten wie auch Eifersucht – Verlustangst sei als Wichtigstes genannt. Ohne diese Ängste seid Ihr innerlich rein, womit wir auch bei einer weiteren Aufgabe meines Wesens sind: die Reinheit. Reinheit bedeutet, wie eben erwähnt, innerlich ausgeglichen zu sein, mit sich selber nicht im argen zu liegen, sich anzunehmen und selbst zu lieben, damit man fähig ist, andere Personen, das Leben und die Welt als solche zu lieben. Die Disziplin führt also zu Freiheit und Reinheit sowie Liebe seiner selbst, denn es ist nicht die militärische oder erzieherische Disziplin gemeint, nicht das, was sich viele darunter vorstellen: etwas Aufgezwungenes, mit harten Regeln Versehenes.

Nein, hier ist die innere Disziplin gemeint, die freiwillige, von Mensch zu Mensch verschiedene: die Disziplin, sich selbst zu reinigen, frei zu halten von Negativität, von fremder Beherrschung oder Einengung des Willens, die Stärkung eben diesen Willens, um frei handeln zu können. Die Disziplin, andere Personen ebenso frei zu halten von Einflüssen aus sich selber heraus, die völlige Leitung der eigenen Handlungen von innen heraus, nicht bedingt durch Zwänge und Regeln anderer.

Dies ist Reinheit des Inneren, und diese erreicht Ihr durch diese Disziplin. Und all dies führt letztendlich zur Freiheit. Die Energien des zehnten Grades helfen Euch, Einflüsse zu erkennen, zu lösen, freie energetische Bahnen zu schaffen und energetische Blockaden zu lösen, welche speziell Handlungsfreiheit und den Willen blockieren – auch bei anderen. Dies harmonisiert Euch und andere, ermöglicht Euch ein lockereres und schöneres, weil ungezwungenes Zusammenleben mit anderen und vor allem geliebten Menschen.

So reinigt Euch also selbst mit göttlichem Licht, ich werde Euch stets und gerne dabei helfen, so ich um Hilfe gebeten werde oder sie nötig ist. Ich hoffe, viele werden meine Hilfe annehmen oder die der Engel und anderer Wesen des Lichtes, um diese sehr wichtigen inneren Probleme zu bewältigen, die so oft zu Trennungen von Liebenden und Streit führen. In Licht und Liebe segne ich Euch, möget ihr allzeit Euren Willen bewahren, wie er sein sollte: frei, ungebunden, frei zu handeln und zu lassen, Freiheit an andere weitergeben. Dies ist der zehnte Grad und ich, Gabriel, bin sein Hüter.

Danket Omniel für Öffnung und Lichtgabe in Euch.

Danket Michael für Schutz und Kraft, Negativem zu widerstehen und es zu lösen in Licht.

Danket Anthriel für die Einführung in die Meisterschaft des Heilens.

Danket Zadkiel für die Gabe, die Sendung der göttlichen Liebe weiterzugeben an andere.

Danket Uriel für die Harmonie, die er mit Euch gemeinsam in die Welt gibt und die Ihr oftmals so herrlich umsetzt.

Danket Raphael für die Gabe der Erkenntnis der Wahrheiten des Universums und seiner Kräfte.

Danket Jophiel für das Licht des Wissens aus dem Universum, das Euch zusteht und durch welches Ihr Wissen erlangt, wie Ihr es Euch jeweils verdient habt.

Und danket Valeoel für die Lehre der Erkennung von Gefühl und überkochender Emotion, für die Lehre der Herzenssprache und -führung.

Und danket Aquariel für seine Hilfe bei der Kommunikation zwischen Euch und den Energien und Wesen der Welt und des Universums, auf dass Klarheit und Ehrlichkeit herrsche in Euch und bei Euch.

Und wenn es Euch belieben sollte, danket mir für die Hilfe bei der Selbstreinigung Eurer Seelen und Eures Geistes, auf dass Ihr die Freiheit durch inneres Geordnet-Sein erlangt.

Der 11. Reikigrad: Erzengel Perpetiel
Dai Hey Wa/Großer Friede
Und nun kommen wir zu einem der wichtigsten Dinge auf Euren Wegen, in Euren Aufgaben: dem Vertrauen und dem inneren Frieden. Wie wichtig

ist es doch so oft, Vertrauen in sich selber zu haben, in die Aufgaben, in das Leben, in andere und auch in uns, die Geistige Welt? Wie Ihr wisst, steht der elfte Reikigrad für Frieden und Vertrauen, also für eben diese grundlegenden Dinge, die wichtig sind, damit Ihr sicher auf Euren Pfaden wandelt, in Sicherheit Eure Aufgaben erfüllen und uns richtig verstehen könnt. Vertrauen und der dazu nötige und damit verbundene innere Friede ist sozusagen eine Voraussetzung für die Vollkommenheit des göttlichen Plans, ermöglicht Euch, Eure göttlichen Aufgaben so zu erfüllen, wir Ihr sie erwählt habt und wie sie Euch übertragen wurden.

Ihr ahnt es vielleicht schon: Dieser Grad und seine Aspekte werden von Perpetiel betreut und geleitet. Er steht für Freude, die göttliche Vorsehung und die göttlichen Aufgaben Eurer Seelen. Um letztgenannte und damit den gesamten göttlichen Plan zu erfüllen, ist viel Vertrauen nötig, wie schon erwähnt. Vor allem in Euch selber, anschließend in die Geistige Welt, Vertrauen darauf, dass wir Euch richtig leiten. Vielen unter Euch fällt dieser Aspekt besonders schwer. Dies führt oft wiederum dazu, dass Ihr Euch selber nicht vertraut. Perpetiel hilft Euch hierbei: Er möchte Euch Vertrauen und Sicherheit geben, auf dass Ihr Euren inneren Frieden findet, die Gewissheit besitzt, dass Ihr geführt werdet, dass Euch vertraut wird und dass Ihr Euch und anderen Wesen und Menschen vertrauen könnt. Dies sind die Grundlagen für Perpetiels eigentlichen Wirkungsbereich: die Überwachung der korrekten Ausführung des göttlichen Plans, die Abstimmung Eurer Aufgaben aufeinander, eventuelle Änderungen und Umverteilungen, sprich, den Plan flexibel zu gestalten, ihn an Euch und Eure Bedürfnisse soweit anzupassen, dass das Gesamtziel nicht verfehlt wird – trotz aller Änderungen. Denn die Freude, die aus der Erfüllung von Aufgaben, die Ihr erwählt habt, resultiert, ist ein Teil Eures Lohnes für Euer Wirken. Es ist die Gegenenergie, welche Euch für Eure gegebene Energie entschädigt, belohnt, die Dinge wieder ausgleicht.

Geben und Nehmen – Energie und Gegenenergie. Perpetiel dient diesem Ausgleich, sorgt dafür, dass Ihr Eure Aufgaben erfüllen könnt, sodass Ihr Euch an Euren Erfolgen und Taten erfreuen könnt und so neue Kraft und Bestätigung erhaltet. Er zeigt Euch große Abschnitte Eures Lebens, Eurer Taten und unseren Dank dafür, dass Ihr hier mit uns zusammen wirkt. Wir danken Euch sehr und hoffen, dass Perpetiel Euch weiter so schön führen kann, dass Ihr Frieden und Vertrauen erlangt, dass Ihr lernt, wahrhaftig zu vertrauen. Denn Vertrauen bringt Sicherheit in Eure Leben und Wege.

Danket Omniel für die Öffnung Eurer Lichtkanäle, Eurer Energiesysteme.

Danket Michael für die Kraft von Schutz und Verstärkung Eurer Kräfte des Lichtes und der Liebe.

Danket Anthriel für Erweiterung Eurer Systeme für die Meisterschaft der Heilung und der Lichtarbeit.

Danket Zadkiel für die Fähigkeit, Eure Energien zur Weitergabe des Weltenlichtes einzusetzen.

Danket Uriel für Harmonie in Euch, Harmonie um Euch und Einklang in der Welt der Energien und des reellen Lebens und Eures Weges.

Danket Raphael für die Fertigkeit der Erkenntnis der universellen Wahrheiten und dem Gespür für Aufrichtigkeit.

Danket Jophiel für die Enthüllung des von Euch verdienten Wissens aus der großen Chronik Eurer Welt und des Universums.

Und danket Valeoel für die Fähigkeit, Gefühl und Emotion zu erspüren, zu harmonisieren und zu steuern, auf dass Harmonie und klare Erkenntnis in Euch herrscht.

Und danket Aquariel für die Gabe der klaren Kommunikation, des Verständnisses zwischen Euch allen, damit dieses zu mehr Frieden in der Welt führt.

Und, wenn Ihr so wollt, danket mir für die Fähigkeit, die es Euch ermöglicht, aus Euch selber heraus, mit eigener Kraft, frei zu werden und klar durch Eure Wege und Aufgaben zu gehen.

Und danket Perpetiel für seine Hilfe bei dem Fassen von Vertrauen, bei dem Erlangen inneren Friedens und Sicherheit, für Hilfe bei der Ausführung Eurer Aufgaben, Eurer persönlichen.

Dies ist der elfte Grad, und Perpetiel ist sein Hüter.

Der 12. Reikigrad: Erzengel Chamuel
Chok Ka Ku/Das dritte Auge sieht

Und nun gelangen wir zum letzten Grad, dem zwölften. Da hier nur noch ein Erzengel »übrig« ist, dürfte die Zuordnung nicht allzu schwerfallen. Chamuel ist es, der nun seinen »Auftritt« hat, der nun vorgestellt wird mit seinen Aspekten, welcher Euren Weg durch die Entwicklung zu vollkommenen Wesen des Lichtes und der Liebe, zu Lichtarbeitern und erleuchteten Wesen, beschließt, Eurem Werdegang einen letzten Abschnitt verleiht und letzte Aspekte auf Eure Wege gibt.

Es sind dies wichtige Aspekte, die Euch helfen sollen, allen anderen Wesen mit Freiheit und Unvoreingenommenheit gegenüberzutreten, auf sie zuzugehen. Dafür ist viel Konzentration auf den Augenblick, auf Euer inneres Selbst und auf die stets im aktuellen Augenblick nötigen und angebrachten Handlungen und einzusetzenden Kräfte nötig. Es geht hier um die göttliche Liebe, die Freiheit und Toleranz. Für diese steht Chamuel.

Dieser Grad dient dazu, Eure Kräfte zu unterstützen, Euch die Fähigkeit zu geben, sich besser auf die Heilung, Eure Taten und Eure Gegenüber zu konzentrieren, die Gefühle besser zu interpretieren, sie zu verstehen, Eure Channelings zu klären und sie besser verstehen zu lassen.

Der Aspekt der göttlichen Liebe ist allumfassend. Ohne Vorurteile und mit Toleranz auf Menschen zuzugehen ist schwer für die meisten von Euch – sogar für jene, welche sich schon für tolerant halten. Dies hier ist die Hilfe, Euch besser auf Unvoreingenommenheit und freies Herangehen konzentrieren zu können, auf die Menschen selber, nicht auf ihre äußere Erscheinung. Denn diese sagt oft nichts aus über die innere Erscheinung. Nur am Verhalten kann man Dinge und Tatsachen wie Wesenszüge erkennen, was viele von Euch aber nicht können. Weshalb es hier wichtig ist, zu lernen, wie man Menschen offen begegnet. Dies ist grundlegend für Eure Arbeit, denn es ist Euer aller Aufgabe, Menschen zu helfen, sie nach oben zu bringen, sie zu führen, damit sie schließlich frei und aus eigener Kraft ihre jeweiligen Wege gehen können. Frei sollt Ihr sein, frei von festgefahrenen Ansichten, von Vorurteilen und vorschnellen Urteilen. Freiheit von solchen Aspekten, dafür steht Chamuel, dies ist seine Aufgabe: Euch zu freier Herangehensweise an die Wesen der Welt und des Universums zu führen, Euch Toleranz und somit die Fähigkeit zu wahrer göttlicher Liebe erlangen zu lassen.

Dies ist Chamuels Aufgabe, die Euren Weg an dieser Stelle beschließt und Euch einen neuen gehen lässt, denn nie ist Euer Weg wirklich zu Ende in dieser Welt: Habt Ihr diese Aufgabe, diese Prüfung gemeistert, kommen Eure wahren Aufgaben in dieser Welt auf Euch zu, die Ihr einst erwählt habt. Und nun – wenn Ihr dieses geschafft habt, könnt Ihr Euren Weg als Lichtarbeiter mit uns gemeinsam antreten, und wir können die Erde zum Aufstieg und darüber hinaus geleiten.

An dieser Stelle danken wir alle Euch für Eure Dienste und versichern Euch der unsrigen, wie bisher auch. Und Gaia möchte sich ebenfalls dafür bedanken, dass sich so viele finden, die ihr bei ihrem Aufstieg und der Rückkehr zum Göttlichen Selbst helfen möchten. Sie ist gerührt und sichert Euch ihre Liebe und Hilfe zu – denn die Kräfte der Erde sind Eure urtümlichsten Ursprünge Eurer Kräfte und Fähigkeiten. Wir helfen uns alle gegenseitig, so gelangen wir alle höher und weiter, als es uns alleine möglich ist.

Auf denn, auf eine neue Zukunft für Euch und uns alle, auf eine Welt voll Licht, möge es dereinst Euer Verdienst sein, diese so zu erschaffen, dass Ihr alle harmonisch dort gedeihen könnt, Seite an Seite mit uns allen. Wir freuen uns auf Euch und erwarten Euch bald bei uns, in der fünften Dimension, in welcher wir gemeinsam existieren können, egal aus welcher Dimension wir kommen.

Und nun, danket Chamuel für seine Hilfe bei der Selbstfindung Eurer Fähigkeit zu göttlicher Liebe und der Gabe der Konzentration auf jene wichtigen Dinge, die Euch all dies Erwähnte ermöglichen können.

Dies war meine Botschaft, dies ist die Lehre der Reiki–Grade und ihrer Hüter.

Ich danke Euch und danke jenen, die unermüdlich das Licht und die Liebe in die Welt tragen.

Dies war Gabriel, seid gesegnet in Liebe, seid getaucht in Licht. Segen geleite Euch auf Euren Wegen.

8. Andere Einweihungen

Weihen durch den Reiki-Schlüssel

Das Reikisystem ist eine Weihemethode, ein Schlüssel. Mit der Kombination des 3. und 4. Grades können nicht nur die zwölf Reikigrade eingeweiht werden, sondern auch andere energetische Schöpfungen. Solche können aus der Geistigen Welt kommen (beispielsweise die Erzengelsymbole) oder auch von Menschen »erfunden« sein.

Was die inzwischen zahlreichen menschlichen Erfindungen betrifft, so beinhaltet der Umstand, dass sie über das Reikisystem einzuweihen sind, kein Urteil über Nutzen und Schaden. Folglich gibt es in der fast unüberschaubar gewordenen Szene zahlreiche weißmagische »Erweiterungen«, aber auch heftige schwarzmagische Beiträge zur Befriedigung der ausgeprägten Strahlen- und Energiesucht.

Wir selbst haben darauf verzichtet, uns zu »Testzwecken« in Symbole beispielsweise des Delphin-Reiki oder Kundalini-Reiki einweihen zu lassen. Diejenigen, die diese und andere Einweihungen erhalten haben, berichteten uns nach einiger Zeit überwiegend, dass sie kaum noch damit arbeiteten und am Ende die damit verbundenen Energien nicht als besonders wirksam im Vergleich zum klassischen Reikisystem empfänden. Dies ist nach unserer Einschätzung richtig erspürt, denn die mental messbaren Boviswerte (Energiepotentiale) dieser Weihen sind ausgesprochen gering (unter 1000 BE). Es wird auch aus der Geistigen Welt nicht in Abrede gestellt, dass bestimmte Schwingungen positiv fühlbar seien und auch ein wenig bewegen könnten. Das geschehe jedoch in unvergleichlich geringerem Maße als im Zusammenspiel der zwölf gechannelten Reikigrade und der verliehenen Kräfte und Symbole der Erzengel und Gaias. Weißmagische Weihen sind unser gutes Recht.

Problematisch wird es dort, wo Energien und Symbole angeblich gechannelt worden sind. Dieser Trend nimmt zu und bleibt meist unbemerkt, da in der Regel blind der Wesenheit vertraut wird, die diese Geschenke verteilt oder sich als eine andere, bekannte Wesenheit ausgibt.

Einige dieser Symbole haben schwarzmagischen Charakter. Das heißt, sie geben nicht einmal wenig positive Energie, sondern ziehen, da sie linksdrehend sind und wirken, Energie aus unserer Aura ab. Dasselbe gilt für bestimmte menschliche Schöpfungen, die selbst aktiviert sind, allen voran angebliche Engelstrahlen, die einzuweihen sein sollen und auch unbedarft verbreitet und gutgläubig akzeptiert werden. Kein Mensch kann und darf erzwingen oder vermitteln, was nicht tatsächlich von Gott und den Seinen gegeben ist. Genau das aber wird hier vorgegaukelt. Die Schwingungen und Potentiale, die mit derartigen Strahlen eingeweiht werden, sind ausnahmslos negativ. Die Schwelle zur Schwarzen Magie ist damit überschritten. Solche selbst aktivierten Symbole schwächen, anstatt zu stärken, ja sie schädigen. Und dies geschieht angeblich im Namen des Schöpfers und der herausragenden Wesenheiten, die seine Kräfte leiten.

Symbole der Erzengel und Gaias

Über die Heilstrahlen der Erzengel oder Gaias verfügen so manche mit Reiki arbeitende Menschen, ohne es zu bemerken, zu wissen und wahrhaben zu wollen. Sind sie hellsichtig, entbrennt ein drolliger Streit darüber, ob Reiki weiß, braun, rot oder grün sei. Reiki selbst ist aber eine für unser Auge farblose Energie. Kommt Farbe, dann ist uns die Energie eines oder mehrerer Erzengel verliehen, dann heilen wir mit dem Segen dieser Wesenheiten. Dann ist es auch vor dieser Inkarnation so vereinbart und wird durchgeführt, wenn wir einigermaßen »nach Plan« auf unserem Lebensweg sind.

Diese Heilstrahlen werden geschenkt, genauer gesagt: geliehen. Denn sie sind an einen bestimmten Weg und an ein von Liebe beseeltes Verhalten gebunden. Folglich können uns diese geliehenen Heilkräfte auch wieder genommen werden. Das beobachten wir leider oft bei Menschen, die sich auf ihrem Weg irgendwann verschließen.

Hier, wo es um die Funktion der Reikikraft und des Reiki-Einweihungssystems in der Heilung geht, beschränke ich mich auf die Darstellung, wie beide Energiekreise zusammenwirken.

Schon mehrfach habe ich erwähnt, dass wir **Symbole der Erzengel und Gaias** erhielten. Diese Einweihungen stellen energetische Schlüssel dar, die beispielsweise unseren Schutz vor negativen Energien und Angriffen erhöhen oder uns besondere Fertigkeiten und Energieerhöhungen bei Heilvorgängen gewähren. Die Mehrzahl dieser Symbole bleibt durch Vorschrift der Geistigen Welt denjenigen Menschen vorbehalten, die in besonderer Weise zu dienen bereit sind und dies in aller Regel schon vor Eintritt in das gegenwärtige Leben zugesagt haben. Die Kräfte werden ihnen gewährt, wenn sie ihren Weg auch tatsächlich beschreiten. Und sie können ihnen auf der Stelle durch Ent-Weihe genommen werden, wenn sie ihn verlassen und dabei sogar andere Menschen durch ihr hohes Energiepotential gefährden. Auch das haben wir leider schon mehrfach erleben müssen.

Hier stelle ich diejenigen Symbole vor, die einem größeren Kreis von Menschen eingeweiht werden dürfen. Auch dafür gibt es energetische und zum Teil auch persönliche Voraussetzungen. Die Symbole, um die es geht, haben Namen in atlantischer Sprache. Diese Tradition wurde beibehalten, da sie erstmals in der Blütezeit des atlantischen Kontinents der Hohepriesterschaft gegeben wurden. Auch mit der energetischen Umkehrung hoher Energien wurde später schwarzmagisch gearbeitet. Die Folgen sind bekannt, keineswegs nur Legende. Damals wie auch heute, wo sich der Schöpfungszyklus mit dem Wiederaufstieg der Erde zurückbewegt zum Einen, kann der Missbrauch mit dem Entzug der Kräfte geahndet bzw. verhindert werden. Nicht direkt genommen werden können hingegen Energien, die aus der Verbindung des Menschen mit dunklen Kräften entspringen.

Das Thor Hai nann-Symbol Erzengel Gabriels
Unsere Einweihungen durch die Geistige Welt begannen Ostern 2005, als Stefan und ich den »Kleinen Thorshammer« erhielten, das *Thor Hai nann*. Das Mantra bedeutet »der göttliche Schutz mit euch«

und ist atlantischen Ursprungs. »Thor« war dort der Name für Erzengel Gabriel, dessen Symbol es darstellt. Es dient dem Schutz der Menschen vor jeglicher Besetzung durch Fremdenergien, insbesondere gegen sogenannte Dämonen, die auch bei Behandlungen und »Aura-Clearings« nur schwer zu entdecken sind. Das *Thor Hai nann* schützt vor Besetzungen, wenn es etwa alle drei Tage durch den/die Eingeweihte/n »aufgefrischt« wird. Dazu wird das Symbol dreimal hintereinander gezeichnet und nach jedem Zeichnen dreimal mit dem Mantra aktiviert.

Uns wurde empfohlen, das *Thor Hai nann* als erstes Symbol bereits mit dem 1. Reiki-Grad (als fünfte Teil-Einweihung) einzuweihen, damit ein umfassender Schutz gegeben ist. Darüber hinaus kann das Symbol zum Schutz auch in Räume gezeichnet werden; es ist also nicht nur auf die eingeweihte Person abgestellt. Dritte können vorübergehend über den Behandlungsweg nur von erfahrenen Heilerinnen und Heilern mit diesem Symbol geschützt werden.

Wer sich bei dem Namen »Thor« an die nordische Mythologie erinnert fühlt, irrt keineswegs. Auch dorthin wurde atlantisches Wissen nach dem Untergang überliefert, so auch Thor-Gabriel als »Blitz- und Donnergott« und der Thorshammer als Schutzsymbol, das auch heute noch als Anhänger erhältlich ist.

Das Symbol Erzengel Uriels

Im Juni 2005 wurden wir durch Erzengel Uriel in das Symbol namens *Tái jaan thoor* eingeweiht, das vorrangig für Menschen bestimmt ist, die in der Heilung tätig sind. Es kann ab dem 4. Grad (Lehrer/in) eingeweiht werden und dient dazu, Menschen, aber auch Tiere oder Landschaftsteile in eine Lichtblase zu hüllen, die der Geistigen Welt und ihren heilenden Kräften zu bestimmten Zwecken und festzulegenden Zeiträumen in unserer Sphäre eine direkte Hilfsmöglichkeit eröffnet, wie sie sonst nur durch die bewusste Übertragung durch unsere Kanäle (Hände oder andere Chakren) erfolgen kann. Den Wert dieses Symbols haben wir sehr schätzen gelernt, beispielsweise bei akuten Gefährdungen, starken Erschöpfungszuständen oder schweren Operationen, wenn wir nicht direkt eingreifen und helfen konnten.

Das Symbol Erzengel Michaels

Dieses vierte Symbol, das die Geistige Welt im Oktober 2005 durch ein Channeling zur Anwendung und Einweihung übermittelt hat, wird von Erzengel Michael verliehen. Das Mantra *In Kijerde nojaan* entstammt wiederum der atlantischen Sprache und bedeutet »In Seiner Gnade«.

In erster Linie dient es dazu, die Schwingungen zwischen sich wirklich liebenden und nahen Menschen (Familie, enge Freunde, Liebende) anzuheben, sie einander stärker zu verbinden, in Liebe zu baden und zu heilen. Zugleich kann es auf Tiere und Pflanzen angewendet werden, die uns umgeben. Auch hilft es, auf längere Zeit eine Aura oder Räume durch die Anwendung dieses Symbols zu harmonisieren. In diesem Zusammenhang ist es auf Gruppen von Menschen anwendbar, die ein gemeinsames Ziel in Frieden und Liebe verfolgen.

Das Symbol hat aber auch einen Schutzanteil für den Fall, dass es gegen den Willen einer Person angewendet wird, die die Liebe zum anwendenden Menschen nicht erwidern mag. Hier wird nachdrücklich auf das Recht des Individuums zur freien Entscheidung verwiesen. Die Kraft dieses Symbols zwingt nicht, sondern bei Ablehnung erwirkt sie im Gegenteil Klarheit und Schutz vor energetischen und tatsächlichen Übergriffen. So kann das *In Kijerde nojaan* auch verwendet werden, um Gewaltanwendung und Angriffe im Keim zu ersticken. Es ist ein Symbol der Liebe, das Liebe fördert und Zwang löst.

Das Symbol Erzengel Raphaels

Im Juli 2006 erhielten wir Erzengel Raphaels Symbol namens *Kaam daham noy*. Es bedeutet »Ursprung und Anfang bilden das Ziel« und dient zur Heilung aktueller körperlicher Verletzungen sowie karmischer, in den feinstofflichen Körpern noch vorhandener Wunden. Ebenso verstärkt es Raphaels grünen Heilstrahl bei der Heilung der physischen und karmischen Wunden unserer Erde.

Das Symbol Gaias

Gaias Symbol, das *Darr Korr nann*, erhielten wir ebenfalls 2006. Es bedeutet »der Segen der Erde für dich« und dient dazu, die Heilkraft

der Erzseele unseres Planeten gebündelt und verstärkt in uns aufzunehmen und sie für die Heilung ihrer Wesen (Menschen, Tiere,
Pflanzen, Naturwesen) zu nutzen. Gaias brauner Strahl, den sie Heilerinnen und Heilern schenkt, dient der Kräftigung und Energetisie-
rung, der mentalen und physischen Heilung.

Teil III

Erdheilung und Geomantie

9. Die Heilung der Erde

Die Erde verändert sich. Schauen wir auf die täglichen Nachrichten in den Medien, dann obsiegt der Eindruck, ihre Tage seien sehr bald gezählt. Richtig ist, dass das System, das wir als »Hüterrasse« über diesen Planeten gezogen haben, um ihn uns »untertan« zu machen, in all seinen Varianten dem Ende nahe ist. Kein Krisenmanagement kann darüber hinwegtäuschen. Und dennoch sind Veränderungen spürbar, vor allem bei den Menschen. Nicht gerade die Mehrzahl, doch mehr als eine nur »qualifizierte Minderheit« bewegt sich und bewegt damit diese Welt. Auch wenn oft irrationale Beweggründe und heftige Emotionen in den kritischen Standpunkten durchschlagen, Heilslehren und Weltflucht vielfach nur Abbilder dessen sind, was sie zu kritisieren vorgeben, so wächst doch die unvoreingenommene Bereitschaft für eine neue Spiritualität und somit zur Heilung.

Diesen spirituellen Bewegungen gelingt es zunehmend, Erkenntnisse aus der Geistigen Welt und dem Naturreich über unsere Schöpfung zu erlangen und damit zurückzukehren zu einem Vollbewusstsein, das unsere Schöpfung und unser Wirken als Menschen darin begreift. Auch unsere Erde, Gaia, verändert sich. Sie hat 2012 ein Sprung gemacht: Weder in die Katastrophe, noch – wie von vielen in der Esoterik-Szene erwartet – ins Schlaraffenland, sondern in eine höhere Dimension, die 5. Im eigentümlichen Gemisch apokalyptischer Panik einerseits und paradiesischer Glücksfantasien andererseits litt die Wahrnehmungsfähigkeit für all die Dinge, die seit Jahren tatsächlich im Wandel begriffen sind. Der Übergang in die neue Dimension kam stufenweise und wird sich weiterhin sanft vollziehen. Dennoch ist er spürbar und erlebbar. Auch die Schwelle am 21. Dezember 2012 brachte eine andere Qualität des Lichts.

Das Dunkel verschwindet durch diesen »Aufstieg« der Erde nicht von selbst. Deshalb muss mehr davon im Licht gelöst werden. Umkehrbar ist dieser Prozess nicht mehr. Schon deshalb vergeuden wir Energie und Zeit, wenn wir uns dagegen stemmen oder aber versuchen, das Rad der Entwicklung schneller zu drehen, als es von selbst läuft. Alles hat seine Zeit. Was jetzt ansteht, ist Heilung – der Menschen wie der Erde selbst.

Zur aktuellen Situation der Erdheilung erhielt ich ein neues Channeling von Erzengel Raphael. Es beinhaltet die Anleitung, wie einzelne Menschen oder Gruppen energetische Erdheilung vornehmen können. Daher verzichte ich auf weitergehende eigene Ausführungen. Raphael zeigt zudem auf, welcher Zusammenhang zwischen der Heilung der Menschen und der Heilung der Erde besteht.

Energetische Erdheilung umfasst darüber hinaus den Bereich der Naturmagie. Dabei geht es um das Verständnis und die Nutzung der Energieströme und Bewusstseinsfelder der Erde selbst, ihrer Teilsysteme wie etwa der Wälder und schließlich der Natur- oder »Elementar«wesen. Mit diesem spannenden Thema werden wir uns einmal gesondert befassen. Naturmagie ist nicht zu verwechseln mit der Erdheilung mittels der Kräfte der Erzengel und der Geomantie, die sich ebenfalls auf die universellen Bausteine des Lebens konzentriert. Da sie wichtiger Bestandteil umfassender Heilarbeit ist, stellt das Kapitel »Geomantie«, S.222, die Möglichkeiten dar, Arbeits- und Wohnumfelder mit geomantischem und magischem Wissen in einen ausgewogenen Zustand zu bringen. Hier steht die Heilung »künstlicher« Lebewesen im Mittelpunkt, also der Gebäude und gestalteten Anlagen.

Erzengel Raphael: Zur Heilung Eurer Erde

(Channeling durch Werner am 26. Januar 2014)

Seid gegrüßt, liebe Lichtarbeiterinnen und Lichtarbeiter der Erde!

Wahrlich, es ist wieder einmal an der Zeit, auf die aktuelle Entwicklung Eurer Planetenheimat einzugehen. Vieles, sehr vieles hat sich verändert, nachdem Ihr 2012 die Dimensionsschwelle überschritten habt. Wie viele von Euch haben es nicht bemerkt – und wie viele sind enttäuscht darüber, dass nicht mehr passiert ist, was auch immer! Ja, was hattet Ihr erwartet?

217

Vielleicht, dass Euer Schöpfer nichts Besseres im Schilde führt als ein »Gottesgericht«, wie Ihr es aus den alten Mythen kennt? Eine Sintflut vielleicht oder einen Polsprung? Haben wir jemals im Vorfeld behauptet, es gehe um die Auslöschung der Menschheit? Das entsprang der Fantasie mancher Filmemacher, nicht jedoch unseren ernsthaften Botschaften. Und haben wir jemals behauptet, jenseits der Schwelle löste sich Euer individuelles und kollektives Karma im Blitz eines Photonenschwalls?

Viele Träumereien und falsche Channelings haben dazu beigetragen, schon frühzeitig ein Zerrbild von einem Aufstieg in eine höhere Dimension zu zeichnen. Wer entspannt geblieben ist, hat über die vergangenen Jahre hinweg gefühlt und beobachtet, wie sehr die Energien sich gewandelt haben, wie sehr sich die Intensität des Lichts gesteigert hat. An der Zunahme Eurer Heilfähigkeiten schließlich könnt Ihr selbst ermessen, dass Wandel stattfand und weiter stattfindet. Nichts wird zerstört werden durch den Aufstiegsprozess, versprachen wir Euch. So ist es und so bleibt es. Die Entwicklung wird anhalten, sich sanft vollziehen – für all jene zumindest, die in ihrem Sein und Wirken dem Ruf des Lichtes folgen und das Dunkle überwinden.

Damit aber sind wir beim Kernthema des Aufstiegs. An Euch Menschen gerichtet lautet die wesentliche Frage: »Wo stehst Du? Wohin bewegst Du Dich? Wohin Ihr Euch als Kreis?« Mit dem Kreis meine ich die Kreise, zu denen Ihr Euch zählt, schlussendlich aber auch den Kreis der Menschheit, das Kollektiv der Hüterrasse in seiner Gesamtheit. Die Krankheit der Erde ist das Ergebnis der Krankheit der Menschen und der Menschheit. Gaia würde nicht leiden müssen, hättet Ihr nicht den Weg vom Licht ins Dunkel beschritten. Darin besteht Eure karmische Verantwortung ebenso als Einzelne wie in Eurer Gesamtheit. Karma tragt Ihr auf beiden Ebenen.

Wenn Ihr Euch um Eure Erde sorgt und für ihre Heilung wirken mögt, dann beginnt – wie immer – bei Euch selbst. Denn Eure Erde heilt, wenn Ihr heilt. Auch wenn wir sagen, der Aufstiegsprozess sei unumkehrbar, so macht Euch doch begreiflich, dass es in dieser Phase einen unauflösbaren Zusammenhang gibt zwischen Eurer ganz individuellen Heilung und der weiteren Genesung der Erde.

Daraus folgt: Ihr müsst nicht leiden, weil die Erde noch immer leidet. Und: Ihr müsst auch nicht daran leiden, dass noch immer die Mehrzahl der Menschen für sich beschlossen hat, weiter leiden zu wollen. So unfasslich das für Euch klingen mag, so »unmenschlich« und verantwortungslos, macht Euch dennoch bewusst, dass Ihr nicht das Leid der Welt schultern könnt und sollt. Ihr könnt lindern und helfen, wenn Ihr Euren Weg darin seht, mit dem Wort und mit der Hand zu heilen. Doch seid Ihr nicht gekommen, zu zwingen, zu drängen, noch zu bekehren. Botinnen und Boten möget Ihr sein, wenn Ihr wahrhaft heilen wollt, keine Missionare. Denn wir zwingen nicht. Weder im Namen des Einen noch durch selbst ernannte Verkünder selbst konstruierter Wahrheiten, die das Recht auf die eigene Wahrheitsfindung einschränken oder gar unterdrücken.

Euer Anteil am Aufstieg ist Euer eigener Aufstieg, das Ende Eurer Inkarnationen. Sofern Ihr die Weichen dafür erfolgreich bis zur Zeitenwende gestellt hattet, wird er sich vollziehen, unter der Voraussetzung freilich, dass auch Ihr den Pfad des Lichtes konsequent weitergeht. Denn auch Eure Heilung bedarf noch einiger Schritte. Auch alle anderen haben Gelegenheit, das fortzuführen, was Ihr gern den »Lichtkörperprozess« nennt.

In den nächsten Jahrzehnten werden sich die Wege der Menschen trennen, auch dann, wenn Ihr alle und auf allen Ebenen immer enger verbunden seid. Denn die einen bemerken und fördern dies, die anderen haben für sich und in den Kreisen, denen sie zugehörig sein wollen, beschlossen, den Weg des Dunkeln fortzusetzen. So seid Ihr Zeitzeugen zweier ganz gegensätzlicher Prozesse auf der Erde. Der eine energetische Pol zieht hinab in Gewalt und Krieg, in Umweltkatastrophen, weiter in die globale Zerstörung. Der andere Pol sammelt und stärkt das Licht und den Verbund all jener Kräfte, die dabei sind, die dritte Dimension zu überwinden. So widersprüchlich und unglaubhaft Euch dieser Zustand anmuten mag, so unabwendbar wird er sich vollziehen.

Lasst mich ein Beispiel geben: Viele Kinder, aber auch immer mehr Erwachsene sehen uns oder die Naturwesen, andere sehen uns und sie nicht. So wird es sich mit der Menschheit allgemein entwickeln: Die einen werden auf dem Licht in eine höhere Dimension wandeln, die anderen verharren. Noch seht und fühlt Ihr einander, könnt kommunizieren. Aber die Zeit wird kommen, wo Ihr einander nicht mehr wahrnehmen könnt, weil sich die Ebenen trennen, das Licht zwei Geschwindigkeiten erhält. Dieser Prozess hat begonnen und setzt sich fort. Richtet Euren Blick ins Licht, nach vorn.

Nicht zurück auf das Dunkel. Löst das, was noch an Dunklem in Euch ist, im Licht Eurer Herzen und unserer Heilkräfte. Das sei Euer ureigener Beitrag zur Heilung und zum Aufstieg der Erde.

Nun zu dem, was Ihr »Erdheilung« nennt. Seit den 1970er Jahren wuchs Euer Bewusstsein dafür, dass die Ressourcen der Erde endlich sind, dass Ihr an dem sprichwörtlichen Ast sägt, auf dem Ihr alle sitzt. Viel ist seitdem schon geschehen, beispielsweise im Natur- und Umweltschutz. Und dennoch kann nicht die Rede davon sein, dass Ihr den Tanker umgesteuert hättet. Auf der Ebene der dritten Dimension läuft er noch immer mit Volldampf auf das Riff zu. Selbst aus den jüngsten atomaren Katastrophen werden nur halbherzige Schlussfolgerungen gezogen. Bleiben die »alternativen« Möglichkeiten. Viel habt Ihr schon erreicht: durch Gebete, Gesänge, Meditationen, energetische Heilungsmaßnahmen allein und in Gruppen. Ja, ohne die »energetische Wende« gäbe es überhaupt keine Wende für Gaia und ihren Planetenkörper. Diesen Weg verfolgt unermüdlich weiter. Nehmt, die Ihr Euch mit uns und dem Naturreich verbinden könnt, unsere Hinweise und Anleitungen häufiger auf. Denn oft geht es um zeitlich wie räumlich sehr gezielte Schritte, bei denen wir auf Eure Energiekanäle ebenso angewiesen sind wie auf das Wissen einiger von Euch über die feinstofflichen Strukturen der Erde und die Kraftströme in den Landschaften und Meeren. Weiteres Wissen, diese Bereiche magisch zu heilen, werdet Ihr in Kürze erhalten.

So beginnt Eure Hilfe bei der Lenkung der Lebensenergie mit Unterstützung des Reikisystems und unserer übrigen Weihen. Wir kennen keine Hierarchie unter denen, die sich mit Liebe zur Verfügung halten. Und wir schätzen ebenso diejenigen, die sich, wie schon vor dieser Inkarnation verabredet, bereithalten, das uralte mantische und magische Wissen wieder aufzunehmen und die Kräfte des Universums und der Erde verantwortungsvoll lenken lernen. Schon jetzt seid Ihr wieder in der Lage, Reparaturen auszuführen. Leider geht es noch lange um Reparaturen, so sehr wir diejenigen unter Euch verstehen, die sich danach sehnen, mit geomantischem und naturmagischem Wissen die Felder zu bestellen oder zu bauen.

Auch darin seid Ihr doch auf dem besten Weg. Bedenkt, was sich in den letzten Jahren getan hat und wie schnell sich Eure Fähigkeiten entwickeln.

Ihr benötigt aber Zeit, Wissen und Kräfte in Euer Leben zu integrieren, das Lenken zu üben, Euch der immensen Verantwortung bewusst zu werden, die mit alledem verbunden ist, was Euer Wort auslösen kann.

Von nun an gerechnet werdet Ihr in den nächsten zehn Jahren Bewegung ins Spiel der Kräfte bringen. Denn niemand kann dann mehr die Ergebnisse Eures Wirkens verleugnen, ihnen ausweichen, geschweige denn, sie unterdrücken. Die wahre »energetische Revolution« steht also erst noch bevor. Sie wird einschneidende Folgen haben, wie jede Revolution in Eurer Geschichte. Doch sind die Umstände – wie beim Überschreiten der Aufstiegsschwelle 2012 – so gelagert, dass sich ein eher evolutionärer Wandel ergibt. Niemand will eine Katastrophe, auch nicht für Menschen. Wir alle wollen für diejenigen, die am Aufstieg teilhaben, einen Weg aus der sicheren Katastrophe.

Nichts geschieht von selbst. Wir brauchen Euch und zählen auf Euch als »Lichter der Welt«. Darum: Fahrt auf allen Ebenen, die Euch ansprechen und auf die Ihr Zugriff habt, fort, die Erde zu heilen. Das beginnt bei den traditionellen und doch sehr verschiedenen Wegen des Natur- und Umweltschutzes. Das dadurch entstandene Bewusstsein bedarf der Erweiterung um die energetische Dimension, ebenso wie im »biologischen« Bauen oder in der Nahrungsmittelproduktion. Fahrt bitte auch fort, allein, in Gruppen und mit geplanten »Operationen« Eure Kanäle für die energetische Heilung der Erde und ihrer Wesen zu öffnen. Gaia und wir sind Euch unendlich dankbar für das, was wir schon erreicht haben. Doch ein weiter Weg liegt noch vor uns. Auch dabei bedenkt: Alles hat seine Zeit. Manches geht schon jetzt, anderes erst dann, wenn die Energien weiter gestiegen und entsprechende Kräfte Euch verfügbar sind. Bangt nicht und grämt Euch nicht. Immer wieder sagen wir: Ihr müsst nichts leisten, Euch nicht bis ans Ende Eurer Kräfte abmühen. Wir sind an Eurer Seite, auch Euch zu heilen. Und Ihr, die Ihr an unserer Seite seid als Lichtbringer, verdient zwar kein Geld mit vielen Maßnahmen der Erdheilung. Noch nicht. Die Zeiten, wo man Euch dafür in Eurer Ebene entlohnt, brechen aber schon an. So wird für Euch gesorgt sein, die Ihr uns und der Schöpfung dient.

Seid gesegnet und in der Liebe!
Dies war Raphael

Geomantie – Die Heilung des Wohn- und Arbeitsumfeldes

Das Motto der Atlantis Heilerpraxen lautet: »Geistiges Heilen für Mensch, Tier, Wohn- und Arbeitsumfeld«. Alle Lebewesen wirken aufeinander. Auch Gebäude oder einzelne Räume sind Lebewesen, denn in ihnen wirken aufbauende oder krankmachende Energien. Energetisch gestörte Gebäude können also geheilt werden. Auf die Tierheilung gehe ich hier nicht weiter ein; über dieses schöne Arbeitsfeld werden wir sicherlich einmal gesondert berichten.

Wenig, zu wenig wirklich nützliches Wissen gibt es über das energetisch-mediale Heilen der Wohn- und Arbeitsumfelder. Die wesentlichen Grundlagen seien hier skizziert. Denn der Zusammenhang zwischen einem energetisch gesunden Wohnumfeld, dem Heilen erkrankter Menschen und Tiere und einem friedvollen Zusammenleben ist von herausragender Bedeutung. Wir haben gelernt, dass wir geschwächten und von Besetzungen bedrohten Menschen nicht wirksam und dauerhaft helfen können, wenn wir die energetischen Verhältnisse ihres Wohn- und Arbeitsumfeldes nicht auf ein Mindestniveau anheben.

Patientinnen und Patienten, die die Praxis mit der Bemerkung verließen, sie könnten nun Bäume ausreißen, riefen schon nach wenigen Tagen an und meldeten, sie seien wieder völlig ausgelaugt. In allen Fällen stellten wir fest, dass das Energiepotential ihrer Wohnung bzw. ihres Hauses dramatisch niedrig war. An solchen Plätzen ist in der Regel an gesunden(den) Schlaf kaum zu denken. Ein Teil der dort lebenden Menschen schläft entweder wenig oder extrem unruhig, andere schlafen lang und sind beim Erwachen dennoch unausgeschlafen. Menschen mit höherer Energie und besserem Schutz neigen dabei eher zum unruhigen Schlaf, geschwächte Menschen zum langen Schlaf. In einigen Fällen gibt es aber auch umgekehrte Reaktionsweisen. Menschen mit hoher Lebensenergie oder Heilkraft fühlen sich in energetisch schlechter Umgebung häufig ausgelaugt, weil sie ihr Umfeld »betanken«, anstatt von dort Energie zu erhalten.

Schlechte Orte saugen Energie ab, gute Orte geben uns Energie. Ab einem Energiepotential von rund 7.000 Boviseinheiten ist unser Umfeld einigermaßen stabil. Gesund ist es bei einem Wert von 9.000 Boviseinheiten (BE). Ist diese Schwelle erreicht, können noch bestehende Negativpotentiale nicht mehr auf uns einwirken. Das gilt beispielsweise für Elektrosmog, der nur bei niedrigeren Werten ein Problem bildet, ab dem Grenzwert von 9.000 BE aber keinen Schaden mehr anrichtet. Gleichermaßen gilt dies für Angriffe durch schwarzmagische Wesenheiten. Sie können sich auf unserer Erde nur dort ungehindert bewegen, wo es genügend linksdrehende Wasseradern und Abstrahlungen von Erdmeridianen gibt. Sensitive und mediale Kinder werden vor allem nachts durch Dämonen und Isóphien gestört und angegriffen. Dies ist ein wesentlicher Grund, weshalb sie regelmäßig Zuflucht im Elternbett suchen. Verändern wir das Energiepotential des Hauses, ändert sich ihr nächtliches Besuchsverhalten meist so schlagartig wie die Schlafgewohnheiten der Familienmitglieder, bei Mehrfamilienhäusern auch das der Mitbewohner.

Die Veränderung der Wohn- und Arbeitsumfelder nehmen wir, seitdem die Energien dafür reichen und das magische Wissen an uns zurückgegeben wurde, ausschließlich mental vor. Sind schon mechanische Arbeitsweisen in der Radiästhesie schwer nachvollziehbar, so noch weniger unsere rein energetische Einwirkung. Das ist uns bewusst. Hinzu kommt, dass wir nur wenige Minuten für alle erforderlichen Schritte benötigen. Diese Beschleunigung und mentale Steuerung entspricht aber den Fortschritten, die wir auch in der Heilarbeit mit Menschen und Tieren erfahren. Kurzum: All dies ist »gewöhnungsbedürftig«, wie es bei uns gern heißt, aber nachweislich wirksam.

Auch wenn Menschen, die sich mit Radiästhesie oder Feng Shui befassen, grundsätzlich offen für diese Problematik sind, so können wir nachvollziehen, wenn das uns gegebene Wissen ihre Skepsis und Ablehnung provoziert. Denn es widerspricht in wesentlichen Punkten den bislang geltenden Lehrsätzen und Erfahrungswerten. Mit aller Deutlichkeit sei daher gesagt: Es gibt keinen Grund, auf Rutengänger und Feng-Shui-Berater geringschätzig herabzusehen. Denn viele von ihnen haben eine segensreiche Tätigkeit entfaltet. Schranken setzen sich manche hingegen selbst durch Dogmatismus gegenüber weiterreichenden Erfahrungen, aus Angst davor, ihr ohnehin schon von der Regel abweichendes Weltbild noch einmal erweitern zu müssen. Das ist verständlich, aber nicht eben hilfreich. Eine Erweiterung des Weltbildes steht an, da uns Wissen und Befähigungen wieder zuteil werden, die seit gut vier Jahrtausenden nicht mehr anwendbar waren und weder mündlich noch schriftlich überliefert wurden. Wir sind froh, dass wir dieses Wissen seit 2010 wieder lehren dürfen.

Viele Maßnahmen des Feng Shui zur Lenkung der Lebensenergie (Ki/Chi) oder Abwehr zeitlich begrenzter Beeinträchtigungen sind mit der Anwendung des verschollenen energetischen Wissens hinfällig. Auch hier gilt, dass der Schwellenwert von 9.000 Boviseinheiten eine andere Dimension des Schutzes und der Energielenkung eröffnet.

Mehr Sensibilität und Offenheit wünschten wir uns bei denjenigen, die planen und bauen. Dort wird schon gegen die begründeten Erfahrungen der herkömmlichen Radiästhesie und des Feng Shui so eindeutig verstoßen, dass energetische Katastrophen geradezu programmiert sind. Auch wenn es uns möglich ist, sie energetisch weitgehend zu korrigieren, so muss es doch unser Ziel bleiben, nicht nur »ökologisch« zu bauen, sondern im Einklang mit den energetischen Kernstrukturen unserer Erde. Die Gesundheit von Gebäuden hängt im Verhältnis weniger von verwendeten Materialien ab, als davon, wie sensibel wir mit Wasser und Erdmeridianen (»Gitter«) umzugehen lernen. Ebenso entscheidend ist, ob wir wieder bereit sind, eine geometrische Harmonie in die Formen einkehren zu lassen. Davon ist unsere architektonische Ästhetik meist weit entfernt. Schon eine ungleichmäßige Dachform kann eine rechtsdrehende Wasserader linksdrehend machen – um nur ein einigermaßen nachvollziehbares Beispiel zu geben.

Verschlossene Herzen empfinden den Zusammenhang zwischen klarer Form und energetischem Potential nicht. Sensitive Menschen jedoch reagieren sofort auf Missklänge, andere langsamer.

Unser geomantisches Wissen und magisches Einwirkungsvermögen entwickelt sich sprunghaft weiter. Hier sei nur angedeutet, dass wir bereits erhebliche Erfolge in der geomantisch gestützten Landwirtschaft verzeichnen. Das betrifft gleichermaßen Wachstumsförderung, Düngung und »Schädlings«-Bekämpfung, die wir in Versuchsprojekten zunehmend auf rein energetische Grundlage umstellen konnten.

Der Umstand, dass unsere Lebensräume dramatisch durch geomantische Störungen und Zerstörungen geprägt sind, rührt einmal daher, dass Menschen seit Jahrtausenden energetisches Wissen nicht nur heilend, sondern auch schädigend (schwarzmagisch) einsetzen. Zum anderen sind geomantische Kenntnisse seit langem nicht mehr Bestandteil gestalterischen Wissens. Jede Umweltbeeinträchtigung ruft somit Störungen hervor, die den Menschen bedrohen. So geschehen Unfälle beispielsweise durch starke linkspolare Felder, verbunden oft mit Einwirkung von Dämonen und Isóphien, ohne dass es individuelle karmische oder im Heilprozess des Opfers liegende Gründe dafür gibt. Davor gibt es für die meisten Menschen kaum Schutz. Mir ist bewusst, dass diese Bemerkung bei manchen Leserinnen und Lesern Widerwillen und Unverständnis hervorruft. Doch die Tatsache, dass wir durch Schwarzmagie und Ignoranz schon auf der feinstofflichen Ebene unsere Lebensgrundlagen zerstören, stellt eine »karmische Kollektivschuld« dar. Nur eine Botschaft ergibt auch hier Sinn: Lasst uns die wiedergewonnenen Fertigkeiten nutzen, die Erde zu heilen.*

* Dazu ausführlich Werner Hartung & Anne Stallkamp: *Neue Geomantie. Heilung des Menschen und der Erde.* 1. Auflage, Omega, Güllesheim 2017.

Teil IV

Geistiges Heilen und Weltbild

10. Ethik des Entgrenzens

Grenzen sind und bleiben uns gesetzt. Wir mögen Gott ähneln in unserem Mitschöpfen, doch leben wir in der Dualität seiner Schöpfung. Gott allein bestimmt, welche Kraft uns hier gegeben oder genommen wird.

Schwerer als die Grenzen unserer Existenz wiegt menschliche Selbstbegrenzung. Sie besteht darin, dass wir uns scheuen, in unsere Kraft zu gehen, uns weigern, unseren Schatten zu bearbeiten. Das gilt für alle Menschen, für Heilerinnen und Heiler aber im Besonderen. Schreiten sie nicht immer weiter voran in der Bewältigung eigener Lasten, stoßen sie sehr bald an Grenzen. Und wie oft verlieren sie sich wieder und damit fast alles, was ihnen gegeben wurde.

Neben der selbst verantworteten Begrenzung stehen die Restriktionen derer, die in einem Gemeinwesen Macht ausüben und sie mit Argwohn gerade dort meinen verteidigen zu müssen, wo im Namen dessen geheilt wird, auf den sich viele berufen.

Restriktiv ist jedes Handeln, das bindet, fesselt, hemmt, einschränkt. Fast überall auf der Welt ist geistiges Heilen Restriktionen unterworfen. Wohin die Staatsgewalten und religiöses Wächtertum reichen, ist es meist verboten oder starken Einschränkungen unterworfen, selbst dort, wo es im Grundsatz erlaubt ist.

Neu ist das nicht. Denken wir nur an das traurige Kapitel der »heiligen« Inquisition, für die sich die betreffenden Religionsgemeinschaften bis heute nicht uneingeschränkt entschuldigt haben. Für diesen Tiefpunkt der Menschheitsgeschichte gibt es viele Gründe. Einer lag darin, dass kirchliche Kreise bestrebt waren, Wissen zu monopolisieren. Wer heute Kirchen- und Klostergebäude radiästhetisch untersucht, stellt fest, dass Bauherren und Bauhütten über ein beträchtliches geomantisches Wissen verfügten und es beim Bau manipulativ einsetzten. Natürliche Kraftorte wurden benutzt und verstärkt, viele künstlich geschaffen. Auf alten Bischofsstäben, die aus Einhandruten entstanden, wurden Einkerbungen mit dem »Wassermaß« (33 cm) nachgewiesen. Also haben die Würdenträger sich lange Zeit persönlich um ein Wissen bemüht, dass sie den Hexen und Häretikern mit Feuer, Wasser und Eisen austrieben.

Doch nicht einmal mehr in Kirchenorganisationen bleibt das alte Wissen im Einsatz: Energetisch einst starke Kirchengebäude verlieren ihre magische Kraft aufgrund rücksichtsloser Baumaßnahmen in ihrem Umfeld.

Weltanschauliche und religiöse Beschränkungen geistigen Heilens bleiben also ein Gegenwartsproblem. Trotzdem verzichte ich darauf, die Macht restriktiver Lobbyisten und ihrer Bürokratien mit Aufmerksamkeit zu fördern. Richten wir den Blick nach vorn. Längst gibt es gute Ansätze, Trennendes zu überwinden und durch gemeinsames Handeln verschiedener Heilberufe neue Qualitäten zu schaffen. Was wir brauchen, sind Offenheit füreinander und Mut, gemeinsam den Weg in ein Heilwesen zu beschreiten, das diesen Namen wieder verdient. Wissen, Wissenschaft und unvoreingenommene Menschen werden sich dem öffnen. Und das wiedererlangte Wissen um unseren Ursprung wird helfen, die Korruption der Gedanken, des Handelns und der Formen zu überwinden.

Kurzum: Nicht Begrenzung, sondern Entgrenzung ist angesagt. Wer Angst davor hat, hat Angst vor sich selbst; oder er hat etwas zu verteidigen, das der Menschheit insgesamt Schaden zufügt.

Die Kräfte der Schöpfung zu entfesseln, verschiebt das Monopol wieder dorthin, wo es in Wirklichkeit liegt: zu Gott, zum Ursprung. Mitschöpfen zu dürfen, ist ein Geschenk Gottes. Die Bedingung dieses Geschenkes ist Liebe.

Die Ethik, die sich daraus ableitet, ist schlicht – und vielleicht gerade deshalb für viele Menschen eine schwere Herausforderung: Fragen wir uns bei jeder Entscheidung, jedem Schritt im Leben, auch bei jeder heilerischen Maßnahme: »Darf ich?«

Anders formuliert: Ist es Liebe, die mein Handeln, mein Begehren, meinen Plan begründet und trägt? Oder spielen andere Motive hinein, die anderen Menschen, mir selbst, der Erde und ihren Wesen Schaden zufügen?

Diese Prüffragen fordern Konsequenz und Klarheit. Eine Abwägung der »Belange« gibt es da fast nicht mehr, denn die möglichen Gegensätze lauten schlicht Liebe oder nicht, ja oder nein. Umständliches Abwägungsverhalten, das einer »Liebesverträglichkeitsprüfung« gleichkommt, öffnet der Ausrede Tür und Tor.

Die Wiederkehr des magischen Wissens und Könnens ist es, die gerade von heilerisch tätigen Menschen eine konsequente Ethik erfordert. Denn »unreine« Gedanken genügen hier, sich selbst und andere schwer zu schädigen. Die meisten Schaden bringenden Eigenschaften wie Selbstsucht, Eifersucht oder Geltungsdrang entspringen fehlender Selbstliebe.

Eigenliebe hingegen schafft Vertrauen und Selbstvertrauen – Gottvertrauen.

11. Neue Horizonte geistigen Heilens

Vertrauen in unsere Heilung müssen auch wir lernen. Dazu ein Beispiel aus eigenem Erleben:

Vor Jahren fiel es mir sehr schwer, mich auf den Urlaub einzulassen, private und berufliche Sorgen vertrauensvoll auf dem Abstellgleis zu parken. Immer wieder hing ich am Mobiltelefon, um doch noch etwas zu klären. Die zarteren Botschaften nahm ich nicht ernst: Gleich zweimal fiel beim Duschen das Gel herunter und traf recht schmerzhaft den »Sonnenzeh« des rechten Fußes.

Dann kam es deutlich genug: Bei einer unkalkulierbaren Schaukelbewegung in der Bergbahn prallte ich gegen die Metallstange eines Sitzes und renkte mir den rechten Sonnenfinger aus. An der ersten Gelenkkapsel hing er fast quer zum Mittelfinger herüber. Als mein nutzloser Wutanfall verraucht war, hatte ich das klare Gefühl: »Damit gehst du jetzt nicht zum Arzt.« Da ich mir Jahre zuvor schon einmal einen Finger ausgerenkt hatte, dachte ich an die mehrwöchige Gefangenschaft in einer Gipsschiene und monatelange krankengymnastische Bewegungsübungen. Auf dem Rückweg ins Hotel umschloss ich den Finger mit der linken Hand. Es floss starke Energie, und das Gelenk knirschte auffallend. Die Heilung dauerte dann zwanzig Minuten.

Wir benutzten drei verschiedene Kristalle. Schon nach etwa fünf Minuten gab es einen heftigen Ruck durch den ganzen Körper, dann lag der Finger wieder in der Kapsel. Kurz darauf gingen wir zum Mittagessen. Ich konnte das Messer problemlos mit allen Fingern greifen, am nächsten Tag schon den Wanderstock. Was noch längere Zeit schmerzte, waren Querbewegungen des Fingers oder entsprechender Druck. Über sechs Monate hinweg gab es einige Nachbehandlungen aus dem Kollegenkreis. Danach war der Finger besser ausgeheilt als der andere, der ärztlich behandelt worden war. Weder optisch noch in der Beweglichkeit blieben Spuren zurück.

Warum berichte ich das? Nun, der Kommentar der Geistigen Welt dazu war: »Schade, dass du erst durch diesen Unfall die Botschaften begriffen hast. Andererseits hast du nun erfahren, was Ihr alles heilen könnt.« Darum geht es. Solche kleinen Wunder erleben wir seitdem oft. Und obwohl ich selbst gern auf ähnliche Erfahrungen verzichte, ist es doch eindrucksvoll, die Macht dieser heilenden Kräfte an sich selbst so erfahren zu dürfen. Das Erlebnis machte uns allen Mut.

Wissen und energetische Kraft entwickeln sich so, dass Patientinnen und Patienten schneller vertrauen, da Heilungsprozesse sich in kürzerer Zeit vollziehen. Trotzdem ist heilerische Bescheidenheit geboten, denn die so beliebten Wunder sind nicht alltäglich. Da geschieht es, dass ein Patient mit Parkinson kommt und ohne diese schlimme Krankheit die Praxis verlässt, oft anruft um zu berichten, dass es keinen Rückfall gebe. Ein anderer kommt mit ähnlichen Symptomen, aber bei ihm bedarf es wegen stärkerer Meridianstörungen mehrerer Behandlungen. Enttäuscht bleibt er fort; wieder ein vergeblicher Versuch. So schwankt – bei allem tiefen Vertrauen – die Stimmung zuweilen auch bei uns mal zwischen Begeisterung und Enttäuschung. Wir haben erfahren, dass wir an AIDS erkrankten Menschen wirkungsvoll helfen können. Das ist in einigen Fällen auch klinisch an den Werten nachweisbar. Doch diese medizinisch maßgeblichen Werte fahren nach energetischen Behandlungen oft Achterbahn, während Stimmung und Konstitution der Patienten bestens sind. Wie lange dauert es, bis auch medizinisch ein Erfolg bestätigt wird? Was aber ist in diesen und anderen Fällen »Heilung«? Das subjektive Befinden der Menschen, die faktisch gute Kondition, die Abwesenheit von Symptomen, die laut Werten eigentlich noch vorhanden sein müssten?

Energetisch-mediale Heilung folgt anderen Gesetzen und vollzieht sich in anderen zeitlichen Maßstäben. Das haben wir zu lernen. Dieser Lernprozess wird noch dauern und unsere Geduld strapazieren. Wissen und Energien, die es zur Wiederbelebung des geistigen Heilens in seinem vollen Umfange bedarf, sind uns, wie gesagt, bereits wieder gegeben. Mit manchen Schritten müssen wir warten, auch wenn der Dimensionswechsel im ersten Schritt vollzogen ist. Von Mitte 2012 bis in das Jahr 2013 gab es einen ganz erheblichen energetischen Kräftezuwachs in unserer Heilarbeit und in geomantischen Wirkungsfeldern.

Mit Hilfe der Energien des Lichts der Erzengel und Metathrons und schließlich der göttlichen Energie selbst gibt es nahezu nichts, was unheilbar wäre. Doch vor Überheblichkeit sei gewarnt. Denn bei allem gilt und wird weiterhin die Einschränkung gelten, dass Heilung nur dann erfolgt, wenn sie nach dem Einen Gesetz »zulässig« ist. Bestimmend für den Heilungsumfang bleibt in erster Linie der Heilungssuchende selbst. Ist er bereit, loszulassen, sich den Themen seines Heilungsprozesses zu öffnen, dann ist uns alles erlaubt, was zuträglich ist.

Geistiges Heilen war und bleibt die Grundlage allen Heilens. Kein Gericht dieser Welt kann darüber befinden. Mit der Rückkehr aller benötigten Energien und des magischen Wissens wird der Zusammenhang wieder begreiflich sein. Unumgänglich ist, dass geistiges Heilen fortan nicht nur am Rande des Geschehens toleriert, sondern in das Gesundheitssystem integriert wird – ein verändertes System freilich, das den Namen Gesundheitssystem wahrhaft verdient und sich vom heutigen Krankenverwaltungsbetrieb deutlich abhebt.

Mit der Forderung, die Kernform energetisch-medialen Heilens in den Mittelpunkt eines neuen Gesundheitswesens zu rücken, erheben wir keinen Ausschließlichkeitsanspruch. Es läge eine erhebliche Arroganz und Fehleinschätzung in der Auffassung, energetisch-mediales Heilen ersetze alle anderen Therapieformen. Freilich werden die Möglichkeiten einiger Heilerinnen und Heiler nahezu unbegrenzt sein, so die Betroffenen sich öffnen und es mit ihrem Handeln unterstützen.

Unabhängig davon, dass erkrankte Menschen stets ihre Therapie selbst wählen werden und selbst wählen können sollten, ist es aus unserer Sicht erstrebenswert, eine Kooperation unterschiedlicher Heilweisen und Heilberufe herzustellen. Damit meinen wir mehr als nur ein Nebeneinander in einem Ärzte- oder Gesundheitshaus. Unser eigenes Ziel besteht darin, mit Therapeutinnen und Therapeuten verschiedener Richtungen zu kooperieren, um über formale

Schranken hinweg zum Wohle der Heilungssuchenden ganzheitliche Behandlungen sicherzustellen. Wo Bereitschaft zu einem solchen Zusammenwirken besteht, lernen alle Beteiligten viel über den Umgang mit bestimmten Erkrankungen und ihre Verläufe. Die Möglichkeiten geistigen Heilens führen dabei auch im klinischen Bild oft zu völlig anderen Verlaufsformen.

Unsere Bedingung dabei ist, einander mit Offenheit und Lernbereitschaft zu begegnen. Wir sind offen gegenüber anderen Heilweisen, wobei uns naturgemäß »energetisch« wirkende Therapien am ehesten behagen. Aber auch das ist kein Dogma.

Die Linie, an der sich die Geister scheiden, bestimmt sich vor allem durch den herrschenden Wissenschaftsbegriff mit seinen ausgrenzenden Kriterien vor allem der Messbarkeit, die dem Wahrnehmungs-Subjekt Mensch gründlich misstrauen. Medialität und magische Befähigungen können in diesem System nicht bestehen.

Und dennoch lässt sich geistiges Heilen wissenschaftlich erklären und betreiben, wenn wir bereit sind, die Selbstbegrenzungen des Wissenschaftsbetriebes zu überwinden.

12. Mantik und Magie – die neue Wissenschaft

Worin besteht nun eine andere, neue Wissenschaft?

»Neue« Wissenschaft bedeutet Rückkehr zur alten. Denn ein »magisches Zeitalter« gab es schon auf Erden. Es ist verbunden mit der Rückkehr der Erde und folglich des Menschen in eine höher gelagerte Raumzeit und den damit wachsenden Befähigungen. Dies betrifft die Bereiche des »mantischen« Wahrnehmens und der magischen Kräfte. Wer auf dieser Ebene Wirklichkeiten erforschen will, muss sich selbst als Wahrnehmungs-Instrument begreifen und vertrauen lernen. Zugleich erfolgen die verändernden Impulse aus der Verbindung von energetischem Potential und magischem Schlüsselwissen.

Die aus dem Griechischen übernommenen Begriffe »Mantik«, »mantisch« oder »Mantis« bezeichnen herkömmlich im engeren Sinne die Felder der Weissagung. Dabei liegt der Fokus auf Ebenen der Wahrsagungstechniken, des »zweiten Gesichts«. Kennzeichnend für die meisten Richtungen des Weis- oder Wahrsagens ist die Überzeugung, dass alles oder vieles im Leben vorherbestimmt sei. Der übersteigerte Determinismus, der sich in viele esoterische Disziplinen eingeschlichen hat, ist ungerechtfertigt auf dem Hintergrund menschlicher Willensfreiheit, die unser Leben trotz aller Vorplanung und karmischer Last kennzeichnet. Denn wie sollten wir selbst – und mit uns die Schöpfung – ohne Entscheidungsfreiheit lernen? Die ist immer und fast überall gegeben. Auch für Pflichtübungen gibt es Varianten. Nichts ist so vorbestimmt, dass Schicksal unabwendbar wäre. Lebensberatende Disziplinen sollten ihr Selbstverständnis darauf ausrichten, den Menschen für die besonderen Umstände und Zeitqualitäten seines Lebens insgesamt oder bestimmter Phasen zu sensibilisieren, Risiken und Chancen aufzuzeigen. Vor allem aber verdeutlichen, dass sein Wille, sein eigenes Handeln gefordert ist, Gestalten und Schöpfen.

Was durch deterministische Trends auch verdrängt wurde, ist die wichtigere, ursprüngliche Bedeutung der Mantie, die in der »erweiterten« Wahrnehmung von Wirklichkeitsebenen durch menschliche Sinne liegt. Der Mensch muss dazu wieder der eigenen Wahrnehmung und Bewertung vertrauen lernen, akzeptieren, dass er selbst das beste und empfindsamste Messinstrument auf Erden ist.

Die »Mantien«, so beispielesweise die Geomantie, basieren auf Formen medialer Wahrnehmung unterschiedlicher raumzeitlicher Ebenen und Strukturen. Sie eröffnen dem Menschen Erkenntnis und Verständnis für jene Ebenen, die dem »modernen« Wissenschaftsinstrumentarium weitgehend unzugänglich bleiben.

In unserer geomantischen Forschung und Arbeit hat sich uns die Struktur der »feinstofflichen« Wirklichkeiten am weitesten erschlossen. Dort stießen wir auf eine in Funktionsformeln beschreibbare Metaebene unserer gewohnten materiellen Sphäre. Alles, was existiert oder existieren kann, beruht – vereinfacht gesagt – vorrangig auf dem Zusammenspiel einer konkreten Schwingung und eines energetischen Potentials. Daraus und aus weiteren Faktoren, die einer jeden Schöpfungsmanifestation eigen sind, entsteht eine Matrix der materiellen Schöpfung. Hiermit wird das Unerklärliche erklärbar werden. Auch die Radiästhesie sollte damit einige Grundannahmen ändern, schon gar die herkömmliche Wissenschaft. Wesentliche Paradigmen und Axiome, die wissenschaftliche Forschung heute prägen, werden erweitert oder ersetzt werden müssen. Und wir hoffen, dass sich die Angst davor und ihre Folgen in Grenzen halten. Die schlimmste Angst in diesem Spiel ist diejenige vor Kontroll- und Herrschaftsverlust.

Der zweite Bestandteil des neuen Wissenschaftsbildes ist das Bewusstsein der Wirkung von Magie. Es setzt allerdings eine Erweiterung des Bildes voraus, das wir uns von der Wirkung der Kräfte in der Schöpfung machen.

Grundlage jeglicher Schöpfung ist Kausalität. Jede Wirkung hat eine Ursache, die Schöpfung ist in Ursachen-Wirkungs-Geflecht, auch wenn viele naturwissenschaftliche Deutungsmodelle daran zweifeln. »Alternative« Erklärungsansätze wie Synchronizität können keine

Abweichung davon begründen. Denn synchrone Ereignisse sind nicht zufällig, sondern entspringen – ebenso wie scheinbar »autonome« Regelkreise – einem Ursachengeflecht. In ihm kann es Gleichzeitigkeiten auch von Ungleichzeitigem geben. Wir erinnern uns: Schon mit dem 2. Reikigrad kann ich Energie in Vergangenheit und Zukunft senden und Auswirkungen für andere Raumzeiten erzielen.

Es gibt eine erste Ursache, gefolgt von Ursachen und magischer Veranlassung. Von daher ist die Schöpfung ein magisch-mantisch geprägter Lernprozess. Er beruht folglich nicht auf einer unabänderlichen Vorfestlegung und Festschreibung, auch nicht durch den »Lebensfilm« vor einer Inkarnation. Auch karmische Notwendigkeiten können unterschiedlich gelebt und geregelt werden.

Die Schöpfung ist ein Experiment, an dem wir Menschen als Hüterasse dieses Planeten teilhaben dürfen. Nur aus dem Experiment erwachsen Erfahrungen und Erkenntnisse. Auf unserer Reise durch das Leben gibt es direkte Wege, Umwege, Irrwege. Manchmal kommen sie uns wie Rundwege vor, wenn wir unsere »Schleifen« drehen. Doch auch solche Kreise schließen sich nur scheinbar, denn die Raumzeit ist nicht richtungslos. Jede Ursache löst eine Kraft aus. Kraft ist immer ausgerichtet, eben: wirkend. Was uns kreisförmig und stabil vorkommt, ist stets in Bewegung. Diese Bewegung durch die Ebenen der Raumzeit ist spiralförmig.

Wer in der Liebe ist, ist bewegt. Unbewegt ist, wer ihren Pfad verlässt oder gehindert wird, sich frei zu bewegen. Nicht ein Abweichen schlechthin begründet Krankheit, sondern die vielen Spielformen fehlender Selbstliebe und Schwarzmagie. Richte ich meine Kräfte gar nicht aus mit meinem Bewusstsein, verweigere ich mich meiner Kraft und Bestimmung. Oder richte ich sie gegen mich und andere?

Gegenstand geistigen Heilens ist es, Starre und Bewegungslosigkeit zu lösen, überwinden zu helfen, alles zum Fließen, zum Pulsieren zu bringen, Menschen ins Bewusstsein zu rufen, dass alles fließen muss, um zu sein. So betrachtet, ist geistiges Heilen genau das, was man ihm eher floskelhaft bis abwertend zuschreibt: Hilfe zur Selbsthilfe.

Über den Autor

Werner Hartung, Dr. phil., Jahrgang 1954, studierte Geschichte, Germanistik und Philosophie. Er ist Vater zweier erwachsener Kinder aus erster Ehe.

Mit 25 Jahren wurde er Geschäftsführer eines Umwelt- und Kulturdachverbandes. 1990 wirkte er am Aufbau der Kulturverwaltung in Sachsen-Anhalt mit. Anschließend arbeitete er bis 2004 selbstständig bzw. in leitender Funktion als Unternehmensberater für Kultur und Kulturwirtschaft. In diesen Zeitraum fielen Lehraufträge an der Universität Hildesheim, dann eine Honorarprofessur für Kulturmanagement im Studiengang Kulturwissenschaft an der Universität Bremen.

In den 90er-Jahren traten Hellsichtigkeit und Heilfähigkeit wieder stärker ins Bewusstsein. Reiki-Einweihungen führten dazu, dass die seit der Kindheit schlummernde Begabung aufbrach.

2005 gab Werner Hartung alle anderen Berufstätigkeiten auf, um sich fortan ausschließlich der Geistigen Heilung zu widmen. Anfang Januar 2006 gründete er eine Praxis in Hannover, 2007 die »Atlantis Heilerpraxis« und den bis 2022 bestehenden gleichnamigen Zusammenschluss mehrerer selbstständiger Praxen in Deutschland und Österreich. Neben den Behandlungen von Menschen und Tieren sowie der Heilerausbildung galt sein besonderes Interesse von Beginn an der geomantischen Erdheilung.

Gemeinsam mit seiner heutigen Frau, Anne Stallkamp, entwickelte er die »Neue Geomantie«, führt geomantische Projekte im privaten und unternehmerischen Bereich sowie Forschungsvorhaben und Geomantieausbildungen durch. Er ist Mitbegründer der 2010 entstandenen Gruppe für Geomantie.

Weitere Informationen und Kontaktmöglichkeiten:

www.wernerhartung.de
www.neue-geomantie.de

Die Rauhnächte – Zeit zum Innehalten
Dieses Buch ist ein praktisches Übungsbuch. Jeder der zwölf Rauhnächte (und dem dazugehörigen Tag) ist ein Thema gewidmet. In reflektierender Innenschau blicken wir, auf dieses Thema fokussiert, zurück auf die vergangenen zwölf Monate und voraus auf das kommende Jahr. So erkennen wir, was wir aus dem Vergangenen lernen und nutzbringend für die Zukunft anwenden können.

Anne Stallkamp, Werner Hartung
Rauhnächte – Zeit für mich
Paperback, 144 Seiten
ISBN 978-3-89060-643-9

Rauhnächte – Zeit für mich – Die Meditationen
Die CD kann allein oder ergänzend zum Buch genutzt werden und ist ein wertvoller Begleiter, um die besondere Zeit zwischen den Jahren zu nutzen und den eigenen Lebensweg zu überdenken. Außerdem darf sie immer dann als Hilfe zur Neuausrichtung herangezogen werden, wenn das entsprechende Lebensthema ansteht oder etwas Altes zu Ende geht und etwas Neues beginnt.

Anne Stallkamp, Werner Hartung
Rauhnächte – Zeit für mich
Die Meditationen
CD im MP3-Format, 4-seitiger Einleger, Laufzeit 115 Minuten
ISBN 978-3-89060-678-1

Heilung liegt in unserer Hand
Mit diesem Buch und den Audios zum Herunterladen kann jeder auf sehr einfache Art und Weise für bessere Gesundheit und Wohlbefinden sorgen. Die Methode verbindet die Arbeit mit den Geisteskräften nach Catherine Ponder mit der Quantenheilung und ist so klar und einfach, dass sie jeder für sich selbst anwenden oder auch mit anderen Heilmethoden kombinieren kann.

Ute-Lisa Schumacher und Ilona Wegener
Das Licht in deinen Händen
Quantenheilung der zwölf Geisteskräfte
Paperback, 160 Seiten, mit Audios zum Herunterladen (ca. 70 Min.)
ISBN 978-3-89060-821-1

Hier kann man sich zum **Neue Erde-Newsletter** anmelden:
newsletter.neueerde.de/anmeldung

NEUE ERDE im Buchhandel

Neue Erde ist ein kleiner unabhängiger Verlag, und der unabhängige Buchhandel ist unser natürlicher Partner. Wir unterstützen die Initiative »buy local«.

Sollte es Lieferschwierigkeiten bei den Büchern von NEUE ERDE geben, lassen Sie immer im VLB (Verzeichnis lieferbarer Bücher) nachsehen, im Internet unter **www.buchhandel.de**

Alle lieferbaren Titel des Verlags sind für den Buchhandel verfügbar.

Sie finden unsere Bücher auch auf unserer Homepage **www.neue-erde.de** oder in unserem Gesamtverzeichnis, welches Sie gerne hier anfordern können:

NEUE ERDE GmbH
Cecilienstr. 29 · 66111 Saarbrücken
info@neue-erde.de